Urs Kramer / Matthias Brodkorb

Abschied von der Schiene

Güterstrecken 1980 bis 1993

DB
364 578-5

Urs Kramer / Matthias Brodkorb

Abschied von der Schiene

Güterstrecken 1980 bis 1993

trans press

Einbandgestaltung: Dos Luis Santos
Titelbild: Mit einer Übergabe nach Straßfurt pausiert 346 732 vom Betriebshof Halberstadt im Bahnhof Egeln an der Strecke Staßfurt – Blumenberg (Frühjahr 1993).
Foto: D. Endisch

Foto auf Seite 2: Die 364 578 hat ihren Wagen nach Damme im Oldenburger Land gebracht; auf der Rückfahrt war die »Kleinlokomotive mit Fernsteuerung« am 10.6.1993 ohne Anhang nach Holdorf bei einem Teich nördlich von Damme unterwegs. Güterzüge sind auf dieser Stichstrecke bis Ende 1993 unterwegs gewesen.

Bildnachweis:
Die zur Illustration dieses Buches verwendeten Aufnahmen stammen – wenn nichts anderes vermerkt ist – von Matthias Brodkorb.

ISBN 978-3-613-71346-8

1. Auflage 2008

Sie finden uns im Internet unter www.transpress.de

Lektor: Hartmut Lange
Innengestaltung: Jürgen Knopf, Medien und Printprodukte, 74321 Bietigheim-Bissingen
Druck und Bindung: Fortuna Print Export, 85101 Bratislava
Printed in Slowak Republic

Inhalt

Zum Geleit 6

Einleitung: Das langsame Sterben der Güterzüge in der »Fläche« 8

Die typischen Güterzuglokomotiven im ländlichen Raum 13

Teil 1: Hamburg, Schleswig-Holstein, nordöstliches Niedersachsen (Strecken 106 – 149) 16

Teil 2: Südliches Niedersachsen, Lippe, nördliches Westfalen (Strecken *222d* – 287) 24

Teil 3: Ruhrgebiet, südliches Westfalen, Siegerland (Strecken *198d* – 369) 40

Teil 4: Wuppertal, Düsseldorf, Köln, Eifel, linker Niederrhein (Strecken *228e* – 455) 50

Teil 5: Hessen, südlicher Odenwald (Strecken *614* – *556*) 64

Teil 6: Rheinland-Pfalz und Saarland (Strecken 601 – 686) 86

Teil 7: Baden-Württemberg (Strecken *302f* – *789*) 100

Teil 8: Nordbayern (Strecken 803 – 872) 110

Teil 9: Südbayern (Strecken 905 – *406k*) 134

Teil 10: Deutsche Reichsbahn (Strecken *162k* – *190d*) 146

Anhang: Sammlung von Streckendaten zu Verkehrseinstellungen und Stilllegungen vor 1980 158

Abkürzungsverzeichnis 190

Literaturverzeichnis 191

Zum Geleit

Nach dem im Frühjahr dieses Jahres bereits der Band »Abschied von der Schiene: Güterstrecken 1994 bis heute« erschienen ist, folgt hier nun der dort schon angekündigte Rückblick auf die Zeit von 1980 bis 1993. Dieser Band endet also unmittelbar vor der so genannten Bahnreform, die Ende 1993 beschlossen wurde, zum Jahreswechsel 1993/94 in Kraft trat und wirksam wurde.

Vor allem in einer Periode ab etwa 1960 haben im ländlichen Raum Deutschlands viele Bahnstrecken ihren Personenverkehr verloren. Dabei war bei der Deutschen Bundesbahn ein enormes Tempo bei diesem Prozess zu beobachten, aber auch die Deutsche Reichsbahn hat zu jener Zeit in Ostdeutschland schon Tatsachen geschaffen. Nach der Wiedervereinigung der beiden deutschen Staaten wurde in den neuen Bundesländern zudem in einer Art »Zeitraffer« die Entwicklung, die sich zuvor im Westen vollzogen hatte, nachgeholt. Häufig wurde allerdings der Güterverkehr parallel zum damaligen industriellen Abwärtstrend auf vielen Bahnlinien sogar noch vor dem Personenverkehr eingestellt. Diese Strecken bleiben bei der nachfolgenden bildlichen Darstellung außen vor, die sich aus Platzgründen in aller Regel wiederum auf Bahnlinien beschränken muss, die zuletzt nur noch im Güterverkehr betrieben wurden. Solche Strecken ohne Personenverkehr dienten nach dessen Einstellung anschließend zumeist noch mehr oder weniger lange als reine Güterbahnen einem regelmäßig im Lauf der Zeit immer schwächer werdenden Restbetrieb. Doch auch dieser Zustand war eben häufig nicht mehr von langer Dauer: Deutschlandweit – ja, man möchte fast sagen: Europaweit mit ganz wenigen Ausnahmen – ist der Trend zu beobachten, dass der lokale Güterverkehr auf beinahe allen Bahnstrecken mit und ohne Personenverkehr (nicht nur) im ländlichen Raum in den letzten Jahren massiv eingestellt wurde.

Damit ging gleichsam eine Epoche zu Ende, und das ganz besondere Flair der »guten alten« Eisenbahn ist mehr oder weniger völlig von der Bildfläche verschwunden. Dieses sonst kaum erlebbare »Soziotop des ländlichen Eisenbahnverkehrs« kommt bei der Betrachtung der Bilder und der Lektüre der eingestreuten Erlebnisberichte (der jeweilige Verfasser ergibt sich dabei aus dem Namenskürzel zu Beginn der Texte) hoffentlich wenigstens in Ansätzen zum Ausdruck. Heute lässt es sich nämlich nur noch sehr selten einfangen.

Wie schon im Band für die Jahre ab 1994 erläutert, erschien uns vor diesem Hintergrund die Zeit reif zu sein, um dem Thema »lokaler Eisenbahngüterverkehr« eine buchmäßige Betrachtung zu widmen, bevor er ganz von der Bildfläche und aus dem Bewusstsein der Bahninteressierten verschwunden ist. Dabei ist uns wohl bewusst, dass der »sterbende Güterverkehr« nicht so eingängig und viel beachtet wie alle Ereignisse im Zusammenhang mit dem Personenverkehr ist, da die »Güterbahn« eher im Verborgenen betrieben wurde (und wird) – insbesondere im ländlichen Raum, der so genannten Fläche. Vielleicht gelingt es uns mit unseren zwei Büchern trotzdem, das Schattendasein dieser Güterzüge ein wenig zu beenden und der Zuggattung die ihr aus Sicht der Bahnfreunde, aber auch aus der Warte der Verkehrspolitik an sich angemessene Aufmerksamkeit zukommen zu lassen.

Als Zeitraum für ein solches Buch-Denkmal für den ländlichen Güterzug hätte sich mit Sicherheit eine Betrachtung der Periode ab 1960 angeboten. Nach dem zuvor erschienenen Band für die Zeit seit 1994 folgt nun aber nur noch die vorangehende Periode von 1980 bis 1993. Damit soll es dann auch sein Bewenden haben, denn die Jahre davor sind datenmäßig noch schwieriger vollständig zu erfassen – das zeigt schon die im Anhang abgedruckte Übersicht, bei der leider trotz größter Bemühungen nicht alle Lücken geschlossen und Unklarheiten beseitigt werden konnten (für Hinweise aus der Leserschaft zur Verbesserung sind wir im Übrigen natürlich wieder sehr dankbar!) –, vor allem aber fehlt dazu das passende Bildmaterial, denn damals hat noch kaum einer Güterzüge auf klassischen Nebenbahnen fotografiert (die Autoren schon mangels Alters bzw. Zeit nicht), ging deren langsames »Sterben« doch noch weitgehend unbeachtet vor sich.

Da die Zuordnung einzelner Strecken im Band »Abschied von der Schiene: Güterstrecken 1994 bis heute« offenbar einige Irritationen in der Leserschaft hervorgerufen hat, sei hier nochmals ausführlich das von uns bei der Darstellung der Strecken bzw. ihrer Reihenfolge zu Grunde gelegte Ordnungssystem erläutert werden: Die Aufteilung der dargestellten Strecken auf verschiedene »Regionen« und ihre Reihenfolge folgt für den Bereich der früheren Deutschen Bundesbahn in etwa dem Kursbuchsystem (mit den dortigen »Kapitelüberschriften«, die nicht immer geografisch völlig richtig sind) für den Personenverkehr von 1972; für die Deutsche Reichsbahn bildet das entsprechende System von 1968 die Grundlage. Gewählt wurde diese Einteilung, weil diese Systeme mit ihrer rein numerischen Einteilung recht gut handhabbar sind und in den Jahren 1972 bzw. 1968 noch eine Vielzahl von Zweigstrecken mit Personenzügen in Betrieb war, die nach der Aufgabe des Personenverkehrs als Güterstrecken noch eine Zeitlang (teilweise sogar bis zum Wirksamwerden der großen Streichungswelle mit Namen MORA C zu Beginn des 21. Jahrhunderts) weiterbetrieben wurden. Nur wenn eine Strecke 1972 bzw. 1968 keinen Personenverkehr (mehr) aufwies, wird zur Kennzeichnung auf die davor verwendeten Systeme zurückgegriffen und die jeweilige Angabe dann kursiv gesetzt, wobei diese Nummern dann allerdings nicht in jedem Fall immer ganz eindeutig sind, da vor 1972 bzw. 1968 häufig die Streckenbezeichnungen verändert wurden. Wies eine Strecke niemals Personenverkehr auf, wird sie nachfolgend als »Güterstrecke« geführt. In den Tabellen ist demzufolge regelmäßig in der Spalte »letzte KBS« (Kursbuchstrecke) die Nummer der letzten mit Planzügen im Personenverkehr belegten Kursbuchtabelle eingetragen. In diesem Zusammenhang sei noch kurz die Systematik der Kursbuchtabellen erläutert: Bei der damaligen DB bis 1972 und bei der DR bis 1968 war eine dreistellige Nummer für die Hauptstrecken gebräuchlich. Ihr folgten Kleinbuchstaben für die sich daran anschließenden Zweigstrecken. Ab Sommer 1972 bzw. für die DR eben schon ab 1968 wurde auf eine rein numerische Bezeichnung aller verbliebenen Strecken umgestellt, die mit dem früheren System keine Gemeinsamkeit mehr hatte. Die erneute Umstellung des Systems im Jahr 1992 erfolgte dann dagegen in Anlehnung an die Vorgängersysteme.

Die Tabellenteile (für die Jahre ab 1980 zu Beginn der jeweiligen Regionen, für die Zeit davor insgesamt im Anhang, wobei in den Tabellen im Textteil auf anschließende Teilstrecken, die im Anhang oder in »Güterstrecken1994 bis heute« auftauchen, verwiesen wird) umfassen alle in Erfahrung gebrachten Daten zu Stilllegungen. Sie haben nur wenige »weiße Flecken«. Generell gilt dabei aber, dass die Verdichtungsräume mit ihren zahlreichen Güterstrecken wegen der Beschränkung auf den ländlichen Raum auch insoweit nicht vollständig aufgenommen wurden. Die in den Tabellen aufgeführten Daten von Bahnlinien beziehen sich im Übrigen bei Einstelllungen im Personenverkehr häufig auf den Beginn eines neuen Fahrplans jeweils am Sonntag. Meist hatten die eingestellten Strecken jedoch Wochenendruhe; somit war der letzte Betriebstag bereits der Freitag davor. Beim Güterverkehr konnten auch nach dem offiziellen Ende noch lange Zeit einzelne Züge verkehren; daher können die Daten hier nur als Anhaltspunkt dienen. Der Abdruck von offiziellen Karten mit dem Netzzustand der früheren deutschen Staatsbahnen von 1981 bzw. 1990 zu Beginn jedes Kapitels soll schließlich insgesamt eine gewisse Übersicht und Orientierung ermöglichen. Die in diesem Buch näher vorgestellten Strecken sind dort besonders hervorgehoben und mit ihren Streckennummern versehen. Bei dem (ersten) Bild zu jeder Bahnlinie werden zur Verdeutlichung im erläuternden Text ebenfalls ihre letzte KBS-Nummer und der Streckenabschnitt, dessen mittlerweile eingestellter Güterverkehr hier behandelt wird, genannt.

Wer die Tabellen mit den Stilllegungsdaten betrachtet, dem wird einleuchten, dass wiederum nicht alle der dort aufgeführten rund 400 Strecken und Streckenabschnitte »gleichberechtigt« mit einem Bild bedacht werden konnten. Denn erstens wäre sonst ein viel zu umfangreiches Werk entstanden, und zweitens sollten längere und besonders reizvolle Bahnlinien hier durchaus auch mit mehreren Bildern vertreten sein. So zeigen die ausgewählten Bilder auch in diesem Band nur eine kleine und sicher subjektive Auswahl aller vom Thema des Buches erfassten Güterstrecken; sie geben unserer Meinung nach aber trotzdem einen aussagekräftigen Querschnitt über diesen besonderen Teil des Systems Eisenbahn wieder.

Nach der freundlichen Aufnahme des ersten Bandes durch die Leserschaft sehen wir uns in unserer Hoffnung ein wenig bestärkt, dass unsere pessimistische Einschätzung über die Zukunft der lokalen Güterstrecken sich vielleicht doch noch als falsch erweisen könnte. Wenn unsere beiden Bücher insoweit auch nur ein wenig zum Nachdenken über die aktuelle Verkehrpolitik anregen und den dringend notwendigen Kurswechsel so etwas befördern, haben wir mit unserem Denk- und Mahnmal für die ländlichen Güterzüge mehr erreicht, als wir zu hoffen wagten.

Paderborn/Marburg, im August 2008

Matthias Brodkorb *Dr. Urs Kramer*

Kontakt:
Urs Kramer, Kleistweg 8, 35039 Marburg,
E-Mail: KramerUrs@web.de
Matthias Brodkorb,
von Ketteler Str. 20, 33106 Paderborn,
E-Mail: matthias-brodkorb@t-online.de

Einleitung

Das langsame Sterben der Güterzüge in der »Fläche«

Im zuvor erschienenen Band »Abschied von der Schiene: Güterstrecken 1994 bis heute« (Stuttgart 2008) stand die Entwicklung seit 1994 im Mittelpunkt, die in großen Schritten zum fast völligen Verschwinden des ländlichen Güterverkehrs auf den nicht nur rechtlich neutral, sondern auch gemäß ihrer Wertschätzung abfällig als Nebenbahnen bezeichneten Strecken führte. Zur Vermeidung von Wiederholungen wird an dieser Stelle daher insoweit auf die dortigen Ausführungen verwiesen. An deren Ende lag dann die Frage nahe, ob am Schluss dieser Entwicklung bzw. im Jahr 2008 der letzte Güterzug schon abgefahren ist. Im vorliegenden Band geht der Blick demgegenüber noch weiter zurück auf die letzten 14 Jahre der Deutschen Bundes- und Reichsbahn bis zu dem zumindest offiziellen Abschluss dieser Ära mit der Bahnreform: Damals war die obige Frage noch nicht in gleicher Weise berechtigt, denn zum Zeitpunkt der Geburt der DB AG zu Beginn des Jahres 1994 war in der Fläche zwar schon vieles »platt« gemacht worden, aber noch immer gab es in recht nennenswertem Umfang einen lokalen Güterverkehr auf der Schiene auch abseits der großen Magistralen. Von daher muss hier für die Jahre 1980 bis 1993 ein Prozess beschrieben werden, der sehr viel unauffälliger und schleichender ablief als in späteren Jahren. Die Ursachen und Wirkungen der (langsamen) Einstellung von immer mehr ländlichen Güterzugleistungen waren jedoch letztlich dieselben, wie wir gleich sehen werden.

Die Situation der Eisenbahn zu Beginn des Jahres 1980 war demgemäß eine völlig andere als heute: Vielerorts fuhr er noch über Land, der klassische Güterzug, er hielt quasi an jeder »Milchkanne« und lieferte dort ebensolche und eine Vielzahl anderer Güter an bzw. holte sie ab – Güter, von denen wir uns heute oft überhaupt nicht mehr vorstellen können, dass die früher immer mit der Bahn gereist sein sollen. Zu einem guten Teil war es also noch eine »heile Welt«, wie beispielsweise die Bilder vieler Eisenbahnfotografen aus dieser Epoche – bei den Modellbahnern die so genannte Epoche IV – mit dem Nahgüter- oder Übergabezug zeigen, auch wenn der damals noch gar nicht so in ihrem Blickfeld stand, eben weil er noch so alltäglich und omnipräsent war.

Beginnen wir zur Abwechslung bei der Betrachtung dieser Entwicklung einmal mit der Deutschen Reichsbahn der DDR: Dort konnte die Verkehrspolitik zwar nicht nur, aber auch wegen der Treibstoffknappheit als deutlich stärker – zum Teil sogar mit dirigistischen Mitteln wie einem Beförderungsverbot für Lkw über weitere Entfernungen – »pro Schiene« angesehen werden, und die tatsächlichen Transportleistungen sowie Verkehrsanteile der Eisenbahn waren ebenfalls signifikant höher als »im Westen«. Trotzdem gab es dort, wie der Tabelle zu Beginn des betreffenden 10. Kapitels ebenfalls zu entnehmen ist, in der hier betrachteten Zeitspanne und auch schon davor (dazu mehr im Anhang) einige Streckenstilllegungen, deren Zahl jedoch nicht mit der bei der Deutschen Bundesbahn zu vergleichen ist. Waren in den Nachkriegsjahren zumeist Strecken stillgelegt worden, deren Gleise entweder als Reparationsleistung für die Sowjetunion abgegeben werden mussten (einige dieser Linien wurden in der Folgezeit sogar wieder aufgebaut) oder der Schließung von Lücken an anderen Stellen des Netzes dienten, so »erwischte« es in den folgenden Jahren vornehmlich die zunächst noch zahlreich in der DDR vorhanden Schmalspurbahnen, von denen selbst im Osten – gemessen am einstigen Bestand – nur wenige langfristig überlebten. Später wurden dann auch noch einige normalspurige Bahnlinien aufgegeben. Zumeist handelte es sich dabei aber um entweder tatsächlich (auch das gab und gibt es!) völlig bedeutungslos gewordene Verbindungen, die nicht mehr benötigt wurden und angesichts knapper Mittel ihren Betrieb verloren, oder um Infrastruktur, die so heruntergewirtschaftet worden war, dass ein sicherer Betrieb auf ihr unmöglich war. Oftmals fehlten hier dann die finanziellen bzw. sächlichen Mittel zur unausweichlichen Grundsanierung von Gleisen und Fahrzeugen, so dass als letzter Ausweg nur die Verkehrseinstellung blieb. Insgesamt war die Verkehrspolitik der DDR und der Deutschen Reichsbahn aber eindeutig auf eine starke Nutzung der Eisenbahn ausgerichtet, so dass Streckenstilllegungen die große Ausnahme bildeten und selbst auf Bahnlinien, die im Westen längst dem Abbauzug zum Opfer gefallen oder zumindest gesperrt worden wären, noch zum Teil eindrucksvoll lange Güterzüge über manches Mal erschreckend schwankende Gleise rollten bzw. rumpelten. Die große »Wende« und die erste starke Stilllegungswelle in deren Folge kamen erst mit derselben auf politischer Ebene, nachdem binnen kürzester Zeit der Anteil der Schiene am gesamten Güterverkehr von stolzen 39,9 % im Jahr 1970 auf nur noch (aber immer noch beachtliche) 24,7 % im Jahr 1990 gesunken war.

Ganz anders die Situation im Westen bei der Deutschen Bundesbahn: Eine große Anzahl von Stilllegungen war bereits in den 1960er-Jahren zu verzeichnen, wie auch aus der Übersicht im Anhang deutlich wird. Danach kam es weiterhin zu einzelnen (oder auch mehreren) Verkehrseinstellungen vor allem auf ländlichen Zweigstrecken. Sie wurden jedoch nicht so sehr wahrgenommen – vermutlich weil es (fast) überall immer noch »so viel« Bahn gab. Und sie fielen auch kaum einmal so massiv auf einen Schlag ins Gewicht wie in späteren Jahren etwa das Kürzungsprogramm MORA C im Güterzugverkehr. Trotzdem wurde hier bereits mit dem Rückzug der Schiene aus der »Fläche« begonnen, und weder die Politik noch die Öffentlichkeit hatten – von örtlichen kurzen Protesten im Angesicht des letzten Zuges vielleicht einmal abgesehen – diesem Trend groß etwas entgegenzusetzen. So wurde der stetige Rückzug der Deutschen Bundesbahn zum Sinnbild ihres Angebots – erst die Neubaustrecken und die Ausweitung des Fern- sowie die Vertaktung des Schienenpersonennahverkehrs änderten wieder etwas an diesem »Streich-Image«. Man gewöhnte sich so vielmehr allerseits an den Wegfall von Zügen, nahm ihn kaum noch

Versandbf.
Stückgutwagen
Nr. Bed.
6440
Stückgutleitzahl Versandbahnhof
Eigengewicht des Wagens 12 t
Gewicht der Ladung 3 t
Gesamtgewicht 15 t
Wagen Nr. 01-80-1245573-1
Bestimmungs-bahnhof Birkenfeld (Nahe) 415604
Entlade-stelle
Beladetag
über 570-0
Vom Versandbahnhof Zug
605/1 35 Hauptzettel für Stückgutwagen – neu – A5L 5b70 Karlsruhe IX 85 K 101 1.2.3.4.5./85.86.87.38.89.

Vor den großen Leistungskürzungen konnte man auf fast jedem deutschen Bahnhof noch werktäglich Güterwagen entdecken, die laut ihren Ladezetteln einen Versand- bzw. Zielbahnhof irgendwo am anderen Ende der Republik oder gar im Ausland hatten. Als Erinnerung daran soll hier der Ladezettel eines Wagens zur Stückgutbeförderung von Saarbrücken nach Birkenfeld dienen, dem Endbahnhof der in Neubrücke von der Nahetalstrecke abzweigenden privaten Birkenfelder Eisenbahn (Sammlung U. Kramer).

wahr, ärgerte sich – wenn überhaupt – nur wenig darüber und kämpfte deshalb auch kaum dagegen an. Die sich immer schneller drehende Abwärtsspirale war somit angelegt. Zu deren Wirkung trug auch bei, dass im Unterschied zur Rechtslage nach der Bahnreform der Eisenbahnmarkt damals noch nicht liberalisiert, sondern ganz im Gegenteil ein »closed shop« war, den sowohl hinsichtlich der Infrastruktur als auch beim Verkehrsangebot nur die Staatsbahnen betreiben durften. Von daher gab es in dieser Periode auch praktisch keine Übernahmen oder Reaktivierungen früherer Staatsbahnstrecken durch Dritte wie etwa nichtbundeseigene Eisenbahnen (und die Deutsche Bundesbahn selbst nahm nahezu keine ihrer Einstellungsverfügungen in der Folgezeit wieder zurück). Alle Einsparungsbemühungen konnten den Trend bei den Verkehrsleistungen und damit letztlich auch bei den roten Zahlen in der Jahresschlussrechnung der Deutschen Bundesbahn jedoch nicht stoppen, geschweige denn umkehren (wenn das denn überhaupt irgendjemandes bewusstes Ziel gewesen sein sollte): Der Marktanteil der Schiene am »Güterverkehrskuchen« sank zu Zeiten der Deutschen Bundesbahn von auch schon gerade im Vergleich zur schon erwähnten Deutschen Reichsbahn eher mageren 8,4 % im Jahr 1970 auf nur noch 6,2 % anno 1990.

Wie kam es nun zu dieser am Ende – wie wir heute wissen – verhängnisvollen Entwicklung? Die Deutsche Bundesbahn war, wie ihr häufig zum Vorwurf gemacht wurde bzw. wird, zwar eine »Behördenbahn« und kein Wirtschaftsunternehmen; sie unterlag deshalb aber nicht minder, sondern umgekehrt vielleicht sogar in stärkerem Maße dem Einfluss der Politik. Und die verlangte angesichts roter Zahlen des Schienenverkehrs bessere Wirtschaftsergebnisse. Obwohl die Staatsbahn als solche auch dem Gemeinwohl verpflichtet war – was aber leider nicht als Aktivposten im Wirtschaftsergebnis »fruchtbar gemacht« werden konnte –, fiel den Verantwortlichen zumeist nichts Besseres ein, als das vorhandene Zugangebot (noch weiter) zu kürzen, Leistungen zu streichen, Bedienungszeiten zu verringern usw. Eine offensive Angebotsstrategie und das Werben um Kunden durch zusätzliche Leistungen blieben demgegenüber die Ausnahme, wie auch die durchaus pfiffig angelegten und erfolgreichen, aber doch sehr seltenen Gegenteile belegen, etwa im Personenverkehr das Angebot »der rosarote Elefant«. Diese Sparbemühungen wurden oft sogar gegen den Widerstand der Eisenbahner vor Ort – ohne nähere Angaben, um nachträglichen Ärger für die Betroffenen zu vermeiden, seien hier nur die Wagenzustellung zu offiziell längst aufgelassenen Ladestellen oder das weisungswidrige Zuwarten, bis ein Wagen schnell noch entladen war – und mit manchmal recht merkwürdiger »Konsequenz« durchgezogen: So machte sich die Streichung von drei schwach genutzten Gütertarifpunkten entlang einer Strecke vermutlich in der Bilanz einer Dienststelle durchaus gut. Wenn aber weiterhin der Bahnhof am Streckenende mit gleichem Aufwand im Güterverkehr bedient wurde und der Güterzug die anderen Stationen nun ohne Halt, dafür aber auch ohne zusätzliches Frachtaufkommen durchfuhr, dürften die realen Einnahmen deutlich, die tatsächlichen Ausgaben jedoch im Gegenzug nicht in auch nur annähernd gleichem Maß gesunken sein.

Dieses langsam gespielte Streichkonzert umfasste aber nicht nur die Aufgabe einzelner Tarifpunkte; oft gingen Güterkunden für die Eisenbahn auch deshalb zu Gunsten der Straße verloren, weil ihnen nicht ihr Verlade-, sondern ein Zielbahnhof aus der Liste der bedienten Tarifpunkte gestrichen wurde. Nicht mehr befördert wurden im Lauf der Zeit überdies auch bestimmte Transportgüter: Wer sieht nicht, wenn er an einen typischen (Land-)Bahnhof zu Beginn der 1980er-Jahre denkt, die zum Teil sehr umfangreiche Verladung von Stück- und Expressgut in Züge vor seinem Auge? Oft wurden diese Güter auch in Personenzügen wie etwa im Steuerwagen mit Gepäckabteil des weit verbreiteten Schienenbusses der Baureihe 796 und 798 befördert.

Auf zahlreichen Strecken – insbesondere denen, die ihren Personenverkehr bereits verloren hatten – führte jedoch der Güterzug einen so genannten Güterzugbegleitwagen der Bauart Pwgs mit, in dem die Koffer und Kisten transportiert wurden. An manchen Tagen bestand der Übergabezug dann auch nur oder fast nur aus diesem Wagen, aber immerhin verkehrte er so jeden Tag. Und mancher Strecke (etwa Waldenburg – Künzelsau, Schiltach – Schramberg und, wie im Vorgängerband erwähnt, Mörlenbach – Unterwaldmichelbach) sicherte das Stückgut auf Grund seines Umfangs sogar fast ganz allein die Existenz. Als dann »von oben« – im Zuge eines weiteren dieser offenbar nicht immer voll durchdachten und auf ihre Folgen abgeklopften Kosteneinsparungsprogramme – die Umstellung des Koffertransports auf die Straße und schließlich sogar die völlige Aufgabe der Stückgutbeförderung per Bahn verfügt worden war, »erwischte« es demgemäß erneut zahlreiche Strecken, und auf anderen wurde der Güterzug wieder um einige Wagen kürzer, bis er irgendwann bald darauf auch ganz aus den Fahrplänen gestrichen wurde.

Die Politik schaute dieser Entwicklung taten- bzw. größtenteils sogar teilnahmslos zu. Man glaubte an die Sinnhaftigkeit der Verkehrsverlagerung auf die weniger defizitäre Straße – Zwischenfrage: Wer hat deren Bilanz eigentlich

Am 17.5.1985 konnte man in Pfaffenhausen (heutige KBS 978) bei der Kreuzung zweier Personenzüge beobachten, wie Blumen in den Gepäckraum des 628 003 geladen wurden. Bei den Anfang der 1970er-Jahre entwickelten Triebwagen der Reihe 628^0 war noch ein richtiger kleiner Gepäckraum vorhanden. Die ab Ende der 1980er-Jahre gebauten Serienfahrzeuge (628^{2-4}) hatten dagegen nur noch einen »Mehrzweckraum« erhalten. Im Gegensatz zu heutigen Nahverkehrstriebwagen sind sowohl die 628 wie auch die 515 im Bild mit der Regelkupplung ausgerüstet. An sie konnte also schon einmal ein Güterwagen angehängt werden.

je einmal genau ermittelt? Heute moderne Stichworte wie »Standortvorteil« oder gar »Nachhaltigkeit« existierten demgegenüber noch gar nicht bzw. wurden jedenfalls noch nicht mit der Eisenbahn in Verbindung gebracht. Das lag sicherlich auch daran, dass die Straßen damals noch nicht so voll waren, dass sie den zusätzlichen Verkehr nicht hätten aufnehmen können – von »Verkehrsinfarkt« sprach zu dieser Zeit ebenfalls noch niemand. Die zunehmende Bedeutung der Schiene für dessen Bewältigung bzw. Abmilderung, die heute zu ihrer Renaissance führt, erahnte zudem auch noch kein Mensch. Die Ölvorräte schienen vielmehr unerschöpflich, ein »Weiter so« auf dem Gaspedal und das Versprechen des seinerzeitigen Bundesverkehrsministers Leber, jeder Deutsche erhalte im Umkreis von 20 km um seinen Wohnort einen Autobahnanschluss, waren »ungestraft« möglich. Vor dem »Ökoinfarkt« warnende Umweltschützer gab es damals zwar auch schon einzelne; ihnen zugehört und sie ernst genommen hat jedoch kaum jemand – über »diese Spinner« gelächelt und gespottet haben dagegen viele. Man denke nur daran, wie viele Jahre es noch dauerte, bis Phänomene wie das Waldsterben, über die sich heutzutage allerdings auch schon wieder kaum noch einer echauffiert oder beunruhigt, als Tatsache allgemein anerkannt wurden!

Diese Ignoranz gegenüber der sterbenden Güterbahn speiste sich in einer Art Teufelskreis gerade auch aus dem Rückzug der Eisenbahn aus der »Fläche«. Bereits im »Band 1994 bis heute« wurde dieser Prozess beschrieben: Mit dem letzten ländlichen

In den 1980er-Jahren wurden stillgelegte Strecken häufig noch von der Schiene aus abgebaut, während seither zumeist nur noch Zweiwegebagger zum Einsatz kommen. Die dazu nötigen (Güter-)Zugfahrten stellten dann unwiederbringlich die letzten Fahrtbewegungen auf der jeweiligen Bahnlinie dar, so auch am 22.5.1991 in der Nähe von Arzfeld beim Rückbau der Strecke Pronsfeld – Neuerburg (Foto von U. Kramer).

Güterzug, der auf vielen Bahnlinien auch noch lange nach dem Abschiedspersonenzug fuhr, verschwand nämlich noch viel mehr: Zuallererst ist da natürlich die jeweilige Strecke zu nennen, die nach der Einstellung des Zugverkehrs entweder gleich ganz abgerissen wurde oder doch zumindest durch ihre teilweise »Umnutzung« (z.B. durch das Überbauen einzelner Grundstücke auf der Trasse) für Bahnzwecke dauerhaft verloren ging. Mit der Eisenbahn und ihren typischen, für heutige Augen oft idyllischen Einrichtungen verabschiedete sich aber auch die Erinnerung an eine andere (fast möchte man sagen: bessere) Zeit, denn der klassische Bahnbetrieb war durch eine Bedienungsweise gekennzeichnet, die so gar nicht in die heutige moderne Welt mit ihrer Hektik à la »just in time« usw. passen will: Da wurde schon einmal unterwegs an der bekannten örtlichen Bäckerei oder Metzgerei angehalten und das Vesper für das Zugbegleitpersonal eingekauft oder eben, wie schon oben erwähnt, an einem Verladebahnhof auf einen säumigen Kunden gewartet, der seinen Wagen noch nicht fertig be- oder entladen hatte. Solche Beispiele ließen sich noch viele aufzählen. Jeder, der den »guten alten« Bahnbetrieb auf einer klassischen ländlichen Nebenstrecke noch miterleben durfte, könnte sicher noch von einem Dutzend ähnlicher Erlebnisse berichten. Kurz gesagt, der (Güter-)Zugbetrieb hatte etwas Gemütliches, Menschliches an sich. Nicht verschwiegen werden soll dabei allerdings auch, dass solches beim Produkt »Güterzug« sicher nicht zur Kostensenkung beitrug. Fernab der verkitschten Idylle auf vielen Modellbahnen zeigte er jedoch, dass die Eisenbahn und die bei ihr tätigen Menschen zusammen und zu der von ihr bedienten Region gehörten. Mit der Einstellung dieses Bahnverkehrs – mag er auch auf Raten erfolgt sein – verlor sich dann aber auch diese Beziehung der Bevölkerung zu »ihrer« Bahn. Relativ schnell verschwand sie aus den

Köpfen der Menschen, für die sie früher alltäglich gewesen war. Das mochte zunächst vernachlässigbar erscheinen, hatte aber doch auch zur Folge, dass eine mögliche Reaktivierung der jeweiligen Strecke und darüber hinaus auch jede anderweitige Benutzung der Eisenbahn durch die von ihr »verlassenen« Menschen immer unwahrscheinlicher wurde bzw. wird. Viele junge Leute in solchen zuglosen Gegenden hatten und haben kaum jemals einen Eisenbahnwaggon von außen, geschweige denn von innen gesehen. Die weiteren Konsequenzen dieses stetigen Rückzugs der Bahn aus dem Land waren bereits vor gut 15 Jahren und sind heute mehr denn je überall augenfällig: Es wurden und werden noch immer als Ersatz für die aufgegebene Bahnverbindung weitere Straßen gebaut und neu emporschießende Industriegebiete weitab der Schiene, dafür aber mit umso größeren Parkplätze und Zubringerstraßen errichtet. Nicht von ungefähr wird beklagt, dass immer weitere Verkehrsadern und Gewerbegebiete unter den Begriff »Deutschland von hinten« fallen und eher einer Betonwüste denn einer der Landschaft wenigstens einigermaßen angepassten (Verkehrs-) Infrastruktur gleichen.

Als die Lage der Eisenbahn etwa Mitte der 1980er-Jahre vor allem in finanzieller Hinsicht hoffnungslos zu werden drohte, rief die Politik nach der großen Veränderung, die schließlich zu der Bahnreform von 1994 führte. Sie setzte die bisherige Entwicklung jedoch erst einmal (sogar in noch beschleunigtem Tempo) fort, und erst von außen einwirkende Faktoren führten in jüngster Zeit zu einer gewissen Kehrtwende. Hierzu sowie zu einem Ausblick in die Zukunft auch mit der Frage nach der Möglichkeit des Umsteuerns finden sich nähere Ausführungen bereits im zuerst erschienenen Band dieser Reihe.

Als Fazit für die Periode von 1980 bis zur Bahnreform von 1994 lässt sich damit feststellen, dass der in diesem Buch auch mehrfach real abgebildete Abbauzug immer mehr Fahrt aufnahm und dadurch – vor allem im Westen der Republik – in tatsächlicher Hinsicht eine Entwicklung anschob bzw. beschleunigte, die nach der Umwandlung der Staatsbahn(en) in Wirtschaftsunternehmen durch die Bahnreform zu einem noch größeren Kahlschlag in der Fläche führte. Gleichzeitig schuf diese Zeit – vor allem durch die Gewöhnung und Abstumpfung der Bevölkerung und der Politik gegenüber der »Streichbahn« – die »mentale« Grundlage für die fehlende Gegenwehr gegen die dann folgenden noch einschneidenderen Rückzugsmaßnahmen. Vor 1993 wurden damit nicht nur die Ursachen dafür gelegt, dass es überhaupt zur Bahnreform kam, sondern auch dafür, dass diese danach zunächst vor allem durch Angebotsreduzierungen im regionalen Schienenpersonen- und Schienengüterverkehr in noch nicht gekanntem Ausmaß von sich reden machte.

Die typischen Güterzuglokomotiven im ländlichen Raum

Für den Güterverkehr auf Zweigstrecken im ländlichen Raum wurden (ähnlich wie im Personenverkehr) vor allem die nachfolgend kurz vorgestellten Lokomotivbauarten eingesetzt, die daher auch die meisten Bilder in diesem Band und in dem vorangehenden (über die Zeit von 1994 bis 2008) dominieren:

Kamen auf den untergeordneten Eisenbahnlinien zunächst die für den anstrengenden Dienst auf der Hauptstrecke nicht mehr einsetzbaren Dampflokomotiven zum Einsatz, entstanden bald eigene leichte Bauarten für diese Dienste. So wurde gegen Ende des 19. Jahrhundert die T3 (ab 1925: 89^{70}) in Preußen entwickelt; ähnliche Fahrzeuge wurden auch in den anderen deutschen Ländern eingesetzt. Nach den verschiedenen »Spielarten« der Reihe T9 (spätere Reihen 90 und 91) wurde in der Zeit des ersten Weltkrieges erstmals die »schwere« T14 (93^{0}) in Dienst gestellt, die zusammen mit der Variante T14.1 (93^{5}) für den Verkehr auf den besser ausgebauten Nebenbahnen in ganz Deutschland bis in die 1960er-Jahre bei allen Zugarten auf den betrachteten Strecken unentbehrlich war. Später wurden die Baureihen 24, 50, 64 und 86 («Einheitslokomotiven«) teils in großer Stückzahl gebaut, welche die 93er jedoch niemals vollständig ersetzen konnten. Durch ihre geringeren Achslasten waren sie jedoch überall und in allen Diensten nutzbar.

Mit der Konstruktion einsatzfähiger Dieselloks ab 1950 wurden die Dampflokomotiven weitgehend abgelöst, wenn sie auch für besondere Einsätze nahezu bis zum Ende der Dampflokzeit zumindest vereinzelt noch auf den hier interessierenden (Güterzug-)Strecken (wie etwa die Baureihe 86 bei der DR auf der KBS *537*, Abbildung Seite 149) zu beobachten waren.

Bei den nachfolgenden Bildern taucht als kleinste (und zugleich älteste) Diesellokbauart die zweiachsige Köf II auf (vgl. z.B. Seite 33). Nach 1968 erhielt sie bei der DB die Bezeichnung 321 bis 324, während sie bei der DR ab 1970 als Baureihe 100 zusammengefasst wurde. Die Konstruktion dieser Lokomotive geht auf den Anfang der 1930er-Jahre zurück. Bei der DB wurde sie, mehrmals verbessert, bis 1965 in größerer Stückzahl gebaut. Die römische Zahl II gibt den Leistungsbereich zwischen 40 und 150 PS an; ihre Regelleistung waren etwa 92 kW (125 PS). Sie erreichte Geschwindigkeiten von 30 bis 45 km/h und konnte neben dem Bahnhofsrangierdienst auch einzelne Wagen und Wagengruppen sogar über längere Strecken befördern, sofern diese Übergaben wegen ihrer geringen Geschwindigkeit keine schnelleren Züge behinderten.

Die in die Leistungsgruppe III (über 150 PS) eingereihte größere »Spielart« ist die Köf III, die für die DB ab 1959 bis Ende der 1970er-Jahre gebaut wurde und mit 177 kW (240 PS) erheblich stärker motorisiert ist (vgl. S.30). Sie wurde ab 1968 als die Baureihen 331 bis 333 bezeichnet, wobei die drei Vorserienmaschinen unter der Nummer 331 geführt wurden. Nur bei den neueren 333 wurde die Kraft auf die zwei Achsen mittels Gelenkwellen übertragen, während bei den anderen Loks ähnlich wie bei der Köf II der Antrieb über Ketten erfolgte. Diese sorgten für das charakteristische »Rasseln«, das zu Bundesbahnzeiten vielfach im Güterzugbetrieb zu hören war. Einige 333 wurden später mit einer Funkfernsteuerung ausgerüstet und ermöglichten so eine rationellere Betriebsabwicklung im Einmannbetrieb. Sie wurden fortan als 335 eingereiht. Der Einsatzbereich der Köf III ähnelte dem der Köf II, zumal ihre Höchstgeschwindigkeit ebenfalls auf 45 km/h begrenzt war. Das Kürzel »Köf« setzt sich übrigens zusammen aus »K« wie »Kleinlokomotive«, »ö« wie »Ölmotor« (alte Bezeichnung für Dieselmotor), und das »f« steht für ein Flüssigkeitsgetriebe, mit dem die Motorleistung verschleißarm umgesetzt werden kann.

Konstruktionen ähnlicher Größe wurden ab 1959 auch bei der DR beschafft, und zwar in zwei Varianten: zunächst als V 15 mit 110 kW (150 PS), später (ab 1968) dann als V 23 mit etwa 162 kW (220 PS). Für die V 23 wurde zuerst nur die Grundkonstruktion der V 15 mit einem stärkeren Motor versehen, ab 1970 erhielten die Loks auch einen neu gestalteten Aufbau. Beiden Baureihen gemeinsam ist der Achsantrieb mittels Blindwelle und Treibstangen sowie die hydraulische Kraftübertragung. Die »Kleinen« wurden in großer Zahl in Dienst gestellt und besorgten mit einer Höchstgeschwindigkeit von etwa 40 km/h vor allem im Güterverkehr auch den Streckendienst. Ähnlich den Köf-Bauarten der alten DB waren sie bis zum Ende der DR noch zahlreich vorhanden; ihre Einsätze wurden jedoch auch damals schon weniger.

Eine etwas stärkere Diesellokomotive für den hier betrachteten Schienengüterverkehr ist die V 60 der DB, die seit 1968 als Baureihe 260/261 bezeichnet wurde (z.B. S.32). Ab Oktober 1987 wurden daraus die »Kleinlokomotiven« 360/361. Als Rangierlokomotive kommt die 480 kW (650 PS) starke Lokomotive auch in den Streckendienst. Dabei kann ihre Höchstgeschwindigkeit von 60 km/h ausgefahren werden, was zumindest für die meisten Nebenbahnen ausreicht. Die drei Treibachsen werden von einer Blindwelle aus mittels Treibstangen angetrieben. Die 261/361 unterscheiden sich durch die etwa 5 t höhere Dienstmasse von den 260/360. Die erstmals 1956 gebaute Lokomotive wurde später mit Funkfernsteuerung ausgerüstet und dabei dann von der 360 zur 364 bzw. entsprechend die 361 zur 365. Erst nach der Gründung der DB AG sind einige Loks mit neuen Motoren versehen worden und werden seither als 362 und 363 geführt.

Die DR stellte ab 1960 eine eigene V 60 in Dienst, die ebenfalls über eine Motorleistung von 480 kW verfügt (vgl. S.151). Ähnlich wie die V 60 der DB ist sie mit Blindwelle und Treibstangen ausgerüstet, dabei aber vierachsig. Die in großer Stückzahl gebauten Lokomotiven wurden in den Reihen 105 und 106 zusammengefasst. Später (nach 1992) wurden daraus die 345 und 346, von denen 1993 noch eine ganz erkleckliche Anzahl in Betrieb war. Auch die zuvor als 344 bezeichnete Variante, bei der die Motorleistung reduziert wurde, war 1993 noch in Betrieb.

Bei der DB wurde ab 1958 *die* Nebenbahnlokomotive schlechthin in Dienst gestellt: Die V 100 mit den drei Varianten 211, 212 und 213. Die älteren V 100^{10} (211) hatten eine Motorleistung von 810 kW (1100 PS) und ersetzten bereits viele Dampflokomotiven auf den Nebenbahnen (vgl. S. 49). Im Jahr 1962 ging dann die stärkere Bauart V 100^{20} (212) in Betrieb (s. S. 35). Von ihr wurden zehn Lokomotiven für den Betrieb auf Steilstrecken mit einer zusätzlichen hydrodynamischen Bremse ausgerüstet, die nach 1968 zur Baureihe 213 wurden. Den 212 und 213 ist eine Leistung von 993 kW (1350 PS) gemein. Alle Varianten haben eine Höchstgeschwindigkeit von 100 km/h. Ihre Motorleistung gelangt über hydraulische Wandler und Gelenkwellen auf die in zwei Drehgestellen zusammengefassten vier Antriebsachsen. 1993 war die Zahl der eingesetzten West-V 100 dann allerdings bereits stark rückläufig.

Ähnlich wie die V 100 wurde für den schweren Rangierdienst besonders an den so genannten Ablaufbergen der großen Rangierbahnhöfe ab 1964 die V 90 gebaut (vgl. S. 43). Ab 1968 wurde daraus die Baureihe 290, von der sich die 291 durch einen anderen Motor unterscheidet. Beide Baureihen weisen eine Motorleistung von etwa 810 kW (1100 PS) und eine Höchstgeschwindigkeit von 80 km/h auf. Nach der Auflösung vieler großer Rangierbahnhöfe haben in den 1990er-Jahren die 290/291 Leistungen der V 100 übernommen und sind so auch in den Streckendienst gelangt. Die nachträglich mit Funkfernsteuerung ausgestatteten Lokomotiven werden heute als 294 und 295 bezeichnet.

Eine der V 100 der DB entsprechende Lokomotive wurde in großer Zahl ab 1966 auch von der DR in Dienst gestellt (vgl. S.154). Die zunächst mit einem 736 kW (1000 PS) starken Motor ausgestatteten Lokomotiven wurden ab 1970 je nach Motorleistung als Baureihe 110 bis 114 geführt, bevor sie nach 1992 zu den Baureihen 201, 202 und 204 wurden, wobei Letztere mit einem leistungsstarken 1100 kW- (1500 PS-)Motor ausgestattet ist. Von der DR konnten noch eine ganze Anzahl V 100 in die neue DB AG eingebracht werden, die inzwischen jedoch weitgehend aus dem Bestand verschwunden sind. Daraus war auch eine Variante für den Rangierdienst abgeleitet worden, die ab 1992 als 293 eingereiht wurde und nach Angleichung der unterschiedlich ausgerüsteten Typen mit der Bezeichnung 298 von der DB AG bis heute als Fernsteuer-Lokomotive eingesetzt wird.

Bei der DB wurde ab 1964 die V 160, die spätere Baureihe 216, als Streckenlokomotive in Dienst gestellt (vgl. S. 34). Aus ihr wurden dann verschiedene Varianten entwickelt, so auch die Baureihen 215 und 218 (s. S. 45). Bei Motorleistungen zwischen 1400 kW (1900 PS) und 2060 kW (2800 PS) konnten mit ihr auch die letzten Dampflokomotiven auf den Zweigstrecken ersetzt werden. Diese Streckenlokomotiven mit einer Höchstgeschwindigkeit von 120 bis 140 km/h sind bei der Bedienung von Anschlussgleisen gegenüber den zuvor genannten wegen ihrer Größe an sich ein wenig im Nachteil; sie wurden aber dennoch des Öfteren auch bei diesen Einsätzen beobachtet. Von der Deutschen Bundesbahn wurden diese Lokomotiven noch in großer Stückzahl in den Bestand der neuen DB AG übernommen; inzwischen sind aber nur noch einige von ihnen (mittlerweise mehrmals umgebaut) im täglichen Einsatz.

Ein Gnadenbrot im Güterzugdienst hatte Anfang der 1980er-Jahre die V 200 als Baureihe 220 erhalten (vgl. S.33). Die erste in Serie gebaute Großdiesellokomotive verfügte über zwei Motoren mit je 810 kW (1100 PS). Für diese Schnellzuglokomotiven gilt das bei der Reihe V 160 Gesagte in noch stärkerem Maße. Aus dem regulären Dienst bei der DB sind die gefälligen Loks schon lange ausgeschieden.

Eine ähnliche Konstruktion wie die V 200 der DB war die V 180 der DR, die von zwei 736 kW (1000 PS) starken Motoren angetrieben wurde. Die später als Baureihe 118 bezeichnete Lokomotive gab es zwei Varianten: vier- und sechsachsig. Letztere war auch für den schwächeren Oberbau von Nebenbahnen geeignet. Einige davon waren bis zum Übergang der DR in die DB AG in Betrieb.

Angelehnt an diese Konstruktion wurde nach 1977 die Baureihe 119 aus Rumänien in die DDR eingeführt. Mit zwei 990 kW starken Motoren waren die sechsachsigen Lokomotiven auf den meisten Strecken der DR zu Hause und konnte sowohl im Personenzugdienst als auch vor Güterzügen eingesetzt werden. Die meisten der besonders zu Beginn ihrer Dienstzeit sehr störanfälligen Lokomotiven wurden 1994 noch in die DB AG eingebracht.

Kaum auf Nebenbahnen eingesetzt wurden demgegenüber zumindest in der in diesem Band betrachteten Zeit von 1980 bis 1993 (mittlerweile hat sich die Situation etwas verändert; dazu gleich) die für die DR aus der Sowjetunion importierten sechsachsigen schweren Großdiesellokomotiven der Reihen V 200 (ab 1970 als Baureihe 120 bezeichnet, später dann als 220) und V 300 (Baureihen 130 bis 132): Erstere konnten als reine Güterzuglokomotiven bis Mitte der 1990er-Jahre noch vereinzelt auf deutschen Gleisen beobachtet werden, während ihre später als Baureihe 232 bezeichnete stärkere Ausführung gerade in den letzten Jahren gelegentlich Güterzüge über die Zweigstrecken befördern darf. Beiden gemeinsam ist die ansonsten in Deutschland nur selten verwirklichte elektrische Kraftübertragung. Die 220 ist mit einem 1470 kW (2000 PS) starken Motor ausgestattet, während in der kräftigeren 232 eine Motorleistung von 2200 kW (3000 PS) installiert ist.

Bei ihrer Gründung am 1.1.1994 konnte die DB AG von ihren Vorgängerbahnen also eine ganze Reihe verschiedener Diesellokomotiven übernehmen. Von dieser damals noch beachtlichen Menge ist mittlerweile allerdings nur noch eine überschaubare Anzahl übrig geblieben. Aus den in diesen beiden Bänden beschriebenen Gründen ist es zu einer Neuentwicklung von Lokomotiven für den hier betrachteten Einsatzbereich nicht (mehr) gekommen. Trotz des nahezu aufgegebenen Verkehrssegments ist jedoch der Gedanke an eine für derartige Einsätze geeignete Lokomotive noch nicht völlig verschwunden, wie die derzeit für die DB AG auch mit FZ/FTZ auf Strecken ohne Personenverkehr verkehrenden neuen MaK 1206 zeigen, die das Unternehmen ausgeliehen hat, weil nicht mehr genügend eigene Traktionsmittel zur Verfügung stehen.

Eine ähnliche Vielfalt an Bauarten wurden und werden im Übrigen auch bis auf den heutigen Tag auf den verschiedenen deutschen Privatbahngleisen eingesetzt (vgl. nur S. 20). Speziell die V 100-Bauarten haben eine gewisse Nachnutzung außerhalb der DB AG gefunden und kommen in ganz Deutschland zum Einsatz. Ein Sonderfall, der heute nur noch selten beobachtet werden kann, sind schließlich die so genannten Schlepptriebwagen. Das sind Fahrzeuge, die für den Personenverkehr konstruiert sind, jedoch durch ihre verstärkte Motorleistung auch im Güterzugdienst eingesetzt werden können (s. S.105). Manche Privatbahn konnte ihretwegen auf spezielle Lokomotiven für den Güterverkehr verzichten und damit Kosten sparen. Aber selbst bei der »alten« DB kam es gelegentlich vor, dass ein Schienenbus der Baureihe 798 einem Güterwagen vorgespannt wurde, und auch bei Triebwagen der Reihen 624/634 und 614 war dies nichts völlig Ungewöhnliches.

1.

Hamburg, Schleswig-Holstein, nordöstliches Niedersachsen (Strecken 106 – 149)

Tabelle der Nebenstrecken

letzte KBS	Pv-Einstellung	Gv-Einstellung	Gesamt-stilllegung	Länge (km)	von	nach	Besonderheiten	•	o
106	26.5.1974	1980	stillgelegt	7,3	Kutenhausen	Petershagen	MKB	x	x
217c	26.5.1968	1980	stillgelegt	8,2	Hollenstedt	Beckdorf	später an EVB	x	x
112h	1.9.1954	1983	stillgelegt	7,7	Marne	Kronprinzenkoog Nord (– Friedrichskoog III)			x
112c	29.9.1969	31.12.1985	stillgelegt	2,1	Anst. Condea	Brunsbüttel Nord			x
132	26.5.1974	22.5.1993	stillgelegt	3,1	Husum	Mildstedt		x	x
132	26.5.1974	27.5.1989	stillgelegt	9,6	Mildstedt	Schwabstedt		x	x
132	26.5.1974	24.9.1988	stillgelegt	13,4	Schwabstedt	Erfde		x	x
132	26.5.1974	28.5.1988	stillgelegt	6,5	Hohn	Fockbeck		x	x
113a	28.5.1972	30.11.1992	stillgelegt	3,2	Schleswig	Altstadt	VKSF	x	x
113a/135	28.5.1972	30.4.1988	stillgelegt	2,0	Schleswig-Altstadt	Klosterfeld Industriegebiet	VKSF		x
113a/135	28.5.1972	1.7.1980	stillgelegt	21,0	Klosterfeld Industriegebiet	Süderbrarup	VKSF		x
113c	13.5.1950	30.12.1983	stillgelegt	13,1	Schleswig	Kropp	VKSF	x	
113b	1.4.1965	30.4.1988	stillgelegt	6,4	Schleswig-Altstadt	Berend	VKSF	x	
139	30.9.1973	31.12.1981	stillgelegt	23,9	Ulzburg	Blumendorf	EBOE		x

114a	30.4.1963	eingestellt	1980	2,0	Burgstaaken	Burg		x	x
114a	3.6.1956	eingestellt	28.5.1988	6,3	Landkirchen	Petersdorf		x	x
140	30.5.1976	31.10.1984	stillgelegt	4,1	Lütjenbrode Abzw. Ost	Heiligenhafen		x	
114k	23.5.1954	28.5.1988	stillgelegt	8,0	Pönitz	Ahrensbök			
146	23.5.1982	30.12.1983	stillgelegt	15,6	Eutin	Neustadt			
149	30.5.1976	31.8.1984	stillgelegt	11,8	Bad Oldesloe	Mollhagen		x	
149	30.5.1976	31.1.1981	stillgelegt	8,2	Trittau	Möhnsen		x	
149	30.5.1976	31.8.1984	stillgelegt	6,3	Möhnsen	Schwarzenbeck		x	
211f	22.5.1955	eingestellt	8.11.2005	5,6	Beedenbostel	Höfer-Mariaglück	OHE, bereits ab ca. 2000 unbefahrbar		
158	27.9.1981	22.5.1993	stillgelegt	25,8	Celle	Müden-Dieckhorst	war teilweise Bahnhofsgleis		
158	26.9.1981	26.9.1981	stillgelegt	11,9	Müden-Dieckhorst	Gamsen-Kästorf			
158	27.9.1981	1.3.1983	stillgelegt	5,7	Gamsen-Kästorf	Gifhorn Stadt			
211d	27.5.1962	29.9.1990	stillgelegt	7,7	Celle	Nienhagen		x	x
211d	23.5.1971	31.5.1985	stillgelegt	4,2	Nienhagen	Wathlingen		x	x
211d	23.5.1971	30.9.1990	31.12.1991	5,3	Uetze	Plockhorst		x	x
211d	27.5.1962	30.9.1990	31.12.1991	13,5	Plockhorst	Harvesse		x	x
211b	25.9.1966	31.1.1981	stillgelegt	13,0	Rethem	Ahlden			x
211b	25.9.1966	31.12.1988	stillgelegt	5,9	Ahlden	Gilten			x
161	27.9.1981	24.5.1988	stillgelegt	20,8	Mechtersen	Marxen			x
209a	27.5.1961	15.1.1986	stillgelegt	12,0	Neuenkirchen	Soltau	OHE		
163	1.6.1980	28.9.1984	stillgelegt	10,6	Visselhövede	Cordingen			x

• = anschließende Teilstrecke siehe in Tabelle vor 1980 (im Anhang)
o = anschließende Teilstrecke siehe in Tabelle nach 1994 (im Band »Güterstrecken 1994 bis heute«)

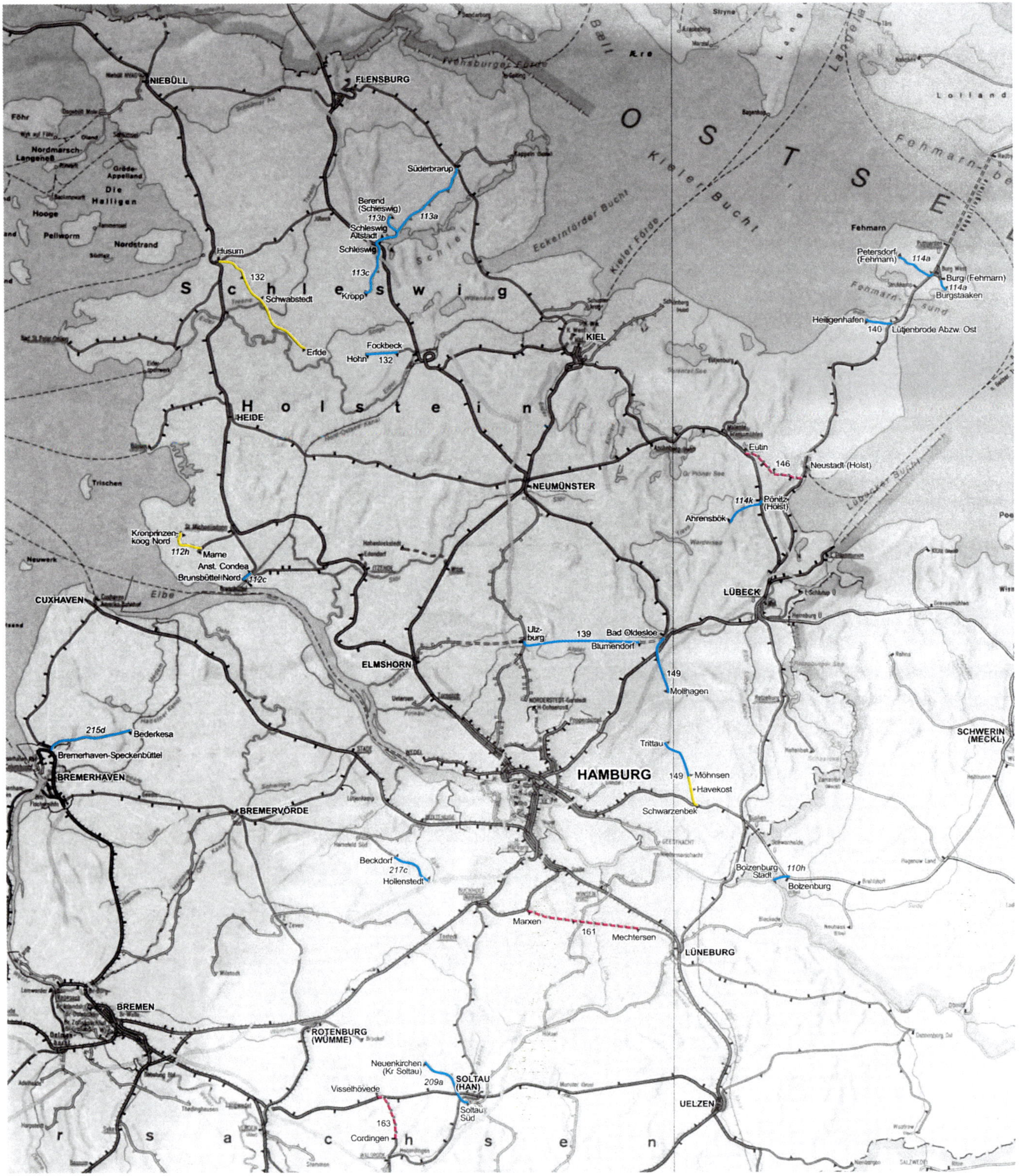

NIEBÜLL
FLENSBURG
Flensburger Förde
Föhr
Nordmarsch-Langeneß
Gröde-Appelland
Die Halligen
Hooge
Pellworm
Nordstrand
O S T S E
Kieler Bucht
Eckernförder Bucht
Kieler Förde
Lolland
Süderbrarup
Berend (Schleswig)
113b
113a
Schleswig Altstadt
Schleswig
113c
Kropp
Husum
132
Schwabstedt
Erfde
Fockbeck
Hohn
132
S c h l e s w i g
H o l s t e i n
HEIDE
KIEL
Fehmarn
Petersdorf (Fehmarn)
114a
Burg (Fehmarn)
114a
Burgstaaken
Fehmarnsund
Heiligenhafen
140
Lütjenbrode Abzw. Ost
Eutin
146
Neustadt (Holst)
Lübecker Bucht
NEUMÜNSTER
114k
Pönitz (Holst)
Ahrensbök
Trischen
Kronprinzenkoog Nord
112h
Marne
Anst. Condea
Brunsbüttel Nord
112c
Neuwerk
CUXHAVEN
LÜBECK
Ulzburg
139
Bad Oldesloe
Blumendorf
149
Mollhagen
ELMSHORN
215d
Bederkesa
Bremerhaven-Speckenbüttel
BREMERHAVEN
Trittau
149
Möhnsen
Havekost
HAMBURG
Schwarzenbek
SCHWERIN (MECKL)
BREMERVÖRDE
Beckdorf
217c
Hollenstedt
Boizenburg Stadt
110h
Boizenburg
Marxen
161
Mechtersen
LÜNEBURG
BREMEN
ROTENBURG (WÜMME)
Neuenkirchen (Kr Soltau)
209a
SOLTAU (HAN)
Soltau Süd
Visselhövede
163
Cordingen
UELZEN
r s a c h s e n

Rethem (Aller)
211b
Gilten
Höfer-Mariaglück
211f
Beeden-bostel
SULINGEN (HAN)
NIENBURG (WESER)
Celle
158
Gifhorn Stadt
211d
Wathlingen
Holdorf
220d
Damme (Oldb)
Uetze (Han)
HANNOVER
211d
Harvesse
Petershagen
106
Todtenhausen
Niederwöhren
214c
Stadthagen
Bad Nenndorf
212d
Lauenau
OSNABRÜCK
MINDEN (WESTF)
Eimbeckhausen
212d
Bad Münder Stadt
Salzgitter-Lebenstedt
ELZE (HAN)
Kalischacht Hildesia
Marienburg (Han)
231
Der-neburg
Hameln
204
Aerzen
Emmer-thal
BIELEFELD
MÜNSTER (W)
Segeste
202b
Boden-burg
Harbarnsen
Sehlem
253
Bodenwerder-Kemnade
Dielmissen
261
Lamspringe
Blomberg
212b
Schieder
ELZE (HAN)
Vorwohle
KREIENSEN
Rheda-Wiedenbrück-Süd
222d
Delbrück (Westf)
Langenberg (Westf)
207
Bad Lippspringe
232c
Anst. Benteler
Holzminden
Anst. Kisker
HAMM (WESTF)
Vellinghausen
232m
Lippborg
LIPPSTADT
PADERBORN HBF
Wehrden (Weser)
Beverungen
Sohlingen (Solling)
Uslar Stadt
200h
Uslar
NORT-HEIM (HAN)
Geseke Süd
232q
Steinhausen
249
Herzberg (Harz)
200e
Rhum-springe
SOEST
UNNA
Weine
Büren (Westf)
345
Borgholz
Trendelburg
198d
Hümme
Nörde
Warburg (Westf)
257
Göttingen
Heidberg (Möhne)
Alme
232n
Wülfte
Brilon Stadt
198d
Volkmarsen
Oberscheden
BRILON WALD
EICHEN-BERG
Wenholthausen
239e
Eslohe
Korbach
Kassel-Bettenhausen
Witzenhausen Süd
Hundels-hausen
198h
Lohfelden
Großalmerode Ost
259
Naumburg (Bz Kassel)
531
Alten-bauna
239e
Serkenrode
Finnentrop
Winterberg
Herzhausen
Walburg (Hess.-Nass.)
522
Eschwege
Wanfried
198n
238d
530
Hallenberg
Wald-kappel
Bisch-hausen
Großburschla
239b
Altenhundem
Würdinghausen
525
Spangen-berg
Anst. Pfieffewiesen
Malsfeld
Beiseförth
Berleburg
Arfeld
364
Frankenberg (Eder)
Olpe
Homberg (Bz Kassel)
525
Hatzfeld (Eder)
361
Gilserberg
BEBRA
EISENACH
Freudenberg (Kr Siegen)
SIEGEN
193p
Breidenbach
Bad Hersfeld
BETZDORF
366
Niedereisen-hausen
Gladenbach
MAR-BURG (LAHN)
Kirchhain (Bz Kassel)
Oberaula
516
Kirch-heim
Sorga (Kr Hersfeld)
Heimbolds-hausen
Philippsthal
614
504
Hartenrod
Nieder-aula
624
Dillenburg
Oberscheld
Niederwalgern
Nieder Ofleiden
Homberg (Kr Alsfeld)
Alsfeld (Oberhess)
516 Eifa (Kr Alsfeld)
Eiterfeld
Betzenrod
192k
Erdbach
369
Schönbach
Herborn
527
Burg- und Nieder-Gemünden
Hünfeld

KBS: 106 Minden – Petershagen (– Uchte)

In Minden an der Weser hatte einst ein umfangreiches Netz von Schmalspurbahnen seinen Betriebsmittelpunkt. Die Endbahnhöfe der Strecken waren Kleinenbremen, Lübbecke, Wegholm und Uchte. Dieses Netz der MKB wurde bis 1957 auf Normalspur umgebaut. Heute sind neben einigen kurzen Güterstrecken im Mindener Stadtgebiet noch die Strecken bis Kleinenbremen und Hille (an der früheren Strecke nach Lübbecke) befahrbar, auf denen die MEM mit ihrem Museumszug unterwegs sind. Teile der Strecke nach Uchte sind zwar gleismäßig ebenfalls noch vorhanden, jedoch schon lange nicht mehr befahrbar. Diese im Dezember 1898 eröffnete Strecke verlor in zwei Teilen den Personenverkehr: Am 30.9.1973 wurde der Abschnitt Petershagen – Uchte aufgegeben, und am 25.5.1974 fuhr der letzte Personenzug zwischen Minden und Petershagen. Der Güterverkehr bis Petershagen wurde sodann am 1.12.1980 eingestellt, während Kutenhausen immerhin noch bis zum 31.5.1999 angefahren werden konnte. Offiziell wurden die Gütertarifpunkte Todtenhausen und Kutenhausen sogar erst im Dezember 2006 aufgehoben. Am 15.4.1980 fotografierte J. Lohmann die MKB V 2 nahe einer alten Windmühle bei Pottmühle auf der Fahrt nach Minden.

KBS: *112h* (St. Michaelisdonn –) Marne – Kronprinzenkoog Nord (–Friedrichskoog III)

Aus der Glückstadt-Elmshorner Eisenbahn wurde 1878 die Holsteinische Marschbahngesellschaft, da zu diesem Zeitpunkt die Marschbahn zwischen Itzehoe und Heide fertiggestellt wurde. Ausgehend von dieser Hauptstrecke wurde am 15.12.1880 eine Erschließungsstrecke von St. Michaelisdonn noch Marne eröffnet. Bereits am 1.10.1884 wurde sie mittels einer Abzweigung vor dem Kopfbahnhof Marne um 12,8 Kilometer bis »Friedrich VII Koog« verlängert – allerdings zunächst nur im Güterverkehr. Erst nach der 1890 erfolgten Verstaatlichung der Betreibergesellschaft wurde hier am 1.10.1898 der Personenverkehr aufgenommen. Im Lauf der Zeit kamen noch Zweiggleise nach Neufelderkoog und Norderfleth dazu, denn schließlich diente eine Vielzahl von Ladestellen der Erschließung der zahlreichen Kooge am Rande der Elbmündung. Bis Friedrichskoog III wurde der Personenverkehr bereits am 1.9.1954 eingestellt, während nach Marne noch bis zum 27.5.1961 ein »Alibi«-Personenzug gefahren ist. Zwischen St. Michaelisdonn und Marne konnte sogar noch bis Ende Juli 1994 ein Güterzug den Rost von den Gleisen fahren, während das Bahnhofsgleis nach Kronprinzenkoog Nord als Rest der Strecke nach Friedrichskoog III schon in der Streckenkarte von 1981 als »außer Betrieb« gekennzeichnet ist. Jedoch war J. Lohmann am 15.11.1983 vor Ort und konnte eine 332 beobachten, die einen langen Zug zu befördern hatte, was jedoch kaum öfter als zweimal im Jahr erforderlich war.

KBS: 132 Husum – Erfde (– Rendsburg)

Die heute durchgehend von Husum an der Marschbahn nach Rendsburg am Nord-Ostsee Kanal verkehrenden Personenzüge müssen immer den Umweg über Jübeck und Schleswig nehmen. Einst gab es dafür auch eine direkte Verbindung, die in der Treene-Niederung und in ihrem Mittelabschnitt nahe dem Fluss Eider verlief. Diese Strecke konnte am 1.9.1910 komplett eröffnet werden. Auf einen Schlag wurde der Personenverkehr am 26.5.1974 auf der Gesamtstrecke wieder eingestellt. Anders verlief die Entwicklung dagegen im Güterverkehr: Mit dem Personenverkehr zusammen wurde das Mittelstück von Erfde nach Hohn aufgegeben. Am 28.5.1988 folgte dann der Abschnitt Hohn – Fockbeck, wenig später am 24.9.1988 die Strecke von Schwabstedt bis Erfde. Kurz danach, am 27.5.1989, wurde der befahrene Restabschnitt von Husum aus nochmals bis Mildstedt verkürzt, bevor ab dem 22.5.1993 der Nordteil dann ganz ohne Zugverkehr war. Der südliche Rest von Rendsburg bis Fockbeck wurde dank eines Flugplatzes nahe dem damaligen Endpunkt sogar noch bis zum 1.7.1999 offen gehalten. Allerdings war die Strecke im Stadtgebiet von Rendsburg schon zuvor zum Bahnhofsgleis erklärt worden und wurde nur noch gelegentlich von einer Bedienungsfahrt genutzt. Auf dem Bild wird deutlich, dass am 3.12.1982 im Bahnhof Schwabstedt die große Zeit der Eisenbahn bereits vorbei war, denn außer einem Schüttgutwagen konnte J. Lohmann nur noch eine Kleinlok auf dem Weg nach Erfde fotografieren.

KBS: 149 (Bad Oldesloe –) Möhnsen – Schwarzenbek

Die südliche Verlängerung der kürzlich im Personenverkehr teilweise wiedereröffneten Strecke von Neumünster nach Bad Oldesloe war die Verbindung nach Schwarzenbeck. Bildete die am 1.8.1887 eröffnete Strecke zunächst als Umfahrung von Hamburg die kürzeste Verbindung zwischen Flensburg und Berlin, so verlor sie mit der Eröffnung der Strecke Ratzeburg – Hagenow diese Funktion schon recht bald wieder. Der Schwerpunkt des am 30.5.1976 eingestellten Personenverkehrs lag daher zuletzt nicht mehr auf dem Durchgangsverkehr, sondern beschränkte sich auf den Nordabschnitt Bad Oldesloe – Trittau. Zum gleichen Zeitpunkt wurde auch der Abschnitt Mollhagen – Dwerkathen im Gesamtverkehr aufgegeben, wenig später dann auch noch die Fortsetzung bis Trittau. Doch damit nicht genug: Zum 31.1.1981 wurde der Güterverkehr zwischen Möhnsen und Trittau eingestellt, nachdem die Autobahn Hamburg – Berlin hier die Strecke unterbrochen hatte. Am 31.8.1984 endete schließlich der verbliebene Güterverkehr sowohl auf dem nördlichen »Stummel« zwischen Bad Oldesloe und Mollhagen als auch auf dem südlichen von Möhnsen nach Schwarzenbek. Der Bahnhof Havekost war am 14.11.1983 sogar noch mit einem Einfahrsignal ausgerüstet, als J. Lohmann auf den Auslöser drückte. Vor der Weiterfahrt der Kleinlok der Baureihe 332 musste der Rangierer allerdings noch die Schranke schließen.

2. Südliches Niedersachsen, Lippe, nördliches Westfalen (Strecken 222d – 287)

Tabelle der Nebenstrecken

letzte KBS	Pv-Einstellung	Gv-Einstellung	Gesamt-stilllegung	Länge (km)	von	nach	Besonderheiten	•	o
214c	6.6.1961	26.9.1981	stillgelegt	5,0	Niederwöhren	Stadthagen		x	
232c	30.5.1965	30.1.1988	stillgelegt	3,2	Anschl. Benteler	Bad Lippspringe			x
204	28.9.1980	31.5.1985	stillgelegt	7,3	Aerzen	Klein Berkel			x
204	28.9.1980	27.9.1980	stillgelegt	3,7	Klein Berkel	Hameln			x
207	30.11.1979	16.6.1983	stillgelegt	13,0	Langenberg	Lippstadt (Anst. Kisker)			x
222d	1.4.1958	26.5.1990	stillgelegt	21,1	Wiedenbrück	Delbrück	ehemals WLE	x	
215d	26.5.1968	31.12.1993	stillgelegt	17,6	Bremerhaven	Bederkesa	heute Museumsbahn		
221c	23.5.1954	31.12.1991	stillgelegt	12,6	Rahling	Neuenburg			x
221e	30.9.1961	25.5.1989	stillgelegt	15,7	Brake	Großenmeer		x	x
221e	30.9.1961	30.5.1987	31.12.1988	2,7	Etzhorn	Ohmstede		x	x
221b	23.5.1954	31.12.1991	stillgelegt	2,9	Bockhorn	Grabstede	war zuletzt Bahnhofsgleis	x	x
221f	13.5.1950	30.9.1991	stillgelegt	12,2	Bad Zwischenahn	Edewechterdamm	Klb. Zw.-Edwd.		
218	29.5.1983	23.9.1989	stillgelegt	16,4	Norden	Dornum	heute Museumsbahn		
218	29.5.1983	eingestellt	27.9.1985	12,3	Dornum	Esens			
10007	27.9.1987	23.9.1989	stillgelegt	20,2	Jever	(Carolinensiel –) Harle	Tide-Pv		
221f	31.12.1966	23.9.1989	stillgelegt	18,0	Jever	Carolinensiel	regelmäßiger Pv		
222	30.5.1976	31.5.1992	stillgelegt	6,9	(Vorsfelde) Abzw. Grafhorst	Klein Twülpstedt			
222	30.5.1976	31.12.1987	stillgelegt	8,3	Klein Twülpstedt	Neindorf			
222	30.5.1976	31.12.1987	stillgelegt	12,8	Neindorf	Schandelah			
231	2.6.1984	1.6.1984	stillgelegt	9,2	Derneburg	Salzgitter-Osterlinde			
231	2.6.1984	31.3.1985	stillgelegt	8,9	Salzgitter-Osterlinde	Salzgitter-Lebenstedt			
236	1.1.1976	28.5.1988	stillgelegt	14,2	Börßum	Mattierzoll		x	
237	1.1.1976	28.5.1988	stillgelegt	4,7	Salzgitter-Bad	Klein Mahner	Museumsbahn	x	
Güter-strecke	1951	2001	stillgelegt	7,0	Hildesheim-Marienburg	Kalischacht Hildesia	Werkbahn, Pv nur für Mitarbeiter		

200e	27.5.1961	30.1.1982	stillgelegt	8,9	Herzberg	Rhumspringe		×	
200h	1.6.1958	23.9.1989	stillgelegt	5,4	Uslar	Sohlingen		×	
247	2.6.1984	1.6.1984	stillgelegt	3,6	Bad Lauterberg	Odertal		×	×
249	2.6.1984	31.5.1992	31.10.1997	7,6	Holzminden	Fürstenberg			×
249	2.6.1984	31.5.1988	31.10.1997	11,8	Fürstenberg	Beverungen			×
249	2.6.1984	30.5.1984	31.10.1997	11,4	Beverungen	Borgholz			×
249	2.6.1984	31.5.1992	31.10.1997	14,5	Borgholz	Nörde			×
202b	25.9.1966	31.12.1983	stillgelegt	3,9	Segeste	Bodenburg	heute Museumsbahn	×	
253	28.9.1975	30.5.1987	stillgelegt	2,8	Bodenburg	Sehlem			×
253	28.9.1975	1.1.1982	stillgelegt	1,9	Sehlem	Harbarnsen			×
253	28.9.1975	31.5.1985	stillgelegt	5,5	Harbarnsen	Lamspringe			×
257	1.6.1980	31.5.1980	26.9.1981	15,8	Göttingen	Dransfeld			×
257	1.6.1980	1.2.1991	2.11.1991	8,2	Dransfeld	Oberscheden			×
259	3.6.1973	28.5.1988	stillgelegt	3,2	Witzenhausen Süd	Hundelshausen		×	×
259	3.6.1973	31.10.1984	stillgelegt	3,2	Hundelshausen	Trubenhausen		×	×
259	3.6.1973	3.6.1981	31.12.1982	4,4	Trubenhausen	Großalmerode Ost		×	×
212b	10.12.1951	26.9.1987	stillgelegt	4,5	(Schieder) Abzw. Noltehof	Blomberg			
261	1.9.1982	2001	stillgelegt	19,0	Emmerthal	Kirchbrak	VEV; kurzer Abschnitt bei Vorwohle ist heute noch Bahnhofsgleis		
261	1.4.1974	1.9.1982	stillgelegt	12,8	Kirchbrak	Vorwohle	VEV		
212d	26.5.1968	28.5.1988	stillgelegt	7,4	Bad Nenndorf	Lauenau		×	×
212d	26.5.1968	28.5.1988	stillgelegt	7,3	Eimbeckhausen	Bad Münder Stadt		×	×
271	26.5.1974	26.9.1981	stillgelegt	11,2	Gronau	Achterberg (Bad Bentheim)			×
220d	15.2.1952	1.1.1994	1.1.1996	7,3	Holdorf	Damme			
223c	24.9.1967	31.12.1993	30.4.1996	14,0	Abelitz	Aurich	Gv reaktiviert 2008		×
224f	29.9.1969	31.12.1988	stillgelegt	12,4	Rheine	Wettringen		×	
224f	29.9.1969	28.9.1984	stillgelegt	1,9	Langenhorst	Ochtrup		×	
284	30.9.1984	31.5.1986	stillgelegt	4,8	Rheine	Hauenhorst	Pv-Gleis		
284	30.9.1984	eingestellt	31.12.1995	39,3	Rheine Gbf	Lutum (Coesfeld)			
285	27.9.1981	26.9.1981	stillgelegt	8,7	Gronau	Enschede	Pv 2001 reaktiviert		
286	26.5.1974	31.12.1984	stillgelegt	13,9	Coesfeld	Gescher		×	×
286	26.5.1974	1.6.1984	stillgelegt	10,8	Gescher	Ramsdorf		×	×
286	26.5.1974	22.5.1982	stillgelegt	6,9	Ramsdorf	Borken		×	×
286	26.5.1974	22.5.1982	stillgelegt	6,5	Borken	Rhedebrügge		×	×
286	26.5.1974	1.6.1991	stillgelegt	12,3	Rhedebrügge	Bocholt		×	×
286	26.5.1974	eingestellt	1984	7,8	Mussum	Isselburg-Anholt		×	×
287	28.9.1975	29.1.1988	stillgelegt	17,7	Borken	Stadtlohn	WLE	×	
224g	30.9.1962	1.11.1987	stillgelegt	7,5	Ahaus	Nienborg-Heek	WLE	×	
224g	1.6.1958	29.1.1988	stillgelegt	9,2	Stadtlohn	Vreden	WLE		

• = anschließende Teilstrecke siehe in Tabelle vor 1980 (im Anhang)
o = anschließende Teilstrecke siehe in Tabelle nach 1994 (im Band »Güterstrecken 1994 bis heute«)

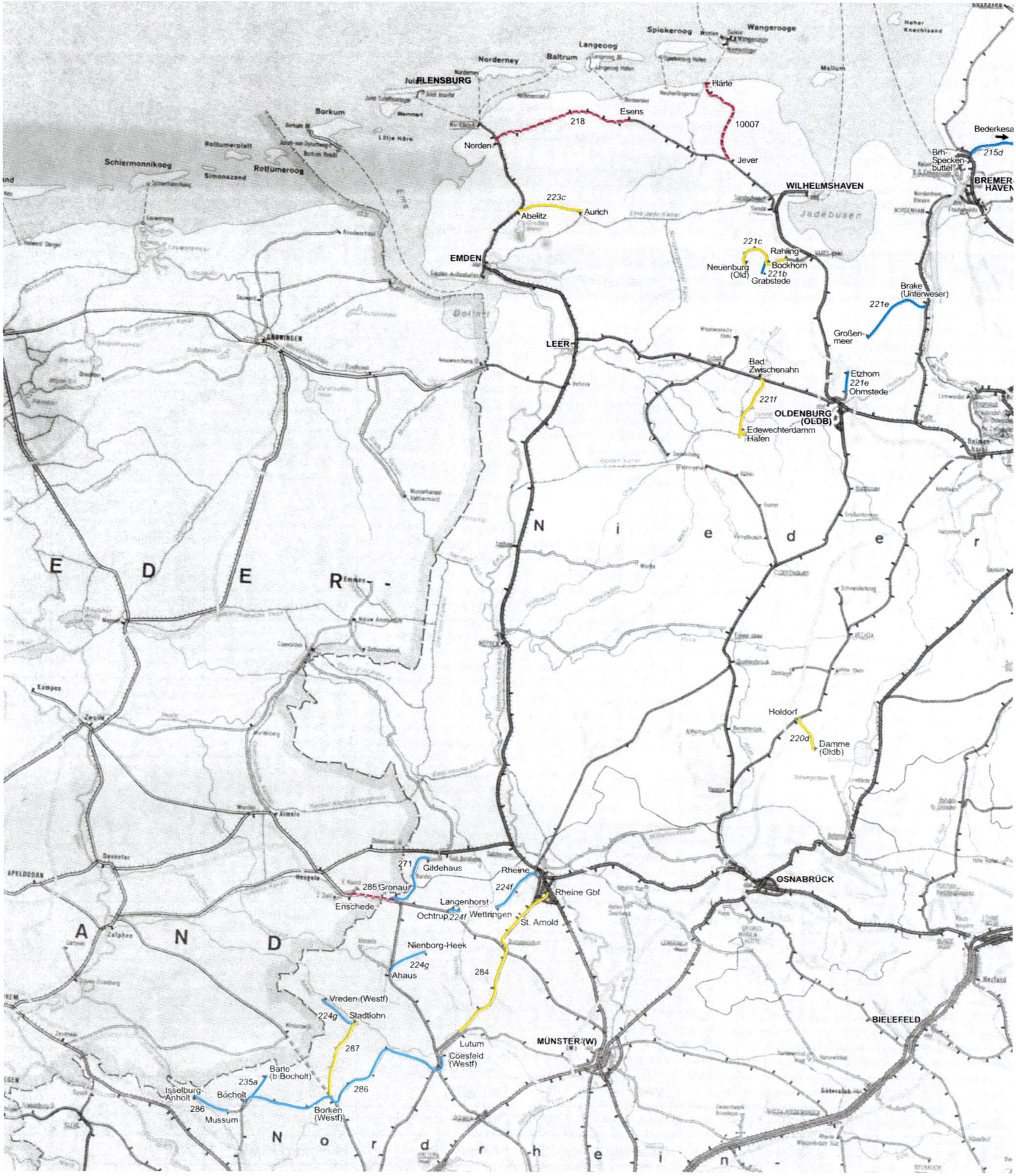

Spiekeroog
Wangerooge
Langeoog
Norderney
Baltrum
FLENSBURG
Borkum
Mellum
Härle
Esens
218
10007
Norden
Jever
Bederkesa
215d
Brh-Speckenbüttel
BREMERHAVEN
Schiermonnikoog
Rottumerplat
Rottumeroog
Simonszand
WILHELMSHAVEN
223c
Abelitz
Aurich
221c
Rahling
Bockhorn
Neuenburg (Old)
221b
Grabstede
EMDEN
Brake (Unterweser)
221e
Großenmeer
LEER
GRONINGEN
Bad Zwischenahn
Etzhorn
221e
Ohmstede
221f
OLDENBURG (OLDB)
Edewechterdamm Hafen
N
i
e
d
e
r
E
D
E
R
Emmen
Holdorf
220d
Damme (Oldb)
271
Gildehaus
Rheine
285
Gronau
224f
Rheine Gbf
OSNABRÜCK
Enschede
Langenhorst
Ochtrup
224f
Wettringen
St. Arnold
A
N
D
Nienborg-Heek
224g
Ahaus
284
Vreden (Westf)
224g
Stadtlohn
BIELEFELD
MÜNSTER (W)
287
Lutum
Coesfeld (Westf)
Barlo (b Bocholt)
235a
Isselburg-Anholt
Bocholt
286
286
Mussum
Borken (Westf)
N
o
r
d
r
h
e
i
n

Rethem (Aller)
211b
Gilten
Höfer-Mariaglück
211f
Beeden-bostel
Celle
158
Gifhorn Stadt
211d
Wathlingen
SULINGEN (HAN)
NIENBURG (WESER)
Holdorf
220d
Damme (Oldb)
Uetze (Han)
HANNOVER
211d
Harvesse
Petershagen
106
Todtenhausen
Niederwöhren
214c
Bad Nenndorf
Stadthagen
212d
Lauenau
OSNABRÜCK
MINDEN (WESTF)
Eimbeckhausen
212d
Bad Münder Stadt
Salzgitter-Lebenstedt
231
ELZE (HAN)
Kalischacht Hildesia
Marienburg (Han)
Der-neburg
Hameln
204
Aerzen
Emmer-thal
BIELEFELD
NSTER (W)
Segeste
202b
Boden-burg
Sehlem
Harbarnsen
253
Bodenwerder-Kemnade
Dielmissen
261
Lamspringe
Blomberg
212b
Schieder
ELZE (HAN)
Vorwohle
KREIENSEN
Rheda-Wie-denbrück Süd
222d
Delbrück (Westf)
Bad Lippspringe
232c
Anst. Benteler
Langenberg (Westf)
207
Anst. Kisker
Holzminden
HAMM (WESTF)
Vellinghausen
232m
Lippborg
LIPPSTADT
PADERBORN HBF
Wehrden (Weser)
Schlingen (Solling)
Uslar Stadt
200h
Uslar
Beverungen
NORT-HEIM (HAN)
Herzberg (Harz)
200e
Rhum-springe
Geseke Süd
232q
Steinhausen
SOEST
249
Borgholz
UNNA
Weine
Büren (Westf)
345
Trendelburg
198d
Hümme
Nörde
Warburg (Westf)
257
Göttingen
Heidberg (Möhne)
Alme
232n
Wülfte
Brilon Stadt
198d
Volkmarsen
Oberscheden
BRILON WALD
EICHEN-BERG
Wenholthausen
239e
Eslohe
Korbach
Kassel-Bettenhausen
198h
Lohfelden
Witzenhausen Süd
Hundels-hausen
Großalmerode Ost
259
Naumburg (Bz Kassel)
531
Alten-bauna
239e
Serkenrode
Finnentrop
Winterberg
238d
Hallenberg
Herzhausen
530
Walburg (Hess.-Nass.)
522
Wald-kappel
Bisch-hausen
Eschwege
Wanfried
198n
Großburschla
239b
Altenhundem
Würdinghausen
Olpe
Berleburg
Arfeld
364
Hatzfeld (Eder)
Frankenberg (Eder)
525
Spangen-berg
Anst. Pfieffewiesen
Malsfeld
Beiseförth
Homberg (Bz Kassel)
525
361
Gilserberg
BEBRA
EISENACH
Freudenberg (Kr Siegen)
SIEGEN
193p
Breidenbach
BETZDORF
366
Niedereisen-hausen
Gladenbach
MAR-BURG (LAHN)
Kirchhain (Bz Kassel)
Oberaula
516
Kirch-heim
Bad Hersfeld
Sorga (Kr Hersfeld)
Heimbolds-hausen
Philippsthal
614
504
Nieder-aula
Hartenrod
624
Niederwalgern
Dillenburg
369
Oberscheld
Erdbach
Schönbach
Herborn
Nieder Ofleiden
Homberg (Kr Alsfeld)
527
Burg- und Nieder Gemünden
Alsfeld (Oberhess)
516
Eifa (Kr Alsfeld)
Eiterfeld
Betzenrod
192k
Hünfeld

KBS: *222d* Rheda-Wiedenbrück Süd – Delbrück (– Sennelager)

In der Nähe von Paderborn an der nach Bielefeld führenden Sennebahn liegt der Bahnhof Sennelager. Zwei Monate, nachdem der erste Zug von Paderborn nach Sennelager gefahren war, wurde durch die WLE am 1.9.1902 die Erschließungsstrecke nach Wiedenbrück eröffnet. Der Personenverkehr durch diese ländlich geprägte Region wurde bereits am 1.4.1958 wieder eingestellt und über 20 Jahre später am 23.1.1979 dann auch noch der Abschnitt Delbrück – Sennelager für den Güterverkehr gesperrt, während von Wiedenbrück aus noch bis zum 26.5.1990 Betrieb nach Delbrück möglich war. Am Rande von Wiedenbrück befördert 332 146 am 23.8.1988 zwei gedeckte Güterwagen mit dem Üg 68855 nach Delbrück.

Im Tausch mit einem Gleisabschnitt zwischen Beckum und Neubeckum (in der Mitte der WLE-Strecke Münster – Lippstadt) wurde die DB von der WLE mit der Verkehrsdurchführung auf der früheren KBS *222d* beauftragt. Im Bahnhof Delbrück rangiert daher die Bundesbahn-Lok 332 146 am 23.8.1988 einige Güterwagen am Nachbargleis mit Hilfe eines Zugseils, da die Weiche am östlichen Bahnhofskopf bereits unbenutzbar ist.

KBS: 221c Varel – Neuenburg

Im ländlichen Raum südlich von Wilhelmshaven entstand in Bockhorn ein richtiges Eisenbahnkreuz, das aber inzwischen nur noch Geschichte ist. Am 1.1.1893 wurde als erstes die nördliche Verbindung nach Ellenserdamm (Richtung Wilhelmshaven) fertiggestellt. Dann kam am 1.11.1893 die Verbindung nach Grabstede hinzu; diese Bahnlinie wurde später über Westerstede sogar bis nach Ocholt verlängert (siehe »Güterstrecken 1994 bis heute«). Einen Monat später ging die Strecke von Varel her in Betrieb, und am 10.5. des Folgejahres wurde der größere Ort Zetel erreicht, bevor der Bahnbau am 1.4.1896 im neuen Zielpunkt Neuenburg in dieser Region sein Ende fand. Erwähnt werden muss hier aber auch noch die Bahnlinie nach Bramloge, die von Varel aus seit dem 1.1.1893 befahrbar war. Mit diesen Strecken wurden vor allem zahlreiche Ziegeleien, aber auch andere Industriebetriebe an das Schienennetz angebunden. Abfahrbereit für die Rückfahrt wartet auf dem Bild von J. Lohmann am 3.11.1987 die 333 208 vor dem prächtigen Empfangsgebäude von Neuenburg.

Auf allen drei Strecken endete der Personenverkehr am 23.5.1954. Gleichzeitig wurde der Nordabschnitt nach Ellenserdamm komplett aufgegeben. Nach Grabstede konnte der Güterzug noch bis Ende 1991 gelangen, ebenso von Rahling über Bockhorn nach Neuenburg. Der Rest von Varel bis Rahling blieb sogar noch bis März 1998 in Betrieb. Mit den landstypischen Vierbeinern konnte J. Lohmann die 333 208 mit zwei mit Holz beladenen Wagen am 3.11.1987 bei Bockhorn fotografieren.

KBS: 221f Bad Zwischenahn – Edewechterdamm

Am Südrand des Zwischenahner Meeres liegt der namensgebende Kurort Bad Zwischenahn an der Bahnstrecke Leer – Oldenburg. In südlicher Richtung verlief von dort aus die Kleinbahn nach Edewechterdamm. Der erste Abschnitt bis Edewecht konnte am 15.12.1912 in Betrieb gehen; die Verlängerung nach Edewechterdamm folgte zum 1.10.1920. Ein Gleis dieses Bahnhofs führte mit einer Brücke über den Küstenkanal sogar noch ein wenig weiter. Der immer geringe Personenverkehr wurde bereits am 13.5.1950 eingestellt. Insbesondere auf der anderen Seite des Küstenkanals wurden jedoch große Mengen Torf auf die Bahn verladen. Noch in den 1970er-Jahren konnten daher zahlreiche neue Anschlussgleise gebaut werden, die nochmals einen Aufschwung im Bahnverkehr brachten. Jedoch war diese Blüte nicht von Dauer, und am 30.9.1991 wurde der Verkehr der Privatbahn endgültig eingestellt. Auf der Südseite des Küstenkanals waren die parallel zum Kanal angeordneten Gleisanlagen zur Verladung von Torf über eine Spitzkehre zu erreichen. Am 21.8.1991 passierte ein Frachtschiff die Bahnbrücke, während die Lok »Edewecht« neben der Torfverladung in Edewechterdamm rangierte (Foto J. Lohmann).

KBS: 236 Börßum – Mattierzoll (– Jerxheim)

Eine große Vergangenheit hat die einstige Verbindung von Börßum (zwischen Braunschweig und Bad Harzburg) nach Jerxheim aufzuweisen. Auf der am 1.5.1868 eröffneten Strecke verkehrten vor 1945 neben Güterzügen auch einige Schnellzüge zumeist von Südwestdeutschland nach Berlin. So zerschnitt die innerdeutsche Grenze hier bei Jerxheim nicht nur die Region, sondern brachte auch dieser Fernverbindung das Ende. Die »Grenzland-Bahn« konnte zumindest »im Westen« im Personenverkehr noch bis zum Ende des Jahres 1975 betrieben werden, dann endete gleichzeitig auch der Gesamtverkehr zwischen Mattierzoll und Jerxheim. Zu erwähnen sind noch zwei Privatbahnen, die Mattierzoll erreichten, nämlich zum einen die Braunschweig-Schöninger Eisenbahn. Sie hatte zum anderen mit der südwärts führenden Kleinbahn Heudeber-Mattierzoll einen unmittelbar an der Grenze gelegenen Gemeinschaftsbahnhof Mattierzoll Süd. Nach Mattierzoll kam noch 120 Jahre nach der Eröffnung bis zum 28.5.1988 ein Güterzug; vor allem im Herbst wurden Zuckerrüben in die Zuckerfabrik nach Schladen gefahren. Am 31.10.1984 waren zwei Kleinlokomotiven der Baureihe 332 nötig, um die »süße Fracht« nach Jerxheim zu befördern. J. Lohmann konnte eine blau/beige zusammen mit einer altroten Köf III in Mattierzoll fotografieren.

KBS: 200e Herzberg – Ruhmspringe (– Zwinge West)

Von Herzberg am Harz aus Richtung Süden wurde am 1.11.1911 die Strecke nach Bischofferode eröffnet. Mit der zuvor fertiggestellten Verbindung nach Bleicherode Ost an der Halle-Kasseler Eisenbahn war eine durchgehende Verbindung entstanden. Der Unterwegsbahnhof Zwinge wurde dann aber durch die innerdeutsche Grenze zerschnitten. Von der späteren BRD aus wurde seit dem 2.1.1946 »Zwinge Ladestelle«, später dann Zwinge West, wieder angefahren. Der Personenverkehr auf diesem Westteil wurde jedoch bereits am 27.5.1961 sowie der Güterverkehr zwischen Rhumspringe und Zwinge West Ende Februar 1971 eingestellt. Über den Höhenzug Rotenberg hinweg konnte von Herzberg nach Rhumspringe hingegen noch bis Januar 1982 Güterverkehr stattfinden, während in der DDR noch bis 1971 nach Zwinge und sogar bis 1998 nach Bischofferode gefahren wurde. 261 657 war mit einem Wagen an den Quellort der Rhume gelangt, als J. Lohmann sie am 17.12.1980 in Rhumspringe fotografieren konnte.

KBS: 200h Uslar – Sohlingen (– Schönhagen)

Mitten im Solling in der Nähe der Strecke von Northeim nach Ottbergen liegt Uslar. Erst spät wurde hier mit der Eröffnung des Gleises nach Uslar Stadt, zunächst für den Güterverkehr am 1.10.1921, ein Abzweigbahnhof errichtet. Der Personenverkehr wurde mit der Verlängerung der Verbindung bis nach Schönhagen am 1.10.1927 aufgenommen und nach nur etwa 30 Jahren am 1.6.1958 auch schon wieder eingestellt. Die doch recht unbedeutende Strecke kreuzte mit einer Brücke die (seinerzeit noch) zweigleisige Hauptstrecke. Auf dem Damm zu dieser Brücke befindet sich die 323 224, um in Sohlingen am Nachmittag des 1.11.1983 einen Wagen mit Zuckerrüben abzuholen. Da die Rübenbauern es etwas zu gut gemeint haben, war der Wagen so überladen, dass die oberste Lage Zuckerrüben beim weiteren Transport schnell den Luftweg gesucht hätte – und nicht in der Zuckerfabrik angekommen wäre. So musste die Kleinlok nach Einbruch der Dunkelheit unverrichteter Dinge nach Bodenfelde zurückkehren. Es blieb daher bei dem Bild mit der alleinfahrenden Kleinlok auf dem Damm hinter der zweigleisigen Hauptstrecke. Im weitern Hintergrund ist der Bahndamm Richtung Northeim im Dunst erkennbar.

Der Güterverkehr nach Schönhagen konnte auch nach Einstellung des Personenverkehrs noch einige Jahre länger bis zum 31.5.1975 durchgeführt werden, während die Zwischenstation Sohlingen sogar noch bis zum 23.9.1989 auf der Schiene erreichbar blieb. In der Nähe von Uslar Stadt befand sich ein metallverarbeitender Betrieb, der für ein gewisses Güteraufkommen sorgte, das am 26.1.1983 mit der Kleinlok 332 201 erledigt wurde.

KBS: 249 (Scherfede -) Nörde – Holzminden

Wie schon im Band »Güterstrecken 1994 bis heute« erwähnt, hatte auf der am 15.10.1876 eröffneten Strecke von Scherfede nach Holzminden der Eilzug Aachen (Köln) – Braunschweig (als Nachfolger eines Schnellzuges Aachen – Berlin) bis zur Einstellung des Personenverkehrs am 2.6.1984 ein wenig »weite Welt« in diese Region gebracht. Nachdem am 31.5.1992 von Holzminden aus die Bedienung von Fürstenberg sowie auf dem südlichen Abschnitt die von Eissen und Borgholz aufgeben worden war, war das Ende zwischen Scherfede und Nörde mit der Bedienung einer Wellpappenfabrik erst zum 10.6.2001 durch MORA C gekommen. Bereits am 15.4.1982 hingegen hat 260 762 einige Wagen nach Borgholz gebracht und fährt sogleich zurück nach Scherfede. Im Bahnhof Borgholz ist heute übrigens ein kleines Museum zur lokalen Eisenbahngeschichte zu besichtigen.

Der mittlere Abschnitt zwischen Beverungen und Borgholz verlor zusammen mit dem Personenverkehr seinen Güterverkehr, wurde aber trotzdem weiterhin noch für spezielle Transporte der Bundeswehr betriebsfähig gehalten. Von Holzminden bis nach Beverungen konnte der Güterzug noch bis Mai 1988 gelangen. In der Umgebung von Beverungen mit Blick auf das Dorf Meinbrexen am anderen Weserufer bringt 323 324 am 21.5.1983 ihren Zug nach Holzminden.

In Wehrden (Weser) berührten sich die Strecken Ottbergen – Northeim und Scherfede – Holzminden. In diesem Inselbahnhof konnte über ein Verbindungsgleis von der ersten auf die zweite Stecke gewechselt werden. Eine Zeit lang gab es einen Güterzug von Göttingen nach Holzminden, der von dieser Möglichkeit in Wehrden Gebrauch machte. 220 076 brachte am 12.7.1982 diesen Zug aus Göttingen und wechselte auf die Strecke nach Holzminden. Inzwischen ist Wehrden nur noch ein Haltepunkt zwischen Ottbergen und Lauenförde.

KBS: 253 Bodenburg – Harbarnsen (– Bad Gandersheim)

Der südliche Abschnitt der Verbindung Bodenburg – Bad Gandersheim wurde bereits im Band »Güterstrecken 1994 bis heute« erwähnt. Die Fortsetzung der Strecke Großdüngen – Bad Salzdetfurth – Bodenburg konnte am 1.10.1902 eröffnet werden. Während bis Bodenburg aktuell die »eurobahn« den Personenverkehr durchführt, ist südlich davon kein Bahnbetrieb mehr zu beobachten. Der letzte Personenzug nach Bad Gandersheim fuhr am 28.9.1975; Güterverkehr auf dem Südabschnitt Lamspringe – Bad Gandersheim gab es immerhin noch bis Ende Mai 1994, während Harbarnsen bis zum 30.5.1987 bedient wurde. Auch 1988 wurden noch einige Züge für den Bau der nahe gelegenen Neubaustrecke Hannover – Würzburg bis nach Harbarnsen gefahren, wozu an der Spitze jedes geschobenen Zuges ein Güterzugbegleitwagen (Pwgs 054) mitgeführt wurde, auf dem ein Bahnmitarbeiter mit Hilfe einer Druckluftflasche Pfeifsignale an den Bahnübergängen geben konnte. Die Aufnahme eines solchen Zugs entstand am 16.5.1988 bei Sehlem.

Die Verbindung zwischen Harbansen und Lamspringe wurde im Mai 1985 wegen der erwähnten Neubaustrecke unterbrochen, denn die alte Strecke war ein Stück der »neuen Bahn« im Weg. Noch nach der offiziellen Einstellung des Verkehrs schob 216 066 am 16.5.1988 einen Zug zur Baustelle nahe Harbarnsen, wo damals größere Mengen Bodenaushub abgefahren werden mussten. Kurzzeitig war provisorisch sogar eine Verbindung zur Neubaustrecke hergestellt worden. Die zur Neubaustrecke gehörende Brücke über das Lammetal ist auf dem Bild ebenso zu sehen, wie ein Mast der zur Versorgung der elektrischen Züge künftig erforderlichen Bahnstromleitung.

KBS: 259 (Eichenberg –) Witzenhausen Süd – Hundelshausen (– Walburg)

Weitgehend dem Gelstertal folgte die Bahnstrecke vom Abzweigbahnhof Velmeden in der Nähe von Walburg bis Witzenhausen Süd, um von dort aus nach Eichenberg nördlich der Werra zu gelangen. Diese Verbindung konnte am 15.12.1915 in Betrieb genommen werden. Der erst am 15.5.2002 eingestellte Güterverkehr zwischen Eichenberg und Witzenhausen Süd wurde bereits im Band »Güterstrecken 1994 bis heute« dokumentiert. Südlich daran anschließend konnte Hundelshausen noch bis zum 28.5.1988 von einer Übergabe erreicht werden – so auch am 22.8.1984. 212 080 ist an diesem Tag nach Hundelshausen gekommen und hat dort einen Wagen zugestellt. Die weitere Teilstrecke bis Trubenhausen war noch bis zum 31.10.1984 benutzbar. Auf dem Südteil der Strecke führte 1981 ein Dammrutsch zur Sperrung der Verlängerung bis zu dem großzügig angelegten Spitzkehrenbahnhof Großalmerode Ost. Auf dem Restabschnitt nach Velmeden war der Güterverkehr hingegen übrigens schon zusammen mit dem Personenverkehr auf der Gesamtstrecke – ebenso wie auch auf dem noch länger im Güterverkehr betriebenen Ast nach Großalmerode West – am 3.6.1973 eingestellt worden.

KBS: *212b* Schieder – Blomberg

Das Lipperland mit der »Hauptstadt« Detmold erstreckt sich zu weiten Teilen ins Weserbergland. Dieses Hügelland setzte dem Eisenbahnbau natürliche Hindernisse entgegen. So konnte am 1.7.1897 die Bahnverbindung ins lippische Blomberg nur von Schieder im »Grenzgebiet« – und eben nicht von Detmold aus – erbaut werden. Damit war ein den eigentlichen Verkehrsbeziehungen entgegengesetzter Streckenverlauf vorgegeben, der nicht unbedingt zu einem langen »Leben« der Zweiglinie beitrug: Beim Rangiergeschäft im Bahnhof Blomberg gelang J. Lohmann am 9.11.1984 dieses Foto. Auf den Rangiertritten der 212 011 sind noch zwei Eisenbahner zu beobachten. In (nur noch selten vorkommenden) vergleichbaren Situationen muss heute zumeist der Lok(rangier)führer alleine mit seiner regelmäßig funkgesteuerten Lokomotive zurechtkommen.

Auf der kurzen Strecke, die sich im Abzweig Noltehof von der Hannover-Altenbekener Eisenbahn trennte, wurde der Personenverkehr bereits am 10.12.1951 eingestellt. Der Güterverkehr überlebte dieses Datum demgegenüber noch bis zum 29.9.1987. Nur wenig später war 211 096 am 31.10.1987 mit dem ersten Abbauzug – der immer noch nicht der allerletzte Güterzug sein sollte – auf der Fahrt zwischen dem Abzweig Noltehof und Blomberg (Foto J. Lohmann).

KBS: 261 Emmerthal – Vorwohle

Südlich von Hameln hinter der Weserbrücke der Hauptstrecke Richtung Altenbeken liegt Emmerthal. Hier ist der westliche Endpunkt der Vorwohle-Emmerthaler Eisenbahn. Die Strecke wurde am 9.10.1900 durchgehend bis zum Bahnhof Vorwohle (an der Staatsbahnstrecke von Holzminden nach Kreiensen gelegen) eröffnet, musste jedoch als Folge des Zusammenbruchs ihrer Muttergesellschaft DEBG ihren Betrieb schon 1967 wieder einstellen. Eine Auffanggesellschaft, die VEV, konnte später noch kurze Zeit einen durchgehenden Personenverkehr anbieten, nahm das Angebot aber zum 1.4.1974 aus Kostengründen auf einzelne Fahrten zwischen Emmerthal und Kirchbrak zurück. Während sich Bodenwerder-Linse mit der Werkstatt der Bahngesellschaft auf dem rechten Weserufer befindet, ist der Bahnhof Bodenwerder-Kemnade von Emmerthal aus gesehen vor der Weserbrücke gelegen. Am 16.9.1982 zieht die VEV Diesellok V 34 einen durchaus beachtenswerten Güterzug von »Linse« kommend nach Bodenwerder-Kemnade.

Am 1.9.1982 endete auch der letzte Rest des Personenzugbetriebs. Bis dahin wurde die Gesamtstrecke noch im Güterverkehr betrieben, der danach jedoch nach und nach immer weiter verkürzt wurde. Heute ist nur noch ein kurzes Stück der Strecke bis zum Anschluss des Kernkraftwerkes Grohnde befahrbar. Am 14.7.1982 kam inmitten des Zementwerkes Dielmissen, einst ein guter Kunde der Eisenbahn, die V 34 der VEV mit einigen Wagen in Richtung Vorwohle gefahren. Bereits damals wurden von vielen privaten Bahngesellschaften auf nicht unbedingt betriebsnotwendigen Gleisen ungenutzte Kesselwagen gegen eine »Parkgebühr« abgestellt, was sich im Fall der VEV auch deshalb anbot, weil im nahen Hameln eine Wartungsfirma für derartige Wagen ihren Sitz hat.

KBS: *221d* Bad Münder – Eimbeckhausen (– Bad Nenndorf)

Südwestlich von Hannover bildet der Deister einen nördlichen Ausläufer des Weserberglands. Auf der Nordseite dieses Höhenzugs wird die Deisterbahn (Weetzen – Bad Nenndorf – Haste) im Vorortverkehr von Hannover als S-Bahn im dichten Takt befahren. Ganz anders südlich des Deisters, wo die Bahnlinie von Bad Nenndorf nach Bad Münder zur besseren Unterscheidung nach dem benachbarten Höhenzug die Bezeichnung Süntelbahn erhalten hatte. Sie wurde in drei Teilen eröffnet, nämlich am 15.10.1904 der Abschnitt von Bad Nenndorf nach Lauenau, dann folgte am 25.3.1905 die Verlängerung von Lauenau nach Eimbeckhausen und am 20.6.1905 schließlich der Abschnitt Eimbeckhausen – Bad Münder. Nachdem der Personenverkehr am 26.5.1968 eingestellt worden war, geschah Gleiches mit dem Güterverkehr in vier Abschnitten: Das Mittelstück Lauenau – Eimbeckhausen wurde 1974 aufgegeben, sodann zeitgleich am 28.5.1988 die Streckenstücke Bad Nenndorf Nord – Lauenau und Eimbeckhausen – Bad Münder Stadt. Nur der »Stummel« von Bad Münder (Deister) nach Bad Münder Stadt konnte noch bis Ende 1994 im Güterverkehr bedient werden. Zuvor hatte es noch einen kurzen Hoffnungsschimmer für die durchgehende Strecke gegeben: Als in den 1970er-Jahren die Hauptstrecke Hannover – Altenbeken bei Ronnenberg in der Nähe von Hannover als Folge des Kalibergbaus durch größere Bergschäden unbefahrbar zu werden drohte, wurde für den starken Güterverkehr an eine Elektrifizierung der Süntelbahn als Ausweichroute gedacht. In der Folgezeit konnte dann jedoch die Hauptstrecke stabilisiert werden, so dass diese Überlegungen schnell hinfällig wurden. J. Lohmann war am 10.6.1982 in Eimbeckhausen, wo 260 312 einen Wagen von Bad Münder aus zuzustellen hatte.

KBS: *220d* Holdorf – Damme

Mit der Wittlager Kreisbahn konnte man von Bohmte und Preußisch Oldendorf nach Damme reisen, wo Anschluss an die am 1.5.1900 eröffnete Normalspurstrecke nach Holdorf bestand. Der Personenverkehr auf dieser sieben Kilometer kurzen Strecke wurde schon am 15.2.1952 aufgegeben, der Güterverkehr dagegen erst Ende 1993. Die Wittlager Kreisbahn hatte den anschließenden Abschnitt Schwegermoor – Damme schon lange zuvor im Jahr 1951 komplett aufgegeben. In Holdorf fuhr der Zug gewissermaßen vom Bahnhofsvorplatz ab. Am 10.6.1993 hatte 364 578 gerade die Fahrt mit einigen Flachwagen nach Damme begonnen; den Platz zwischen dem Gleis und dem Empfangsgebäude mit dem Vorplatz füllen einige Bäume aus.

KBS: *223c* (Emden –) Abelitz – Aurich

Nördlich von Emden wurde am 15.6.1883 eine Verbindungsstrecke über Norden, Esens und Wittmund bis ins oldenburgische Jever eröffnet. Gleichzeitig konnte eine Stichstrecke nach Aurich in Betrieb gehen, die einen kürzeren Weg in Richtung Wittmund und Jever zumindest »andeutete«. Ein durchgehender Verkehr auf dieser Verbindung wurde dann später durch die Kleinbahn Leer – Aurich – Wittmund als Schmalspurbahn tatsächlich noch angeboten, blieb jedoch ohne große Bedeutung. Zur Eröffnungszeit hieß der Abzweigbahnhof der damaligen Stichbahn nach Aurich nördlich von Emden noch Georgsheil. Später wurde er in Abelitz umbenannt, und Georgsheil wurde der Name eines Unterwegsbahnhofs an der Strecke nach Aurich. Personenverkehr war hier noch bis Ende September 1967 möglich, während der Güterverkehr bis Ende 1993 betrieben wurde. Die Bestrebungen, den Güterverkehr wieder aufzunehmen, sind aktuell von Erfolg gekrönt worden: Im Mai 2008 hat insbesondere ein Hersteller von Windkraftanlagen geeignete Transportmöglichkeiten erhalten. Aber auch eine Reaktivierung des Personenverkehrs ist immer wieder in der Diskussion. Die ehemalige Anschlussbahn der Bundeswehr zweigt etwas vor dem Bahnhof Aurich ab und wird heute bis nach Tannenhausen für den Transport der Einzelteile, etwa großer Rotorblätter für Windmühlen, befahren. Am 21.8.1991 konnte J. Lohmann hingegen noch 360 580 kurz vor ihrer Rückfahrt nach Emden im Bahnhof Aurich, der heute kaum mehr zu erahnen ist, fotografieren.

KBS: 284 Rheine – Coesfeld

Die Verbindung von Rheine nach Coesfeld ist als Teil der Strecke von Oberhausen-Osterfeld Nord nach Rheine am 1.7.1879 eröffnet worden. Am gleichen Tag ging auch die anschließende Strecke von Rheine nach Quakenbrück in Betrieb. Hier bestand bereits seit 1875 Anschluss in Richtung Oldenburg und Wilhelmshaven, so dass die Gesamtlinie einen geeigneten Transportweg für Kohle von der Ruhr zu der in Wilhelmshaven stationierten Kriegsflotte darstellte. Deshalb fuhren dort einst zahlreiche Güterzüge, aber, als am 30.9.1984 der Personenverkehr zwischen Coesfeld und Rheine eingestellt wurde, war dies schon lange vorbei. Befahrbar war die Strecke noch bis zum Jahresende 1992; der Güterverkehr auf diesem Abschnitt wurde mit Wirkung vom 1.1.1993 eingestellt. Bereits 1986 wurde die gesonderte Einfahrt für Personenzüge von Hauenhorst nach Rheine aufgegeben. Danach war der nördliche Abschnitt von Rheine bis St. Arnold als Bahnhofsgleis noch eine Zeit lang offen. Anfang 1993 gelang J. Lohmann diese Aufnahme einer Übergabe in St. Arnold.

KBS: 287 Borken – Stadtlohn

Die WLE hat außer ihren langen Strecken südlich von Münster auch einige Bahnlinien nahe der Grenze zu den Niederlanden betrieben. Dabei wurde Borken über Ahaus mit Burgsteinfurt verbunden. Von dem zwischen Borken und Ahaus gelegenen Bahnhof Stadtlohn gab es außerdem noch eine Stichstrecke nach Vreden. Beide Strecken konnte am 1.10.1902 eröffnet werden. Als erste verlor dann wieder die Stichbahn nach Vreden zum 1.6.1958 ihren Personenverkehr. Die Verbindung Ahaus – Burgsteinfurt wurde demgegenüber noch bis zum 30.9.1962 mit Reisezügen befahren. Zehn Jahre später wurde auch der Güterverkehr auf diesem Abschnitt weitgehend beendet; nur ein Restbetrieb von Ahaus nach Nienborg-Heeg konnte bis 1987 überleben. Am 28.9.1975 verkehrte dann der letzte Personenzug, der so genannte »Grenzlandexpress« von Köln über Düsseldorf und Bottrop nach Gronau, auf der »Nordstrecke«. Gleichzeitig wurde der Gesamtverkehr zwischen Stadtlohn und Ahaus eingestellt. Bis Ende Januar 1988 verirrte sich noch ab und an ein Güterzug von Borken aus über Stadtlohn nach Vreden; ab diesem Zeitpunkt war dann das nördliche Netz der WLE Geschichte. Neben dem Stückguttransport waren landwirtschaftliche Güter eine Stütze der WLE, was auch auf dem Bild von J. Lohmann am 16.8.1982 in Stadtlohn mit der WLE 0602 und ihrem Güterzug gut zu erkennen ist.

3.

Ruhrgebiet, südliches Westfalen, Siegerland (Strecken *198d* – 369)

Tabelle der Nebenstrecken

letzte KBS	Pv-Einstellung	Gv-Einstellung	Gesamt-stilllegung	Länge (km)	von	nach	Besonderheiten	•	o
235a	23.5.1954	23.9.1989	stillgelegt	6,7	Bocholt	Barlo		x	
224b	30.9.1962	28.5.1988	stillgelegt	16,3	Haltern	Hervest-Dorsten		x	
224b	30.9.1962	27.9.1985	stillgelegt	7,7	Hervest-Dorsten	Schermbeck		x	
322	30.11.1979	eingestellt	1982	12,8	Gevelsberg West	Witten			
232q	15.5.1952	1.9.1966	stillgelegt	3,0	Geseke-Süd	Steinhausen	war bis 1992 Bahnhofsgleis	x	x
198d	1.3.1970	27.9.1986	stillgelegt	4,4	Hümme	Trendelburg		x	
232m	27.9.1964	31.12.1989	stillgelegt	4,0	Vellinghausen	Lippborg	RLG, heute Muse-umsbahn		x
232n	29.5.1960	6.10.1975	1.10.1979	11	Heidberg	Brilon Stadt	WLE	x	x
345	29.9.1974	30.5.1965	30.5.1984	9,7	Büren	Ringelstein	Verkauf an VEW/ RWE, Ausflugszüge		x
345	29.9.1974	14.4.1975	30.5.1984	7,0	Ringelstein	Alme	Verkauf an VEW/ RWE, Ausflugszüge		x
345	29.9.1974	31.7.1991	25.5.1990	4,2	Alme	Thülen (Rekostein)	Verkauf an VEW/ RWE, Ausflugszüge		x
345	29.9.1974	30.5.1992	stillgelegt	4,0	Thülen (Rekostein)	Brilon Stadt (Fa. Egger)	noch befahrbar		x
352	28.5.1989	27.5.1989	stillgelegt	6,8	Hemer	Iserlohn Ost			x

238d	14.11.1966	30.5.1992	stillgelegt	14,7	Winterberg	Hallenberg		x	
Güter-strecke		23.12.1983	stillgelegt	3,1	Hohenlimburg	Hohenlimburg-Hohbräcker Weg	HK, 1000 mm		
239e	22.5.1966	12.6.1992	30.10.1998	4,3	Wenholthausen	Eslohe		x	x
239e	22.5.1966	31.10.1984	stillgelegt	23,0	Finnentrop	Serkenrode		x	x
361	29.5.1983	22.5.1993	stillgelegt	9,4	Olpe	Rothemühle			x
361	29.5.1983	28.5.1983	30.8.1985	10,6	Rothemühle	Freudenberg			x
239b	31.5.1959	31.12.1980	stillgelegt	5,1	Altenhundem	Würdinghausen		x	
364	31.5.1981	30.11.1982	stillgelegt	18,3	Bad Berleburg	Hatzfeld			x
366	31.5.1987	30.5.1987	stillgelegt	21,9	Dillenburg	Niedereisenhausen			x
366	31.5.1987	1.6.1991	stillgelegt	6,1	Niedereisenhausen	Breidenbach			x
624	28.5.1995	1.1.1992	31.1.2001	19,4	Hartenrod	Niederwalgern			x
369	1.6.1980	27.9.1985	stillgelegt	11,6	Herborn	Schönbach		x	
251f	22.5.1966	1.6.1984	stillgelegt	2,5	Schönbach	Steinringsberg		x	
251f	31.5.1959	1.6.1984	stillgelegt	6,2	Steinringsberg	Driedorf		x	

● = anschließende Teilstrecke siehe in Tabelle vor 1980 (im Anhang)
o = anschließende Teilstrecke siehe in Tabelle nach 1994 (im Band »Güterstrecken 1994 bis heute«)

242d
Spyck
Isselburg-Anholt
286
Mussum
Bocholt
Borken (Westf)
Kleve
475
Xanten
N o r d r h e i n
Haltern (Westf)
Schermbeck
224b
Rheda-Wiedenbrück Süd
Langenberg (Westf)
222d
Delbrück (Westf)
207
Anst. Kisker
Vellinghausen
232m
Lippborg
HAMM (W)
RECKLINGHAUSEN
LIPPSTADT
Geseke Süd
232q
Steinhausen
DORTMUND
BIELEFELD
GELSENKIRCHEN
SOEST
UNNA
Weine
Büren (Westf)
345
Heidberg (Möhne)
232n
Wülfte
Brilon Stadt
DUISBURG
ESSEN
BOCHUM
Witten
SCHWERTE
352
Hemer
Hohenlimburg
Iserlohn Ost
HAGEN
322
Kempen
Grefrath
457
KREFELD
WUPPERTAL
Gevelsberg West
Hohbräcker Weg
Brüggen
246a
Waldniel
DÜSSELDORF
Wuppertal-Vohwinkel
228e
Solingen-Gräfrath
Wuppertal-Beyenburg
403
Radevormwald
Krebsöge
Roermond (NL)
245m
Dalheim
MÖNCHEN-GLADBACH
457
Ratheim
Wenholthausen
239e
Eslohe
239e
Serkenrode
Finnentrop
Winterberg
238d
Hallenberg
Hochneukirch
Immerath
Wermelskirchen
412
Wipperfürth
411
Marienheide
Opladen
W e s t f a l e n
455
Ameln
239b
Altenhundem
Würdinghausen
Berleburg
Arfeld
364
Hatzfeld (Eder)
240b
Bergisch Gladbach
Bensberg
KÖLN
Bergneustadt
416
Drolshagen
Olpe
361
Jülich
448
Frenz
Freudenberg (Kr Siegen)
SIEGEN
Breidenbach
Niedereisenhausen
366
Aachen-Rothe Erde
247m
AACHEN
Brand (Rheinl)
DÜREN
TROISDORF
Stolberg Zur Mühlen
Walheim-Schmithof
Raeren (BE)
Roetgen
AU
BETZDORF
Hartenrod
Gladenbach
624
EUSKIRCHEN
Dillenburg
Oberscheld
Erdbach
369
Schönbach
Herborn (Dillkr)
251f
Driedorf (Dillkr)
Niederwalgern
247f
BELGIE
BELGIQUE
REMAGEN
Beilstein (Dillkr)
545
Stockhausen (Lahn)
Albshausen
Lollar
526
GIESSEN
Wetzlar
Westerburg
425
Wallmerod (Westerw)
Sourbrodt (BE)
Brück (Ahr)
Hönningen (Ahr)
Dümpelfeld
601
Adenau
Weilburg
Freienfels
196g
545
H
Weilmünster (Oberlahnkr)
Brandoberndorf
Losheim Grenze
Hallschlag
248k
Stadtkyll
Losheim
Kronenburg
Jünkerath
Lissendorf
248h
Hillesheim (Eifel)
Ochtendung
Mayen Ost
Hausen
603
Polch
248n
Münstermaifeld
KOBLENZ
LIMBURG (LAHN)
Bleialf
248q
Pronsfeld
248p
Waxweiler
248m
Neuerburg (Kr Bitburg)
GEROLSTEIN
Daun
623
Emmelshausen
606
Lingerhahn
Kettenbach
548
Wiesbaden
Hohemark
196d
Oberursel
FRANKFURT (MAIN)
R h e i n l a n d -
Wittlich
Wengerohr
622
Bernkastel-Kues
BINGERBRÜCK
MAINZ
Bodenheim
661
Wolsfeld
263h
Niederweis
Minden
Edingen
LUXEMBOURG
Selzen-Hahnheim
DARMSTADT
Morbach
607
TRIER
Waldrach
P f a l z
Staudernheim
641
Gau-Odernheim
Hillesheim-Dorndürkheim
662
Dittelsheim
Guntersblum
274c
Eich
315d
Pfungstadt
Darmstadt Eberstadt

KBS: *198d* Hümme – Trendelburg (– Karlshafen)

Im äußersten Norden des heutigen Hessens, im Dreiländereck zu Nordrhein-Westfalen und Niedersachsen, wurde die erste Eisenbahnstrecke des Kurfürstentums Hessen-Kassel gebaut. Von Carlshafen (heute Bad Karlshafen) nach Grebenstein fuhr am 30.3.1848 der erste Zug auf der Carlsbahn, wie sie seinerzeit genannt wurde. Durch den Lauf der Zeit wurde der Abschnitt im unteren Diemeltal von Hümme nach Bad Karlshafen bald bedeutungslos. 1970 wurde hier deshalb der Verkehr eingestellt und auf die Güterbedienung der ersten vier Kilometer bis Trendelburg reduziert. Bis 1986 sind dann dort noch hin und wieder Wagen zugestellt worden. So hat 290 218 am 10.9.1982 einen Wagen nach Trendelburg gebracht und hinter dem betagten Empfangsgebäude mit Güterschuppen abgestellt. Vor der Rückfahrt sind nun zunächst noch die Schranken herunterzukurbeln.

Am 2.12.1983 hatte 216 222 die Aufgabe, einen Wagen nach Trendelburg zu befördern. Auf der Anhöhe im Hintergrund ist die namensgebende Burganlage zu erkennen. In den letzten Betriebsjahren war der durchweg schwache Verkehr mit unterschiedlichen Fahrzeugen erledigt worden. Vor der Baureihe 290 ist längere Zeit die Köf III (Baureihe 332) vom Bahnhof Hofgeismar nach Trendelburg gekommen; später wurde dann neben der V 60 (Baureihe 260) auch mit der großen Baureihe 216 gefahren. Für die Rangierfahrt ist die kreuzende Straße Richtung Reinhardswald/Oberweser durch die Schranken gesichert.

KBS: 232n (Soest –) Rüthen – Brilon Stadt

Quer zur heute noch mit schweren Güterzügen betriebenen WLE-Strecke von Münster nach Warstein verlief die Möhnetalbahn von Soest nach Brilon Stadt. Belecke im Möhnetal hatte damals die Funktion eines Eisenbahnkreuzes mit Fahrtmöglichkeiten in vier Richtungen. Der westliche Ast der Strecke nach Soest wurde am 1.12.1899 eröffnet und am 5.4.1970 wieder weitgehend stillgelegt; nur ein Rest im Stadtgebiet von Soest wurde bis zum Wirksamwerden von MORA C im Jahr 2001 bedient, und ein kurzes Anschlussgleis in Belecke wird auch heute noch gelegentlich von Güterzügen befahren. Zusammen mit dem Ostabschnitt nach Brilon Stadt war der Personenverkehr auf dieser Strecke bereits am 29.5.1960 eingestellt worden. Im Güterverkehr wurde Brilon Stadt dann noch bis Anfang Oktober 1975 regelmäßig angefahren. Die Station Heidberg nahe der Möhnequelle war für die Versorgung eines Treibstofflagers der Bundeswehr sogar noch bis Ende 1994 erreichbar. Heute wird noch Rüthen bedient; nach dem Sturm »Kyrill« im Januar 2007 ist durch die umfangreiche Holzabfuhr das schon sicher geglaubte Ende dieses Abschnitts zumindest noch etwas herausgezögert worden. Die blaue WLE 0651 war am 26.2.1979 nach längerer Pause mit einem Güterzug nach Brilon unterwegs; nur wenige Monate später war dann das dauerhafte Ende dieses Abschnitts gekommen. Sein Abbau erfolgte kurze Zeit später und war bis 1981 beendet. J. Lohmann fotografierte das Gespann beim früheren Haltepunkt Wülfte.

KBS: 345 (Paderborn –) Büren – Brilon Stadt

Die Verlängerung der Strecke von Paderborn nach Büren in Richtung Sauerland nach Brilon Stadt wurde am 1.4.1901 in Betrieb genommen. Vor der Einstellung des Personenverkehrs im September 1974 war zuletzt das tägliche Eilzugpaar Bremen – Frankfurt nahezu der einzige Verkehr auf der Strecke gewesen; lediglich von Brilon bis Alme gab es damals noch einen geringen Güterverkehr. Das Gleis zwischen Büren und Alme wurde als Anschlussgleis vom Elektrizitätsversorger Vereinigte Elektrizitätswerke (VEW) übernommen und instandgesetzt, um Transporte von Transformatoren zu ermöglichen. Das sollte sich in der Folge als Glücksfall erweisen, denn Ende 1986 war wegen Bauarbeiten die nördliche Anbindung von Büren unpassierbar. Da dort damals aber eine größere Menge Getreide für den Export abgefahren werden musste, fuhren mehrere Tage lang zahlreiche Züge mit besonderen Vorsichtsregeln über das 17 km lange Anschlussgleis bis nach Brilon. 218 153 ist aus diesem Anlass am 22.12.1986 bei dem Dörfchen Weine auf einem kleinen Viadukt, der im Jahr 1974 als Stilllegungsgrund herhalten musste, unterwegs. Dieser Streckenabschnitt ist heute noch vorhanden; jedoch wurden im Sommer 2006 zusammen mit der Strecke nach Paderborn auch im Bahnhof Büren die Gleise mit dem Anschluss zum Getreidelager abgebaut.

Nördlich der Quelle des namensgebenden Flüsschens liegt der Ort Alme. Dessen Bahnhof wurde noch bis Mai 1990 im Güterverkehr erreicht, so wie hier am 25.8.1981 von 212 293 mit einem Wagen für die Holzabfuhr. In der Nähe von Brilon Stadt wurde die Fa. Rekostein sogar noch bis 1992 angefahren, während DB Cargo bzw. Railion/Schenker noch heute am Stadtrand von Brilon die Firma Egger (Holzverarbeitung) bedient. Der Abschnitt von Brilon Wald nach Brilon Stadt wurde übrigens schon am 1.7.1900 in Betrieb genommen.

KBS: *238d* (Bestwig –) Winterberg – Hallenberg (– Frankenberg)

Mitten durch die Berge des Sauerlandes sind einige Bahnlinien gebaut worden, wobei allerdings den meisten keine große Zukunft beschieden war. So erging es auch der Verlängerung der bis heute recht rege im Personenverkehr befahrenen Strecke Bestwig – Winterberg über Hallenberg ins Edertal nach Allendorf und Frankenberg, die am 1.12.1908 eröffnet worden war, nicht besser: Nach der Einstellung des durchgehenden Personenverkehrs im Jahr 1966 konnte Hallenberg im Güterverkehr noch bis zum 30.5.1992 von Winterberg aus erreicht werden. Im Winter hatte diese Strecke damals darüber hinaus noch eine besondere Bedeutung, wurden doch in Hallenberg Wintersportsonderzüge abgestellt, für die in dem eigentlichen Zielbahnhof Winterberg die Gleise nicht ausreichten. Aber auch im Güterverkehr wurde Hallenberg noch sporadisch angefahren. So hat am 29.9.1982 die rote 218 129 einen Selbstentladewagen dorthin gebracht.

KBS: *239e* (Wennemen –) Wenholthausen – Eslohe (– Finnentrop)

In Wenholthausen trennten sich die bereits im Band »Güterstrecken 1994 bis heute« vorgestellte Strecke nach Schmallenberg (– Altenhundem) und die am 16.1.1901 eröffnete Verbindung Wennemen – Wenholthausen – Finnentrop. Der Personenverkehr auf der zuletzt genannten Strecke wurde später als auf dem Schmallenberger Zweig aufgegeben, nämlich erst am 22.5.1966. Zwischen Eslohe und Serkenrode wurde damals gleichzeitig auch der Gesamtbetrieb eingestellt, das Gleis blieb hier aber noch für einige Jahre liegen. Gleich hinter der Streckentrennung südlich von Wenholthausen überquert die Strecke auf einer größeren Stahlfachwerkbrücke die Wenne. Nachdem ein Lkw diese Brücke beschädigt hatte, gab es für die Deutsche Bundesbahn einen willkommenen Anlass, den geringen Güterverkehr zwischen Wenholthausen und Eslohe am 12.6.1992 einzustellen. Am 2.10.1989 ist 365 726 unterwegs nach Eslohe, um dort einen entladenen Güterwagen abzuholen.

Einst verkehrte auf dieser Strecke ein »Heckeneilzug« in der Verbindung von Köln nach Paderborn. Am 2.10.1989 hat 365 726 den Bahnhof Eslohe mit seinem durchaus stattlichen Empfangsgebäude gerade erreicht. Zu dieser Zeit war hier ein so genannter K-Wagen abgestellt, der als Umbauversuch für die Forstverwaltung zum Holztransport dienen sollte. Er ist im Bild ganz rechts zu erkennen, blieb jedoch ein Einzelstück, da die DB keine weiteren derartigen Wagen für einen Umbau zur Verfügung stellen wollte.

KBS: *239e* (Wennemen – Wenholthausen –) Serkenrode – Finnentrop

Im weiteren Verlauf der ehemaligen Strecke nach Finnentrop liegt hinter Eslohe der Bahnhof Serkenrode. Das dortige Sägewerk wurde noch bis zum 31.10.1984 von Finnentrop aus bedient – so wie hier von 261 621, die am 21.6.1983 Sägeholzabfälle abholt.

Schwierig gestaltete sich die Situation für die Bahnbauer nahe Finnentrop, musste doch der steile Berghang mit einem Tunnel durchfahren werden. Unmittelbar danach waren die Straße und die Ruhr-Sieg-Eisenbahn auf einer Brücke zu überqueren, und mit einer anschließenden engen Kurve wurde schließlich der Bahnhof Finnentrop erreicht. Auf dem Bild kommt am 21.6.1983 die 261 621 hinter der Tunnelausfahrt gerade über die beschriebene Brücke. Diese Kombination von Brücke und Tunnel konnte, wie erwähnt, noch bis zum 31.10 1984 von solchen Güterzügen nach bzw. von Serkenrode passiert werden.

KBS: 364 Bad Berleburg – Arfeld (– Frankenberg)

Wurde im Band »Güterstrecken 1994 bis heute« der Ostteil der Edertalbahn vorgestellt, soll hier der kurze »Stummel« von Bad Berleburg nach Arfeld südlich des Rothaargebirges betrachtet werden. Dieser Abschnitt wurde am 15.8.1911 eröffnet. Ebenso wie auf dem wenig jüngeren Ostteil fuhren im Mai 1981 die letzten Personenzüge von Bad Berleburg über Arfeld nach Frankenberg. Güterverkehr war hier noch bis 1982 möglich; jedoch dürfte in der letzten Zeit kaum ein Güterwagen Arfeld erreicht haben. Wenig später kam dann der allerletzte Güterzug, der Abbauzug. Auf dem Bild (von D. Fiedel, Sammlung Brodkorb) befindet er sich in der Nähe von Raumland an der Abzweigstelle »In der Hörre«. Hier zweigte die Verbindung nach Frankenberg (Richtung Osten) von der Strecke nach Erndtebrück (Richtung Westen) ab. 212 021 fährt mit einem Schienentransport soeben am zugehörigen Signal vorbei. Nach dieser Abbauaktion war auch die Abzweigstelle überflüssig und wurde entfernt.

KBS: 366 Dillenburg – Nikolausstollen (– Wallau)

Vom Dilltal bei Dillenburg in Richtung Lahntal bei Wallau wurde schon am 15.2.1872 eine Bahnstrecke bis Oberscheld Hochofen und am 7.8.1872 weiter bis Nikolausstollen eröffnet. Hier galt es, die ergiebigen Erzgruben an die Eisenbahn anzuschließen, während der im Band »Güterstrecken 1994 bis heute« vorgestellte Lückenschluss nach Wallau erst am 1.5.1911 in Betrieb ging. Bis Mai 1987 verkehrten hier noch Personenzüge, während der südwestliche Abschnitt nach Einstellung der Erzförderung in den Gruben im Scheldetal seinen Güterverkehr schon in den 1960er-Jahren weitgehend verloren hatte, zumal die Steilstrecke oberhalb von Nikolausstollen den Betrieb erschwerte. Ein daher seltenes Bild (von U. Kramer) zeigt die Dillenburger Bahnhofsköf der Baureihe 323 am 28.8.1992 mit einer geschobenen Sonderzustellung auf dem Oberschelder Viadukt zur Überführung eines bereits ausgemusterten Güterwagens zu seinem neuen Standort auf dem recht bald darauf gleislosen (die Abbauarbeiten liefen zu dieser Zeit bereits) Bahnhof Oberscheld.

KBS: 368 Niederwalgern – Hartenrod (– Herborn)

Zwischen der Main-Weser-Bahn (in Niederwalgern) und der Lahn-Sieg-Strecke (in Herborn) wurde in Etappen eine Verbindungslinie gebaut: Von Niederwalgern aus war am 12.5.1894 Weidenhausen und am 15.7.1901 Hartenrod erreicht worden. Ein anschließender Viadukt und ein Tunnel verzögerten die Fertigstellung der Gesamtstrecke nach Herborn im Dilltal allerdings noch bis zum 1.8.1902. Auf letzterem Teilstück konnte der bis zuletzt recht starke Personenverkehr bis zum 10.6.2001 überleben; auf dem älteren Ostabschnitt wurde er dagegen bereits Ende Mai 1995 eingestellt. Auf der so genannten Aar-Salzböde-Bahn war der zuletzt nur noch zwischen Niederwalgern und Gladenbach abgewickelte Güterverkehr offiziell bereits Ende 1991 aufgegeben worden; nur das kurze Streckenstück von Herborn bis Burg wurde noch bis Ende 1996 von Güterzügen befahren. Da Gladenbach zuletzt nur noch dienstags zur Holzabfuhr mit der Baureihe 365 von Gießen aus über Niederwalgern bedient wurde, verkehrte der allerletzte Güterzug zur Abholung der restlichen beiden Holzwagen erst am 7.1.1992. U. Kramer nahm als einziger Zeuge dieses »Abschiedsbild« von der Ausfahrt des Zugs aus Gladenbach auf.

KBS: 369 / *251f* Herborn – Driedorf (– Westerburg)

Vom Dilltal in den Westerwald führte die so genannte Westerwaldquerbahn von Herborn bis Montabaur. Zwischen Herborn und Driedorf wurde der Verkehr am 1.5.1906 eröffnet; die Verlängerung nach Rennerod folgte zum 1.10.1906. Auf dem Mittelstück zwischen Steinringsberg und Rennerod wurde der Personenverkehr bereits im Jahr 1959 wieder eingestellt. Wenig später gab es dann sogar nur noch Personenzüge zwischen Herborn und Schönbach – diese dann allerdings immerhin noch bis 1980. An dieser Strecke lag auch der Bahnhof Erdbach, der als Spitzkehre angelegt war, um so einfacher aus dem Dilltal die Höhen des Westerwaldes zu erklimmen. Am 29.7.1983 »umrundete« 211 128 dort gerade ihren Zug, um in entgegengesetzter Richtung weiterzufahren. Beachtenswert sind hier die Kilometersteine »8,1« und »8,4« rechts und links vom Hauptgleis.

Nach Driedorf wurde der Güterverkehr 1984 eingestellt, während Schönbach (die nächste Station hinter Erdbach) noch ein Jahr länger erreichbar blieb. Das Bahnhofsgebäude in Driedorf war in der typischen Westerwälder Bauart errichtet worden. Am 29.7.1983 hat 211 128 mit ihrem kurzen Güterzug den damaligen Endbahnhof der Strecke erreicht.

4.

Wuppertal, Düsseldorf, Köln, Eifel, linker Niederrhein (Strecken *228e* – 455)

Tabelle der Nebenstrecken									
letzte KBS	Pv-Einstellung	Gv-Einstellung	Gesamt-stilllegung	Länge (km)	von	nach	Besonderheiten	•	o
228e	2.11.1942	31.5.1989	1.12.1989	7,6	Wuppertal-Vohwinkel	Solingen-Gräfrath		x	x
403	29.12.1979	1993	stillgelegt	1,8	Wuppertal-Beyenburg	Remlingrade			x
403	29.12.1979	31.12.1989	stillgelegt	6,4	Remlingrade	Wilhelmsthal			x
403	29.12.1979	31.12.1989	stillgelegt	0,8	Wilhelmsthal	Krebsöge			x
403	30.5.1976	27.9.1980	stillgelegt	8,4	Krebsöge	Radevormwald			x
411	29.5.1983	1.6.1985	stillgelegt	6,6	Wermelskirchen	Hilgen			x
411	1.6.1991	31.5.1991	stillgelegt	13,6	Hilgen	Opladen			x
412	2.6.1985	31.5.1986	stillgelegt	13,1	Wipperfürth	Marienheide			x
416	29.12.1979	27.5.1989	stillgelegt	11,1	Bergneustadt	Drolshagen			x
240b	26.9.1965	27.5.1989	stillgelegt	2,3	Bergisch Gladbach	Bensberg		x	
425	31.5.1981	30.5.1981	23.9.1983	11,8	Wallmerod	Westerburg			x
248k	26.5.1963	8.10.1981	stillgelegt	16,3	Jünkerath	Losheim	erste Sperrung		x
248k	26.5.1963	31.12.1993	stillgelegt	16,3	Jünkerath	Losheim	Gv 1987 reaktiviert		x
248k	eingestellt	31.12.1993	31.12.1998	3,4	Losheim	Losheim Grenze			x

248h	3.6.1973	30.12.1982	1.1.1983	6,2	Lissendorf	Hillesheim		x	
248m	1.6.1969	27.5.1989	stillgelegt	25,6	Pronsfeld	Neuerburg			
248q	31.12.1965	30.5.1987	stillgelegt	11,7	Pronsfeld	Bleialf		x	
248p	31.12.1965	30.5.1987	stillgelegt	8,6	Pronsfeld	Waxweiler			
263h	29.9.1969	24.9.1988	stillgelegt	7,9	Wolsfeld	Irrel			x
263h	29.9.1969	24.9.1988	stillgelegt	7,9	Irrel	Edingen	war zuletzt Bahnhofsgleis		x
263h	29.9.1968	29.9.1969	stillgelegt	24,8	Edingen	Igel			
247m	22.11.1959	31.8.1984	stillgelegt	5,2	Aachen-Rothe Erde	Brand		x	
247f	31.12.1961	1.6.1991	stillgelegt	7,5	Stolberg Zur Mühlen	Walheim-Schmithof (Raeren [Belgien])	war bis 2001 Museumsbahn		
247a	1945	30.6.1989	1.1.2002	40,0	Raeren (Belgien)	Sourbrodt (Belgien)	war bis 2001 Museumsbahn		
448	29.5.1983	28.5.1983	stillgelegt	9,5	Frenz	Jülich			x
455	1.6.1980	1.6.1984	stillgelegt	13,9	Hochneukirch	Ameln			
455	1.6.1980	eingestellt	1980	10,4	Ameln	Jülich			
245m	eingestellt	1992	stillgelegt	13,6	Dalheim	Roermond (Niederlande)			
457	28.9.1980	eingestellt	1981	11,4	Dalheim	Ratheim			x
246a	1.8.1966	28.9.1984	stillgelegt	8,0	Waldniel	Brüggen			x
242d	29.5.1960	31.12.1981	stillgelegt	5,3	Kleve	Spyck			
474	23.5.1982	22.5.1982	stillgelegt	7,2	Grefrath	Kempen			x
475	29.12.1989	28.2.1990	stillgelegt	26,2	Kleve	Xanten			

• = anschließende Teilstrecke siehe in Tabelle vor 1980 (im Anhang)
o = anschließende Teilstrecke siehe in Tabelle nach 1994 (im Band »Güterstrecken 1994 bis heute«)

N o r d r h e i n - W e s t f a l e n
R h e i n l a n d - P f a l z
BELGIE
BELGIQUE
LUXEM-
BOURG
H
Spyck
242d
Isselburg-Anholt
286
Bocholt
Borken (Westf)
Mussum
Kleve
475
Xanten
Haltern (Westf)
224b
Schermbeck
Rheda-Wiedenbrück Süd
222d
Langenberg (Westf)
Delbrück (Westf)
207
Anst. Kisker
Vellinghausen
232m
Lippborg
HAMM (W)
RECKLINGHAUSEN
LIPPSTADT
Geseke Süd
232q
Steinhausen
DORTMUND
BIELEFELD
SOEST
GELSENKIRCHEN
UNNA
Weine
Büren (Westf)
345
Heidberg (Möhne)
232n
Wülfte
Brilon Stadt
DUISBURG
ESSEN
BOCHUM
Witten
SCHWERTE
Kempen
Grefrath
457
KREFELD
322
HAGEN
Hohenlimburg
352
Hemer
Iserlohn Ost
WUPPERTAL
Gevelsberg West
Hohbräcker Weg
Brüggen
246a
Waldniel
DÜSSELDORF
Wuppertal-Vohwinkel
Wuppertal-Beyenburg
403
Radevormwald
Krebsöge
Wenholthausen
Eslohe
239e
Roermond [NL]
245m
MÖNCHEN-GLADBACH
Dalheim
228e
Solingen-Gräfrath
239e
Serkenrode
Finnentrop
Winterberg
457
Ratheim
Hochneukirch
Wermelskirchen
411
412
Wipperfürth
Marienheide
238d
Hallenberg
Immerath
Opladen
239b
Altenhundem
Würdinghausen
455
Ameln
240b
Bergisch Gladbach
Bergneustadt
416
Drolshagen
Olpe
Berleburg
Arfeld
364
Hatzfeld (Eder)
KÖLN
Bensberg
Jülich
361
448
Frenz
Freudenberg (Kr Siegen)
SIEGEN
Breidenbach
Aachen-Rothe Erde
247m
DÜREN
TROISDORF
Niedereisenhausen
AACHEN
Brand (Rheinl)
Stolberg Zur Mühlen
AU
BETZDORF
366
Hartenrod
Gladenbach
62
Walheim-Schmithof
Raeren [BE]
Roetgen
EUSKIRCHEN
Dillenburg
Oberscheld
Erdbach
369
Schönbach
Herborn (Dillkr)
251f
Driedorf (Dillkr)
Niederwalgern
247f
Lollar
Beilstein (Dillkr)
545
526
REMAGEN
Westerburg
Stockhausen (Lahn)
Albshausen
GIESSEN
Wetzlar
425
Sourbrodt [BE]
Brück (Ahr)
Hönningen (Ahr)
Wallmerod (Westerw)
Weilburg
Freienfels
545
196g
Dümpelfeld
601
Losheim Grenze
Hallschlag
248k
Stadtkyll
Adenau
Weilmünster (Oberlahnkr)
Brandoberndorf
Losheim
Kronenburg
Jünkerath
Ochtendung
248h
Lissendorf
Hillesheim (Eifel)
Mayen Ost
Hausen
603
KOBLENZ
LIMBURG (LAHN)
Polch
248n
Münstermaifeld
Bleialf
248q
GEROLSTEIN
Daun
Kettenbach
Pronsfeld
248p
Hohemark
196d
Oberursel
Waxweiler
Emmelshausen
606
548
248m
Lingerhahn
Wiesbaden
FRANKFURT (MAIN)
Neuerburg (Kr Bitburg)
623
Wittlich
Wengerohr
BINGERBRÜCK
MAINZ
622
Bernkastel-Kues
Bodenheim
Wolsfeld
263h
Niederweis
661
Minden
Edingen
DARMSTADT
Selzen-Hahnheim
Morbach
Waldrach
607
Staudernheim
Gau-Odernheim
Guntersblum
315d
Pfungstadt
TRIER
641
Hillesheim-Dorndürkheim
662
274c
Dittelsheim-
Eich

KBS: 228e Wuppertal-Vohwinkel – Solingen-Gräfrath (– Solingen)

Richtungswechsel durch zahlreiche Kurven in der bewegten Landschaft kennzeichneten die »Korkenzieherbahn«, die Solingen mit Wuppertal-Vohwinkel verband. Am 15.11.1887 konnte das westliche Teilstück von Vohwinkel nach Gräfrath und weiter nach Solingen-Wald in Betrieb gehen. Nach der Lösung von Problemen – die Geländeverhältnisse waren dabei nur eines von vielen – fuhr dann am 12.2.1890 der erste durchgehende Zug von Solingen über Solingen-Wald nach Vohwinkel. Die »Korkenzieherbahn« verlor schon sehr früh wieder ihren anfangs recht regen Personenverkehr: Bereits am 2.11.1942 ging der Kampf um Fahrgäste gegen die parallele Straßenbahn endgültig verloren. Der einst ebenfalls starke durchgehende Güterverkehr wurde auf dem Mittelstück zwischen Solingen-Wald und Solingen-Gräfrath im Jahr 1958 aufgegeben. Auf dem Streckenabschnitt von Wuppertal-Vohwinkel bis Solingen-Gräfrath fuhren die letzten Güterzüge dann im Mai 1989, während der etwas jüngere Rest von Solingen Hbf nach Solingen-Wald noch bis 1994 bedient wurde. Diese Verkehrseinstellungen lagen noch in der Zukunft, als J. Lohmann am 14.2.1986 die Gelegenheit hatte, 260 408 in Solingen-Gräfrath im Bereich des früheren Bahnhofs bei einer Bedienungsfahrt zu fotografieren.

KBS: 403 (Wuppertal-Oberbarmen –) Krebsöge – Radevormwald (– Oberbrügge)

Schon vor 1980 hatte die Deutsche Bundesbahn im Bergischen Land vielfach vollendete Tatsachen geschaffen. Die Eckpunkte Wuppertal-Oberbarmen, Oberbrügge, Remscheid-Lennep, Marienheide und die dazwischen liegenden Stationen Wipperfürth und Krebsöge waren einst durch ein Netz von zum Teil stark befahrenen Strecken verbunden. Krebsöge im Tal der Wupper hatte zunächst (eröffnet 1.3.1886, eingestellt bis Ende 1953) Anschluss nach Remscheid-Lennep erhalten. Dem Tal der Wupper folgte die Bahnlinie nach Wuppertal-Oberbarmen (siehe auch im Band »Güterstrecken 1994 bis heute«). Von Krebsöge aus konnte eine Verbindungsstrecke nach Radevormwald im Februar 1890 in Betrieb genommen werden. Hier wurde im Mai 1976 der Personenverkehr eingestellt, während Güterverkehr noch bis zum September 1980 stattfand, ehe die Wuppertalsperre die Trasse unter Wasser setzte. In der Nähe der Krähwinkeler Brücke – dort, wo heute nur noch Wasser ist – konnte J. Lohmann am 1.8.1980 die Übergabe nach Wuppertal fotografieren. Die 260 448 in ihrer ursprünglichen Farbgebung war damals die Zuglokomotive.

Außerdem gab es von Radevormwald auch noch die Fortsetzung der Strecke über Anschlag und Halver nach Oberbrügge (Brügge), die am 1.7.1910 eröffnet und bereits Mitte der 1960er-Jahre wieder eingestellt wurde (siehe dazu ebenfalls schon »Güterstrecken 1994 bis heute«). Schließlich existierte noch die gleichzeitig mit der vorgenannten Strecke eröffnete Verbindungslinie über den Abzweig in Anschlag nach Wipperfürth, die allerdings bereits 1960 wieder stillgelegt wurde. In Radevormwald konnte man dem Empfangsgebäude am 1.8.1980 schon ansehen, dass der Eisenbahnverkehr hier in absehbarer Zeit dem Ende entgegengehen würde. So wurde mit dem Abriss bereits begonnen, obwohl noch ein Eisenbahner in diesem Gebäude seinen Dienst verrichten musste. 260 448 hat auf dem Foto von J. Lohmann soeben ihre Übergabe in den Bahnhof gebracht.

KBS: 248k Jünkerath – Losheim

Südlich der Wasserscheide am Schmittheimer Berg zweigte in Jünkerath in der Eifel eine Bahnlinie in Richtung Belgien ab. Die im Kylltal aufwärts führende Strecke hatte bis in die jüngere Zeit hinein strategische Bedeutung als Zufahrt zum belgischen Truppenübungsplatz Weywertz. Während die Einstellung des Personenverkehrs durch diese ein wenig abgelegene Landschaft bereits 1963 erfolgte, wurde der letzte deutsche Ort vor der belgischen Grenze, Losheim, noch bis 1981 im Güterverkehr bedient. Danach musste die Strecke aus technischen Gründen gesperrt werden. Mit NATO-Mittel erfolgte dann aber nochmals ihre Aufarbeitung, so dass sie fünf Jahre später – jedoch nur für den Güterverkehr – wieder in Betrieb gehen konnte. Doch auch dieser Zustand währte nicht lange, denn Ende 1993 stellte DB Cargo die Güterzugbedienung erneut ein. Das Bild zeigt 212 255 am 11.3.1991 im Bahnhofsbereich von Stadtkyll auf der Rückfahrt nach Jünkerath.

Bei der Eröffnung am 1.7.1912 wurde in der Nähe von Jünkerath auch eine Verbindungskurve in Richtung Euskirchen gebaut; Reste davon sind bei Glaadt auch heute noch zu erkennen. Sie sind mittlerweile allerdings ebenso gleislos wie die gesamte Strecke. Anfang 1994 gab es zwar erneut Bemühungen zu einer nochmaligen Reaktivierung mit Hilfe der privaten Bahngesellschaft EBM, aber im Jahr 2002 wurden die Gleise dann wiederum wegen technischer Mängel gesperrt und bald danach auch endgültig stillgelegt. Nahe Kronenburg bildet 212 304 am 2.11.1990 mit einem mit Holzstämmen beladenen Wagen auf dem Weg nach Jünkerath den Üg 67646.

Die einst zweigleisige Strecke führt neben dem Kronenburger Stausee entlang. Am 20.5.1992 ist hier eine Lok der Baureihe 212 mit dem für diese Strecke üblichen Holzwagen zwischen Hallschlag und Kronenburg unterwegs. Der Blick von der Höhe erfasst außer dem Stausee mit der modellbahnartigen Eisenbahn die bewaldeten Höhenzüge dieses Teils der Eifel.

Der 7. Oktober 1991

(mb) *Auf der für vorrangig für Militärzwecke angelegten Verbindung von Jünkerath nach Weywertz (in Belgien) wurde der Verkehr erstmals am 8.10.1981 eingestellt. Im Jahr 1986 wurde diese Strecke ein wenig aufgearbeitet, um wieder Militärtransporte zum Truppenübungsplatz Weywertz durchführen zu können. Gleichzeitig wurde seither Losheim wieder als Gütertarifpunkt bedient. Bereits 1993 wurde dieser Verkehr jedoch erneut eingestellt. Auch wenn es danach kurzzeitig nochmals von anderer Seite (nämlich auf Initiative der privaten EBM) durchgeführten Güterverkehr auf der alten (und neuen) strategischen Bahnlinie von Jünkerath nach Losheim gab, so war es doch auch schon in früheren Jahren nicht alltäglich, dass überhaupt ein Übergabezug nach Losheim verkehrte. Und nach einem Besuch (von vielen) im Jahr 1991 konnte ich den nachfolgenden Erlebnisbericht aufzeichnen.*

Nach fünf Monaten ist es am 7.10.1991 wieder an der Zeit, der Eifel einen Besuch abzustatten. Genauer gesagt, es sollte mal wieder »Jagd« auf die Übergabe nach Losheim gemacht werden. Zur halbwegs zivilen Zeit um 5.57 Uhr hält der Zug von Chemnitz nach Köln in Paderborn. Dieser Zug erreicht Köln um 8.36 Uhr. Die Züge nach Jünkerath fahren jeweils zur Minute 23 ab; es ist also mit 47 Minuten reichlich Aufenthalt vorgesehen. Nach der Ankunft in Köln gehe ich trotzdem gleich mal zum Gleis 7, und in dem Moment fährt ein Zug mit zwei 215ern von Deutz kommend an den Bahnsteig. Nach Lautsprecherdurchsage und Zielanzeige ist dies der 8.23 Uhr-Zug nach Gerolstein – mit zwanzig Minuten Verspätung fährt dieser Zug mit mir in Köln ab. In Erftstadt und Weilerswist ist der Zug dann allerdings wieder ganz pünktlich, aber wohl nur deshalb, weil die Bahnhofsuhren offenbar nicht die mitteleuropäische Zeit anzeigen. In Euskirchen hat uns die Realität jedoch wieder eingeholt, jetzt aber nur noch mit +15 Minuten. Mit flottem Tempo steigen wir in die Eifelhöhen – Jünkerath wird fast zur planmäßigen Zeit erreicht.

Im Stellwerk »Jf« kurz gefragt: Heute verkehrt eine Übergabe mit zwei Leerwagen nach Losheim und ohne was zurück. Es ist kurz vor zehn; ab 12.30 Uhr kann die Übergabe kommen, das heißt, zu Fuß müsste ich die zwölf Kilometer bis Hallschlag schaffen. Ich kenne das Gelände seit meinem letzten Besuch im April recht genau und weiß, wo ich auf einem Weg und wo ich am Gleis gehen muss. Genau um halb eins bin ich hinter Hallschlag, dort wo ich hinwollte.

Auf die Wiese gesetzt und ein wenig ausgeruht. Aber schon höre ich aus der Ferne Eisenbahngeräusche. Um 12.45 Uhr fährt die Übergabe an mir vorbei. Ein Foto wird gemacht, und dann ab über die Zäune zum Gleis, schnell etwa einen Kilometer zurück zu der Stelle mit Blick auf Hallschlag. Vom Gleis aus durch den Urwald auf den Hang – eine schöne Stelle. Die Viertelstunde Laufen bringt mich ordentlich ins Schwitzen, aber jetzt darf ich mich ausruhen. Ich warte und warte, die Lok kommt nicht, oder habe ich sie nicht bemerkt, als ich zwischen den Sträuchern war?

Halb zwei tönt es vom Kirchturm in Hallschlag, da ist auf der anderen Seite des Orts etwas zu sehen. Also wird die Lok gleich bei mir sein. In Fotoposition, und schon ist die 212 an mir vorbei und ein »Nachschuss« auf sie in der Kamera.

Jetzt schaue ich erst mal ins Kursbuch: Um 16.05 Uhr geht der nächste Zug nach Köln ab Jünkerath, den ich erreichen kann. Das sind wieder zweieinhalb Stunden. In dieser Zeit habe ich den Hinweg hinter mich gebracht, dann sollte auch der Rückweg, der ein wenig kürzer ist, zu schaffen sein. Also wieder im flotten Tempo durchs obere Kylltal, auf dem Weg am Kronenburger Stausee vorbei, hinter Kronenburg aufs Gleis gewechselt, ab Niederkyll wieder auf Wegen und Straßen – so bin ich pünktlich um 16.00 Uhr in Jünkerath am Bahnsteig und wenig später mit leichtem Muskelkater in den Beinen im Zug nach Köln.

Der Hauptzweck, für den die Strecke erbaut und erneuert wurde, wird auf diesem Bild (von U. Kramer) deutlich. Eine 290 durchfährt am 8.5.1992 mit einigen auf Flachwagen verladenen Panzern den ehemaligen Bahnhof Hallschlag.

KBS: 248q (Gerolstein –) Pronsfeld – Bleialf

Pronsfeld wurde einst von Gerolstein aus über Prüm auf der Schiene erreicht (siehe dazu schon »Güterstrecken 1994 bis heute«). Hier konnte man sich früher dann für eine von drei Richtungen entscheiden: Der »rechte« Ast nach Bleialf führte einst (seit dem 1.10.1888) über den Bach Our sogar bis nach Lommersweiler in Belgien. Diese Bahnlinie war zweigleisig angelegt und am 1.10.1886 bis Bleialf eröffnet worden; das zivile Verkehrsbedürfnis war hier aber schon immer äußerst gering. Nach 1945 war vor der Ourbrücke der Endbahnhof »Ihren Grenze« angelegt worden, der bis 1959 von Personenzügen ereicht wurde; der Personenverkehr zwischen Bleialf und Pronsfeld endete dann mit Ablauf des Jahres 1965. Auf dem Bild fährt am 29.5.1985 der Güterzug mit 211 064 von Pronsfeld in Richtung Bleialf. Die Straßensituation mit einer Abzweigung mitten in der Gleistrennung (nach Bleialf, Neuerburg, Waxweiler) war an dieser Stelle neben dem seltenen Güterzug ebenfalls ungewöhnlich.

Die Strecke verlief hinter Pronsfeld durch das schöne Tal des Alfbaches mitten durch die »Schneifel«. Von einer Anhöhe konnte dabei die Vorbeifahrt des Zugs genau verfolgt werden – so wie auf diesem Bild 211 064 am 29.5.1985 mit ihrem Güterzug auf der Rückfahrt von Bleialf nach Pronsfeld.

In Bleialf waren nach der Aufgabe des grenzüberschreitenden (Militär-) Verkehrs nur bescheidene Gleisanlagen übrig geblieben; immerhin aber gab es vor dem Empfangsgebäude noch eine Bahnsteigkante. Zuletzt wurde überhaupt nur noch sehr selten nach Bleialf gefahren; sichere Verkehrstage waren jedoch immer vor und nach der örtlichen Altkleidersammlung, also vielleicht zweimal im Jahr mit insgesamt vier Fahrten. Auf dem Bild vom 29.5.1985 ist rechts neben 211 064 der Prellbock am Streckenende zu erkennen. Nur wenige Schritte weiter befand sich einst in Richtung Ihren Grenze, das von Bleialf noch sieben Kilometer entfernt war, ein Tunnel. Bis Bleialf konnte der Güterzug noch bis 1987 gelangen.

KBS: 248m Pronsfeld – Neuerburg

Die mittlere Strecke, die seit dem 6.7.1907 Pronsfeld verließ, führte nach Neuerburg. Der Personenverkehr auf ihr wurde zum Sommer 1969, der Güterverkehr 1989 eingestellt. Zunächst führte die Trasse von Pronsfeld aus bergan, um nach kurzer Fahrzeit den ersten Viadukt zu erreichen. Auf ihm befindet sich am 31.5.1985 gerade 211 065. Von der Anhöhe reicht der Blick durchs Prümtal bis zur Stadt gleichen Namens.

Die Neuerburger war nicht nur die längste der drei Pronsfelder Stecken, sondern auch diejenige, die bis zuletzt einen gewissen Güterverkehr aufzuweisen hatte. Unmittelbar vor dem Bahnhof Neuerburg verlief die Trasse durch einen Tunnel, der auf dem Bild im Hintergrund zu erkennen ist, als 211 065 am 31.5.1985 gerade beim Umsetzen um den Wagenzug ist.

KBS: 248p Pronsfeld – Waxweiler

Die dritte und kürzeste der Strecken führte seit dem 6.7.1907 von Pronsfeld aus nach Waxweiler. Wie bei der Bahnlinie nach Bleialf war auch hier das Verkehrsaufkommen zuletzt nur noch sehr gering. So sorgte in den letzten Betriebsjahren ebenfalls fast nur noch die Altkleidersammlung dafür, dass etwa viermal im Jahr Waxweiler erreicht wurde. Die Einstellung des Verkehrs erfolgte gemeinsam mit der Strecke nach Bleialf im Jahr 1965 für den Personen- und im Jahr 1987 für den Güterverkehr. Hinter dem Zug mit 211 223 ist am 30.5.1985 auch der Viadukt der Neuerburger Stecke zu sehen.

Auf diesem Bild ist der Endbahnhof Waxweiler am 30.5.1985 zu sehen. Zwischen dem Bahnhofsgebäude und der 211 223 erkennt man ein Tor des Lokomotivschuppens. Waxweiler war nämlich wie Neuerburg immer Endpunkt gewesen und hatte deshalb einst eine kleine Lokomotivbehandlungsanlage erhalten.

KBS: *263h* (Erdorf –) Bitburg – Edingen (– Trier)

Im südlichen Teil der Eifelhauptstrecke liegt Erdorf, gewissermaßen der Bahnhofsort von Bitburg. Dort hatte die Bahnlinie über Bitburg (Stadt) und Irrel nach Edingen ihren Ausgangpunkt. Weiter im Sauertal längs der Grenze zu Luxemburg führte diese Strecke einst sogar bis Trier. Der 1910 eröffnete Abschnitt bis Bitburg Stadt wurde im Sommer 2002 von der Kommune übernommen, um auf ihm auch weiterhin sicher Güterverkehr durchführen zu können. Inzwischen ist es jedoch auch hier recht ruhig geworden, nachdem der reguläre Güterzugbetrieb erst von der DB und dann auch von einem privaten Unternehmen aufgegeben wurde. Am 2.10.1911 konnte dann das anschließende Streckenstück bis Niederweis dem Betrieb übergeben werden, die Fortsetzung bis Irrel am 1.7.1912. Beim Empfangsgebäude von Niederweis ist 260 501 am 26.7.1984 zu sehen. Zu diesem Zeitpunkt sind dort aber bereits alle Nebengleise verschwunden.

Der Personenverkehr auf dieser Strecke endete bereits im Jahr 1969, während zwischen Bitburg und Erdorf erst 1970 der letzte Nahverkehrszug gefahren ist. Zwischen Bitburg und Wolsfeld war auch danach noch bis ins Jahr 1995 Güterverkehr möglich, wohingegen weiter nach Irrel bereits 1988 der allerletzte Zug abgefahren ist. Der Übergang von den Höhen der Eifel ins Sauertal machte im Verlauf der Trasse bei Minden einen Viadukt über das Nimstal erforderlich. Die 261 687 befördert hier am 2.9.1980 einige Wagen nach Irrel und Edingen. (Foto: J. Lohmann).

Jenseits von Irrel wurde die Verbindung in Richtung Trier am 15.10.1915 eröffnet. Der Gesamtverkehr zwischen Edingen und Igel (bzw. Trier) wurde jedoch bereits Ende September 1968 offiziell wieder eingestellt. 261 687 hat ihren damaligen Zielbahnhof Edingen am 2.9.1980 mit einem Wagen bereits erreicht, während neben dem Empfangsgebäude weitere Güterwagen zu sehen sind, deren Beladung der Fotograf J. Lohmann miterleben konnte. Der etwa fünf Kilometer lange Abschnitt Irrel – Edingen wurde zu dieser Zeit schon nur noch als Bahnhofsgleis betrieben, aber noch bis ins Jahr 1988 regelmäßig von Güterzügen befahren.

KBS: *247a* (Aachen –) Roetgen – Kalterherberg (– Malmedy)

Im Grenzgebiet südlich von Aachen hatte sich nach dem ersten Weltkrieg mit der Abtretung der Gebiete um Eupen und Malmedy an Belgien ein eisenbahnrechtliches Kuriosum ergeben: Die am 1.7.1885 von Aachen Rothe Erde bis nach Monschau eröffnete und am 1.12. des gleichen Jahres bis Malmedy verlängerte Strecke wurde im Bereich der an sich nach wie vor deutschen Orte Monschau, Lammersdorf und Roetgen seither nicht nur von den belgischen Eisenbahnen betrieben; sie war ab dieser Zeit zudem auch noch belgisches Staatsgebiet – ein sehr schmaler, aber dafür um so längerer Streifen Land. Nach Kriegsende 1945 wurde auf ihr kein Personenverkehr mehr, wohl aber noch bis zum 30.6.1989 ein weiterhin von der SNCB/NMBS abgewickelter Güterverkehr durchgeführt. Der private Eisenbahnfreundeverein Vennbahn e. V. hatte danach einen Museumszugbetrieb aufgenommen, der jedoch im Jahr 2002 wegen des schlechten Gleiszustands wieder eingestellt werden musste. J. Lohmann war am 16.5.1989 im hohen Venn und konnte bei Roetgen einen Güterzug nach Monschau mit der 5526 als Zuglokomotive fotografieren.

KBS: 247f Stolberg – Walheim (– Raeren (B))

Als Anschluss zu der Verbindung Aachen – Malmedy wurde von Stolberg aus am 21.12.1889 eine Bahnlinie nach Wahlheim gebaut. Zwar war diese Strecke nicht direkt von der nach 1918 veränderten Grenzziehung betroffen, doch ging sie dadurch ihrer Weiterführung verlustig. Bis Ende 1961 gab es trotzdem noch Personenverkehr auf dieser Verbindung. Zuletzt fuhren sogar immer noch einzelne Zugpaare weiter über die nach Malmedy und Eupen führende Strecke – allerdings nur eine Station bis nach Schmithof. Ab 1.6.1991 war dann auch für den Güterzug in Stolberg-Hammer Endstation; der bis zu diesem Zeitpunkt noch angebotene Güterverkehr nach Walheim wurde eingestellt. Die EVS haben im Stadtgebiet von Stolberg 2002 wieder einen Personenverkehr auf der Schiene eingerichtet, nachdem sie zuvor am 12.10.2000 die Strecke von der DB Netz AG übernommen hatten. Auch der schon erwähnte Vennbahn e.V. hat für einige Zeit über diese Strecke einen Anschlussverkehr zu seinen Dampfzügen in Richtung Monschau und Sourbrodt durchgeführt; nach Wegfall der Dampfzüge auf der Vennbahn wurde er aber auch wieder aufgegeben. Vor Walheim quert die Strecke mit einem Steinviadukt ein Tal. J. Lohmann hatte am 17.5.1989 die Gelegenheit, die 290 248 vor einem Wagen mit Kohle auf der Fahrt nach Walheim auf diesem Viadukt zu fotografieren.

KBS: 455 (Jülich –) Ameln – Hochneukirch (– Mönchengladbach)

Durch die Jülicher Börde wurde bereits seit dem 1.10.1873 eine Bahnverbindung von Mönchengladbach nach Stolberg angeboten. An diesem Tag wurde nämlich der Abschnitt Odenkirchen – Eschweiler Aue eröffnet. Auf ihrem südlichen Abschnitt von Jülich nach Stolberg wurden jedoch bereits am 28.5.1983 der Personenverkehr und teilweise auch der Gesamtbetrieb wieder eingestellt. Zwischen Jülich und Hochneukirch fuhr sogar schon am 31.5.1980 der letzte Personenzug; gleichzeitig verlor der Abschnitt Jülich – Ameln seinen Güterverkehr. Von Hochneukirch (dem Abzweigbahnhof von der Hauptstrecke in der Nähe von Mönchengladbach) aus wurde dann noch bis Ende Mai 1984 der Güterverkehr nach Ameln bedient. Vor allem landwirtschaftliche Güter wurden hier transportiert. So war im Herbst insbesondere der Zuckerrübenverkehr sehr stark, denn in Ameln gab es einst eine Zuckerfabrik. Bei Immerath ist eine Kleinlokomotive der »modernsten Baureihe« 333 mit typischen Gütern auf dem Weg nach Ameln. J. Lohmann stand am 13.5.1982 auf einer Brücke nahe dem alten Empfangsgebäude.

5.

Hessen, südlicher Odenwald (Strecken *614* – 556)

Tabelle der Nebenstrecken

letzte KBS	Pv-Einstellung	Gv-Einstellung	Gesamt-stilllegung	Länge (km)	von	nach	Besonderheiten	•	o
504	31.5.1981	31.12.1986	stillgelegt	3,3	Heimboldshausen	Philippsthal	war danach Werksgleis K+S	x	x
614	31.12.1993	31.12.1993	31.12.1993	24,0	Bad Hersfeld	Nippe (Heimbolds-hausen)	HEG		x
192k	28.5.1972	31.12.1991	stillgelegt	14,6	Hünfeld	Eiterfeld		x	
506	28.9.1986	1.1.1993	31.7.1993	31,5	Fulda	Hilders		x	
192h	1.3.1970	1.1.1993	31.7.1993	5,0	Hilders	Seiferts		x	
193a	31.5.1964	23.9.1989	stillgelegt	10,4	Bad Salzschlirf	Schlitz		x	
515	28.9.1975	1.6.1984	stillgelegt	18,5	Stockheim	Gedern		x	x
515	28.9.1975	22.5.1982	stillgelegt	6,1	Gedern	Ober Seemen		x	x
515	28.9.1975	1.3.1991	31.5.1995	5,6	Oberwald	Grebenhain-Crainfeld		x	x
516	22.8.1977	28.9.1984	stillgelegt	8,3	Oberaula	Kirchheim			x
516	22.8.1977	22.8.1977	stillgelegt	5,9	Kirchheim	Niederaula			x
516	26.5.1974	28.5.1988	stillgelegt	8,1	Alsfeld	Eifa		x	
522	2.6.1985	eingestellt	31.12.1991	10,3	Walburg	Waldkappel			x
522	2.6.1985	31.12.1991	stillgelegt	16,0	Waldkappel	Eschwege West			x
198h	1.9.1966	eingestellt	16.12.1983	5,0	Kassel-Bettenhausen	Lohfelden	Söhrebahn, zuletzt DB-Gleis	x	
198n	25.9.1966	23.5.1993	stillgelegt	5,5	Wanfried	Großburschla			x
525	26.5.1974	31.5.1986	stillgelegt	7,5	Spangenberg	Anst. Pfieffewiesen		x	x
525	26.5.1974	1.9.1994	1.12.1995	2,3	Anst. Pfieffewiesen	Malsfeld-Beiseförth		x	x

525	31.5.1981	31.12.1988	stillgelegt	11,7	Malsfeld	Oberbeisheim		x	x
525	31.5.1981	15.3.1983	stillgelegt	7,6	Oberbeisheim	Homberg		x	x
193p	28.5.1972	30.11.1981	stillgelegt	8,0	Gilserberg	Gemünden		x	
193p	28.5.1972	19.12.1981	31.12.1981	19,2	Gemünden	Kirchhain		x	
526	1.6.1980	29.9.1990	stillgelegt	10,1	Wetzlar	Abendstern			
526	1.6.1980	28.2.1983	stillgelegt	8,0	Abendstern	Lollar			
527	1.6.1980	28.9.1991	stillgelegt	4,9	Nieder Offleiden	Neuhaus			x
527	1.6.1980	1.6.1980	28.9.1991	5,2	Neuhaus	Burg- und Nieder Gemünden			x
528	31.5.1981	30.3.1991	stillgelegt	10,0	Mainzlar (Didier-Werke)	Londorf		x	x
193f	22.11.1959	26.9.1985	21.10.1985	1,4	Münzenberg	Trais-Münzenberg	BLE	x	x
198a	28.5.1967	eingestellt	31.12.1982	14,7	Warburg	Volkmarsen			x
530	31.5.1987	eingestellt	30.5.1992	19,8	Korbach	Ederbringhausen			x
530	31.5.1987	1.6.1991	30.5.1992	11,3	Ederbringhausen	Frankenberg	Ausflugsverkehr 2006/2007		x
531	5.9.1977	31.5.1991	stillgelegt	26,4	(Kassel) Altenbauna	Naumburg	KN, heute Museumsbahn, bis Altenbauna Straßenbahnbetrieb		
196g	27.9.1969	30.1.1988	stillgelegt	10,7	Weilburg	Weilmünster		x	
545	2.6.1985	28.5.1988	stillgelegt	16,4	(Wetzlar) Albshausen	Brandoberndorf			
545	30.5.1976	30.1.1988	stillgelegt	15,1	Stockhausen	Beilstein			
196d		15.11.1982		4,5	Oberursel	Hohemark	war Straßenbahn, heute U-Bahn		
548	28.9.1986	1.12.1992	stillgelegt	7,4	Kettenbach	Hohenstein			
548	28.9.1986	28.12.1990	stillgelegt	6,6	Hohenstein	Bad Schwalbach			
548	25.9.1983	24.9.1983	stillgelegt	23,5	Bad Schwalbach	Wiesbaden	heute Museumsbahn		
315d	22.5.1955	31.5.1997	stillgelegt	1,8	Darmstadt-Eberstadt	Pfungstadt	Reaktivierung Pv geplant		
317f	22.11.1959	22.5.1982	stillgelegt	7,3	Darmstadt Ost	Roßdorf OHI	heute teilweise Museumsbahn		
556	26.5.1974	28.9.1991	stillgelegt	4,6	Aschaffenburg-Nilkheim	Großostheim		x	x
559	25.9.1983	1.3.1984	stillgelegt	5,8	Unterwaldmichelbach	Wahlen			x
321c	27.9.1969	15.1.1981	31.10.1981	5,0	Neckarsteinach	Schönau			

• = anschließende Teilstrecke siehe in Tabelle vor 1980 (im Anhang)
o = anschließende Teilstrecke siehe in Tabelle nach 1994 (im Band »Güterstrecken 1994 bis heute«)

Rethem (Aller)
211b
Gilten
Höfer-Mariaglück
211f
Beeden-bostel
Celle
158
Gifhorn
211d
Wathlingen
Uetze (Han)
211d
Harvesse
HANNOVER
SULINGEN (HAN)
NIENBURG (WESER)
Holdorf
220d
Damme (Oldb)
Petershagen
106
Todtenhausen
Niederwöhren
214c
Bad Nenndorf
Stadthagen
212d
Lauenau
Eimbeckhausen
212d
Bad Münder Stadt
OSNABRÜCK
MINDEN (WESTF)
Salzgitter-Lebenstedt
231
Kalischacht Hildesia
Marienburg (Han)
Der-neburg
ELZE (HAN)
Hameln
204
Aerzen
Emmer-thal
Segeste
202b
Boden-burg
Sehlem
Harbarnsen
253
Lamspringe
BIELEFELD
Bodenwerder-Kemnade
Dielmissen
261
Blomberg
212b
Schieder
ELZE (HAN)
Vorwohle
KREIENSEN
Rheda-Wiedenbrück Süd
222d
Delbrück (Westf)
Langenberg (Westf)
207
Bad Lippspringe
232c
Anst. Benteler
Holzminden
Anst. Kisker
Vellinghausen
232m
Lippborg
HAMM (WESTF)
LIPPSTADT
PADERBORN HBF
Wehrden (Weser)
Beverungen
Sohlingen (Solling)
Uslar Stadt
200h
Uslar
NORTHEIM (HAN)
Herzberg (Harz)
200e
Rhumspringe
Geseke Süd
232q
Steinhausen
SOEST
249
Borgholz
Trendelburg
198d
Hümme
UNNA
Weine
Büren (Westf)
345
Heidberg (Möhne)
Alme
232n
Wülfte
Brilon Stadt
Nörde
Warburg (Westf)
198d
Volkmarsen
257
Göttingen
Oberscheden
BRILON WALD
EICHENBERG
Kassel-Bettenhausen
Witzenhausen Süd
Hundelshausen
198h
Lohfelden
Großalmerode Ost
259
Wenholthausen
239e
Eslohe
Korbach
Naumburg (Bz Kassel)
531
Altenbauna
239e
Serkenrode
Finnentrop
Winterberg
238d
Hallenberg
Herzhausen
530
Walburg (Hess.-(Nass.)
522
Wald-kappel
Bisch-hausen
Eschwege
Wanfried
198n
Großburschla
239b
Altenhundem
Würdinghausen
Olpe
Berleburg
Arfeld
364
Hatzfeld (Eder)
Frankenberg (Eder)
525
Anst. Pfieffewiesen
Malsfeld
Beiseförth
Spangenberg
Homberg (Bz Kassel)
525
361
Freudenberg (Kr Siegen)
SIEGEN
Gilserberg
193p
BEBRA
EISENACH
Breidenbach
BETZDORF
366
Niedereisenhausen
MARBURG (LAHN)
Kirchhain (Bz Kassel)
Oberaula
516
Kirchheim
Bad Hersfeld
Sorga (Kr Hersfeld)
Heimboldshausen
Philippsthal
614
504
Niederaula
Hartenrod
Gladenbach
624
Niederwalgern
Dillenburg
369
Oberscheld
Erdbach
Nieder-Ofleiden
Homberg (Kr Alsfeld)
527
Alsfeld (Oberhess)
516
Eifa (Kr Alsfeld)
Eiterfeld
Betzenrod
192k

KBS: 614 Bad Hersfeld – Heimboldshausen

Die HEG (früher Hersfelder Kreisbahn) betrieb ihre Strecke zwischen der Kreisstadt Bad Hersfeld (an der Fulda) und Heimboldshausen im Werratal. Hatte sie auch schon vor 1945 Bedeutung für die Abfuhr von Kali – das »weiße Gold« der Region –, so nahm diese danach noch deutlich zu, denn nach der Grenzziehung war das Kalirevier um Heringen im Werratal nur noch über Gerstungen in der DDR erreichbar. Im wiederholten Fall einer Sperrung der Grenze musste die Privatbahn daher die gesamte Wagenabfuhr übernehmen. Dann herrschte auf der steigungsreichen Strecke Hochbetrieb. Nach dem Wegfall der innerdeutschen Grenze war ihre Bedeutung dann aber dahin; es folgte die Stilllegung der am 26.9.1912 eröffneten Strecke zum Jahresende 1993. Der spärliche Personenverkehr war zuletzt schon nicht mehr im Kursbuch aufgeführt worden, obwohl er sich ebenso lange wie der Güterverkehr hielt. Allerdings fuhr der Triebwagen zwischen Schenklengsfeld und Bad Hersfeld laut Fahrplan nur in eine Richtung, während bis Heimboldshausen immerhin ein Triebwagenpaar angeboten wurde. Die Einstellung des Betriebs war am 17.9.1990 bereits zu erwarten, als das Foto eines Kalizugs mit der neuesten Lokomotive der HEG nahe Sorga entstand.

Die Länge der Güterzüge auf der Hersfelder Kreisbahn war bis zur Einstellung des Verkehrs zum Teil recht beachtlich. So auch am 28.9.1992, als sich dieser endlose »Wurm« aus Salz- und Containerwagen auf der Fahrt nach Bad Hersfeld bei Malkolmes um die zahlreichen Kurven der Strecke wand. Bei diesem Anblick war es für den Fotografen U. Kramer kaum vorstellbar, dass es hier schon bald mit dem Zugbetrieb vorbei sein sollte.

192k Hünfeld – Eiterfeld (– Wenigentaft-Mansbach)

Durch die seit 1945 undurchlässige Grenze zur DDR wurde die Strecke von Hünfeld nach Wenigentaft-Mansbach unterbrochen. Bis dahin hatte am Endpunkt noch Anschluss an die Ulstertalbahn von Hilders (Rhön) nach Vacha im Werratal bestanden. Noch in der Zeit des Zweiten Weltkriegs sollte die am 1.12.1906 eröffnete Strecke sogar als Umfahrung des Knotenbahnhofs Bebra ausgebaut werden; das Ende des Kriegs verhinderte dann jedoch entsprechende Baumaßnahmen. Am 8.7.1985 befördert 211 122 nahe Betzenrod einen Wagen für den örtlichen Kohlehandel von Hünfeld in Richtung Eiterfeld.

Immerhin wurde auf dieser Strecke noch bis zum 28.5.1972 Personenverkehr bis nach Treischfeld durchgeführt, und zwischen Eiterfeld und Treischfeld konnte der Güterzug bis Ende 1975 verkehren, während die Bedienung Eiterfelds sogar bis zum Jahresende 1991 möglich blieb. Auf dem Bild vom 8.7.1985 steht der Güterzug mit 211 122 im damaligen Endbahnhof bereits wieder abfahrbereit in Richtung Hünfeld.

KBS: 506 / *192h* Fulda – Hilders – Seiferts (– Wüstensachsen)

Die Rhön wurde einst von verschiedenen Zweigstrecken erschlossen. Die wohl reizvollste davon führte von Fulda (bzw. genauer: vom Abzweig Götzenhof an der Hauptstrecke nach Bebra) nach Hilders. Von Götzenhof bis zum Bahnhof Bieberstein konnte der Eröffnungszug am 25.5.1889 fahren; am 12.12. des Folgejahres wurde dann der Betrieb bis Hilders aufgenommen. Von dort aus gab es unter anderem noch eine südliche Streckenverlängerung bis nach Wüstensachsen, auf welcher der am 1.2.1916 aufgenommene Personenverkehr und der Güterverkehr zwischen Seiferts und Wüstensachsen allerdings schon wieder am 1.3.1970 eingestellt wurden. Um auf die Höhen zu klettern, führt die Trasse der Bahnstrecke in einer großen Schleife um das Schloss Bieberstein herum. Das Foto zeigt 216 127 am 6.9.1989 an dieser Stelle bei Langenbieber mit dem Üg 68225.

In die Nord-Richtung fuhren die Züge von Hilders aus seit dem 1.8.1891 zudem weiter durch das Ulstertal bis Tann und ab dem 1.10.1909 sogar bis nach bis Geisa. Bis 1945 war so eine Verbindung über Wenigentaft-Mansbach (siehe auch KBS *192k* auf den Vorseiten) bis nach Vacha im Werratal gegeben. Später verzeichnete der Fahrplan dann noch Züge über Tann nach Günthers kurz vor der Grenze, bevor auch hier am 28.5.1961 der Personenverkehr eingestellt wurde. Lediglich der Güterverkehr nach Tann konnte sich auf dieser Strecke noch bis 1977 halten. Von Fulda nach Hilders ist der letzte Schienenbus schließlich am 27.9.1986 gefahren, während Güterzüge hingegen noch bis Ende 1992 über Hilders nach Seiferts in die Rhön gelangten. Üg 68920 mit 216 127 an der Spitze bestand am 6.9.1989 nur aus leeren Wagen. Dieser Zug hat gerade Hilders in Richtung Seiferts verlassen. Harmonisch bilden der Ort und ein Berg den Hintergrund für die Übergabeleistung.

Hauptgüterkunde war in Seiferts das Schotterwerk Nüdling, in dem auch Schotter für die Gleise der Schnellstrecke Hannover – Würzburg gewonnen wurde. 216 127 überquerte am 6.9.1981 auf dem Thaidener Viadukt das Ulstertal mit Üg 68225. Hinter den beladenen Schotterwagen sind einige leere Zementwagen zu erkennen, denn ein dem Steinbruchbetrieb angeschlossenes Betonwerk verarbeitete Zement zu Betonsteinen.

KBS: *193a* Bad Salzschlirf – Schlitz (– Niederaula)

Ausgehend von Bad Salzschlirf folgte eine Bahnstrecke dem Lauf der Fulda bis nach Niederjossa und weiter über Niederaula nach Bad Hersfeld. Am 1.10.1898 wurde der Abschnitt Bad Salzschlirf – Schlitz in Betrieb genommen; bis Niederaula konnte man ab dem 10.11.1914 fahren. Zwischen Bad Salzschlirf und Niederjossa wurde der Personenverkehr dann aber bereits wieder am 31.5.1964 eingestellt. Dieses Foto entstand auf der Fuldabrücke vor dem Einfahrtsignal in Bad Salzschlirf aus dem Führerstand der Kleinlok 332 032, die am 7.9.1983 als Üg 69925 einen Wagen mit Grubenholz beförderte.

Der Güterverkehr zwischen Bad Salzschlirf und dem mittelalterlichen Städtchen Schlitz konnte sich noch 25 Jahre bis zum 23.9.1989 halten, während der anschließende Abschnitt bis Oberwegfurth bereits 1974 und das Reststück nach Niederjossa noch ein Jahr früher aufgegeben worden waren. Auf einer der zahlreichen Fuldabrücken dieser Strecke ist wenige Tage vor der Einstellung des Restverkehrs am 5.9.1989 212 289 mit dem Üg 69652 und einem mit Holzstämmen beladenen Wagen nahe dem historischen Stadtbild von Schlitz unterwegs.

Im Bahnhof Schlitz angekommen ist 332 032 am 7.9.1983 mit dem Üg 69926. Die alten Bauten des Vierschlösser-Städtchens bilden einen malerischen Hintergrund für den spärlichen Zugverkehr.

KBS: 515 Stockheim – Gedern (– Lauterbach)

Noch heute wird die jüngst modernisierte Strecke von Bad Vilbel nördlich von Frankfurt (Main) nach Glauburg-Stockheim mit regem Personenverkehr betrieben. Die Verlängerung dieser Bahnlinie führte über den hohen Vogelsberg nach Lauterbach. Bereits am 1.10.1888 fuhr der erste Zug von Stockheim nach Gedern. Mit einem Personenzug konnte man noch bis zum 28.9.1975 über den Vogelsberg reisen. Auf dem Bild passiert die Kleinlok 332 176 am 5.9.1983 auf der Rückfahrt bereits das Einfahrsignal von Stockheim. Dahinter ist der Bahndamm der Strecke Gießen – Gelnhausen zu erkennen.

In der Ortslage von Eckartsborn verlief das Gleis auf der Dorfstraße; der Zugang zur »Gaststätte Emil Haas« war hier mit dem Schild gesichert: »Privatweg, Übergang nur für Berechtigte«. Unklar blieb dabei jedoch, wo die Gaststättenbesucher eine Berechtigung erhalten konnten – oder waren sie alle berechtigt? Die 332 176 sorgte am 8.9.1983 mit ihrer (seltenen) Fuhre für ein wenig Unruhe im Dorf.

Bis nach Gedern verkehrten von Stockheim aus bis zum 1.6.1984 Güterzüge, während die anschließenden sechs Kilometer bis Ober Seemen nur bis in den Mai 1982 hinein (selten) befahren wurden. In der Zeit vor der Verkehrseinstellung wurden auf dem kurven- und steigungsreichen Abschnitt Gedern – Ober Seemen außerdem noch Versuchsfahrten zur Untersuchung von Fahrzeugeigenschaften durchgeführt; Tafeln an den Bahnübergängen wiesen die Anwohner auf den kurzfristig starken Verkehr hin. Ein großzügig angelegter Unterwegsbahnhof befand sich übrigens in Hirzenhain, wo 332 176 mit zwei Wagen am 8.9.1983 gerade das Stationsschild passiert, an dessen oberem Rand noch der Rest der Bahnsteiguhr in der für die ehemalige Bundesbahndirektion Kassel typischen Anordnung zu erkennen ist.

Den seinerzeitigen Endpunkt Gedern hat die Kleinlok 332 176 am 8.9.1983 erreicht; ohne Last kann es nun zurück nach Stockheim gehen. Deutlich zu erkennen ist, dass das Bahnhofsgebäude ein wenig abseits von den Gleisen steht – eine Folge des langen Bauzeitraums der Vogelsbergbahn. Vorn auf der Lok ist das ehemalige Zuglaufschild eines Sonderzuges zu erkennen: »Der fröhliche Vogelsberger«.

KBS: 515 (Stockheim –) Oberwald – Grebenhain-Crainfeld (– Lauterbach)

Zusammen mit dem Personenverkehr wurde der Güterverkehr über den höchsten Punkt der »Vogelsbergbahn« zwischen Ober Seemen und Oberwald am 28.9.1975 eingestellt. Die Bahnstrecke erreichte bei Hartmannshain (unterhalb der Herrchenhainer Höhe, 733 m) immerhin etwa 600 m Höhe über dem Meer. Einst bestand in Hartmannshain sogar Anschluss zur privaten »Vogelsberger Südbahn« nach Wächtersbach. Von Lauterbach nach Oberwald kamen noch bis zum 1.3.1991 gelegentlich Güterzüge. Ein Kartonhersteller hatte auf einem ehemaligen Militärgelände im ansonsten strukturschwachen Vogelsberg eine Produktionsstätte eingerichtet. Diese sorgte für ein gewisses Güteraufkommen auf dem Abschnitt nach Lauterbach. Das im Bewuchs kaum noch zu erkennende Anschlussgleis wird am 4.9.1989 gerade von 212 014 bedient.

Die Weiterführung der schon erwähnten Strecke von Stockheim ab Gedern über Ober Seemen, Hartmannshain und Oberwald bis Grebenhain-Crainfeld war am 1.4.1906 der Lückenschluss für die »Vogelsbergbahn«, denn von Lauterbach nach Grebenhain-Crainfeld konnten bereits seit dem 1.11.1901 Züge fahren. Bei der Durchfahrt von Üg 69645 durch Grebenhain-Crainfeld ist 212 014 am 4.9.1989 vor dem mit Holzschindeln verkleideten Bahnhofsgebäude zu erkennen. Bis Grebenhain-Crainfeld war allerdings noch bis 1994 Güterverkehr möglich (siehe dazu auch im Band »Güterstrecken 1994 bis heute«).

KBS: 516 (Treysa –) Oberaula – Niederaula (– Bad Hersfeld)

Südöstlich des Knüllgebirges erreichte die Bahnlinie von (Schwalmstadt-)Treysa nach Bad Hersfeld das Aulatal. Zwischen Oberaula und Bad Hersfeld wurde am 1.5.1906 der Eisenbahnbetrieb aufgenommen. Nachdem zwischen Kirchheim und Niederaula die Strecke unterbrochen worden war, als am 22.8.1977 nahe Ibra bei einer kleinen Talsperre der Damm gebrochen war und die Wassermassen bei diesem Ereignis Bahndamm und Brücke weggeschwemmt hatten, mussten der Personen- wie der Güterverkehr auf diesem Streckenstück eingestellt werden. Immerhin noch bis zum 28.9.1984 konnte von Oberaula aus ein Güterzug bis Kirchheim fahren. Noch weitere elf Jahre lang bediente dann DB Cargo von Treysa aus den Bahnhof Oberaula (siehe »Güterstrecken 1994 bis heute«). Unberührt von allen Stilllegungswellen ist der östliche Teil der Strecke zwischen Niederaula und Bad Hersfeld bis heute immer noch in Betrieb. 211 185 gelangte am 10.7.1984 hingegen noch mit ihrem Übergabezug bis in den Bahnhof Kirchheim. J. Lohmann fotografierte dort den aus nur einem Wagen bestehenden Zug bei der Abfahrt neben dem Empfangsgebäude.

KBS: 516 Alsfeld – Eifa (– Niederaula)

Von Alsfeld aus war seit dem 1.4.1916 eine Bahnfahrt auf direktem Wege nach Bad Hersfeld möglich, nachdem der damals noch fehlende Streckenabschnitt bis Grebenau in Betrieb gegangen und in Niederaula so der Anschluss an die zuvor schon erwähnte Linie von Treysa hergestellt worden war. Der Personenverkehr blieb auf dieser Verbindung bis zum 26.5.1974 aufrecht erhalten. Zu diesem Zeitpunkt endete dann auch der Güterverkehr zwischen Eifa und Schwarz. Nach Schwarz fuhren auch danach noch von Grebenau aus bis ins Jahr 1979 (selten) Güterzüge, während Grebenau selbst im Güterverkehr noch bis zum 1.10.1994 bedient wurde. Am 28.5.1988 wurde dann der zuletzt mit einer Kleinlok der Köf-Bauart bei Bedarf durchgeführte Güterzugbetrieb von Alsfeld nach Eifa eingestellt. Auf der Strecke gab es zwei Viadukte, die in der seinerzeit neuen Technik aus Stampfbeton erstellt worden waren. Eine 332 ist auf dem Viadukt über den Eifabach am 4.5.1984 mit einem Wagen auf der Rückfahrt von Eifa nach Alsfeld (Foto: J. Lohmann).

KBS: 522 (Kassel –) Walburg – Eschwege West

Die Verlängerung der bereits im Band »Güterstrecken 1994 bis heute« vorgestellten Strecke durchs Lossetal von Kassel nach Walburg führte südlich am Hohen Meißner vorbei nach Waldkappel. Hier war schon seit dem 16.5.1879 die »Kanonenbahn« nach Eschwege in Betrieb, so dass damit die Verbindung zwischen Kassel und Eschwege durchgehend genutzt werden konnte. Am 2.6.1985 wurde jedoch auf der Gesamtstrecke und damit auch zwischen Walburg, Waldkappel und Eschwege West der Personenverkehr wieder eingestellt. Für den Güterverkehr mit zuletzt bescheidenem Umfang blieb die Strecke zwischen Eschwege West und Waldkappel hingegen noch bis zum Jahresende 1991 in Betrieb. Auf diesem östlichen Abschnitt ist 333 182 am 20.5.1985 kurz vor der Einstellung des Personenverkehrs nahe Bischhausen auf der Rückfahrt von Waldkappel nach Eschwege West.

KBS 525 (Treysa –) Malsfeld – Spangenberg (– Waldkappel)

Der Abschnitt Waldkappel – Malsfeld der am 15.5.1879 eröffneten Bahnlinie von Niederhone (das später in Eschwege West umbenannt wurde) nach Treysa verlor am 26.5.1974 den Personenverkehr, der in den 95 Jahren seines Bestehens wegen der geringen Siedlungsdichte und der fehlenden Bedeutung im Fernverkehr immer recht schwach war. Gleichzeitig wurde auch der Gesamtverkehr zwischen Spangenberg und Waldkappel aufgegeben und dieser Abschnitt in der Folgezeit stillgelegt. Zwischen der Anschlussstelle Pfieffewiesen (nahe bei Malsfeld) und Spangenberg endete der Güterverkehr hingegen erst zum 31.5.1986. Schon am 25.8.1982 sind die Gleise in Spangenberg allerdings in einem erkennbar schlechten Zustand; dessen ungeachtet werden mit der Kleinlok 333 200 jedoch noch verschiedene Wagen im Bahnhof verteilt.

Als »Kanonenbahn« war die Existenz dieser Bahnlinie immer im Wesentlichen militärisch begründet gewesen. Wie schon erwähnt, wurde gleichzeitig mit dem Personenverkehr auch der Güterverkehr zwischen Waldkappel und Spangenberg eingestellt. Dieser Abschnitt, der das kleine Stölzingergebirge mittels eines etwa 1500 Meter langen Tunnels unter dem 583 Meter hohen Eisberg durchquerte, wies einen für die »Kanonenbahn« typischen, aus strategischen Gründen und ohne Rücksicht auf den Aufwand angelegten Trassenverlauf durch schwieriges Gelände auf. Das Anschlussgleis zur Firma Salzmann in Spangenberg, das die 333 200 am 25.8.1982 mit einem Güterwagen befährt, hat zu diesem Zeitpunkt auch schon das Kennzeichen der Jahre nach 1994 aufzuweisen: reichlich Bewuchs zwischen dem Schotter.

Während Spangenberg bereits seit 1986 nicht mehr erreicht wurde, war doch die Fahrt des Güterzugs bis zur Anschlussstelle Pfieffewiesen bei Malsfeld noch länger möglich. Hier einen Zug über die Malsfelder Fuldabrücke zum Industriegebiet Pfieffewiesen zu erwischen, war mit einer gehörigen Portion Glück zumindest theoretisch noch bis zum 1.9.1994 möglich. Typisch für die »Kanonenbahn« ist wiederum eben diese großzügige Brücke über die Fulda, auf der 333 200 am 25.8.1982 von Spangenberg nach Malsfeld zurückkehrt.

Vom so genannten oberen Bahnhof in Malsfeld kommend überquert 290 316 auf der geschobenen Fahrt zu den Pfieffewiesen am 5.11.1993 außer der Fulda auch die Bahnstrecke Kassel – Bebra auf einer Brücke. Das Anschlussgleis »Pfieffewiesen« zweigte nur wenige hundert Meter östlich von dieser Brücke ab. Deutlich erkennbar ist hier die Trasse für das zweite Gleis, das vom Verkehrsaufkommen in Friedenszeiten überflüssig war, aber auch in den beiden Weltkriegen nicht unbedingt gebraucht worden war. Das Foto eines der tatsächlich letzten Güterzüge auf diesem kurzen Reststück der »Kanonenbahn« stammt von U. Kramer.

Einen Blick über die zahlreichen Gleise (bzw. auf dort abgestellte Wagen) des »oberen Bahnhofs« von Malsfeld mit der von der Anschlussstelle Pfieffewiesen zurückkehrende 290 316 ermöglicht am 5.11.1993 diese Aufnahme von U. Kramer. Man erhält einen ungefähren Eindruck von der Großzügigkeit der Bahnanlagen im Zusammenhang mit der »Kanonenbahn«. Im Übrigen bestanden hier Verbindungskurven zur Fuldatalstrecke Kassel – Bebra. Der Güterzug erreichte über die südliche Kurve den Bahnhof Beiseförth, während die nördliche Kurve in Richtung Melsungen zu dieser Zeit schon längst abgebaut war.

KBS: 527 (Kirchhain –) Nieder Offleiden – Neuhaus (– Burg- und Niedergemünden)

An der Main-Weser-Bahn zwischen Treysa und Marburg (Lahn) liegt der Ort Kirchhain. Von diesem kleinen Knoten aus führten einst in nördlicher Richtung die Kellerwaldbahn nach Gemünden (Wohra) und weiter wieder an die Hauptstrecke nach Zimmersrode und südlich die Ohmtalbahn bis nach Burg- und Niedergemünden (an der Vogelsbergbahn Gießen – Fulda gelegen). Letztere einst grenzüberschreitende Bahnlinie wurde in zwei Etappen eröffnet: Als Kleinbahn des Kreises Kirchhain ging am 1.4.1900 zunächst der Nordabschnitt zwischen Kirchhain und der (ehemaligen) Landesgrenze bei Nieder Offleiden in Betrieb, bevor genau ein Jahr später der Südabschnitt über Homberg (Ohm) nach Burg- und Niedergemünden fertig gestellt wurde. Am 1.6.1980 wurden dann jedoch auf der Gesamtstrecke der Personenverkehr und gleichzeitig der Güterzugbetrieb zwischen Neuhaus und Burg- und Niedergemünden eingestellt. Am 30.4.1987 war 216 212 mit einem kurzen Zug von Neuhaus nach Homberg gekommen, um anschließend nach einem längeren Rangieraufenthalt in Nieder Offleiden mit zahlreichen Schotterwagen nach Kirchhain zurückzukehren.

Am 28.9.1991 endete schließlich auch der Güterverkehr zwischen Nieder Offleiden und Neuhaus. Dank eines Schotterwerks wird der älteste Abschnitt der Ohmtalbahn von Kirchhain bis Nieder Offleiden hingegen auch heute noch befahren. Noch Mitte der Achtziger Jahre des vorigen Jahrhunderts gab es zwar von Seiten der DB Überlegungen, diesen Steinbruch künftig von Süden aus zu bedienen, was aber an der mangelnden Belastbarkeit der Brücke zwischen Homberg (Ohm) und Neuhaus scheiterte. Daher wurde der Südabschnitt ebenfalls am 28.9.1991 endgültig stillgelegt. Im Bahnhof Neuhaus musste am 30.4.1987 ein Holzwagen abgeholt werden; außerdem galt es, den Betrieb mit den Hallen am Bildrand mit der 216 212 zu bedienen.

KBS: *198a* Warburg – Volkmarsen (– Korbach – Marburg)

Mit 108 Kilometern muss die Verbindung zwischen Warburg (Westf) und Marburg (Lahn) zu den längeren Nebenbahnen in Deutschland gerechnet werden. So konnte sie nur in mehreren Teilabschnitten eröffnet werden: Am 1.5.1890 fuhr der erste Zug von Warburg nach Arolsen, wodurch der Fürst zu Waldeck (mit seinem Schloss in Arolsen) seinen ersten Bahnanschluss erhielt. Die zweite Etappe war am 1.7.1890 die von Sarnau (bei Marburg) bis Frankenberg; dieser Abschnitt wird auch heute noch im Personen- und Güterverkehr betrieben. Von Arolsen bis Korbach (früher Corbach), der größten Stadt im kleinen Waldecker Land, konnte die Bahnstrecke sodann am 15.8.1893 eingeweiht werden. Schließlich war am 1.5.1900 mit der Eröffnung des Abschnitts zwischen Frankenberg und Corbach durchs Edertal die Strecke komplett. Die erste Einstellung im Personenverkehr betraf am 28.5.1967 den nördlichsten Abschnitt Warburg – Volkmarsen. Gab es hier anfangs immerhin noch Güterzüge, so war es in den Jahren vor der Stilllegung zum Jahresende 1982 nur noch ihre strategische Bedeutung (es gab damals deutsche und belgische Kasernen in Arolsen), welche die Strecke weiterhin betriebsfähig erhielt. Bereits am 5.4.1983 wurde die Strecke Warburg – Volkmarsen dann jedoch abgebaut. Das Bild (von D. Fiedel, Sammlung Brodkorb) zeigt den damit unwiederbringlich »letzen Güterzug« mit 212 006 im Bahnhof Warburg Altstadt.

KBS: 530 (Kassel –) Korbach – Frankenberg (– Marburg)

Das mittlere Streckenstück zwischen Volkmarsen und Frankenberg wurde 20 Jahre nach der gerade erwähnten Einstellung des ersten Abschnitts von seinem Personenverkehr »befreit«. Das blieb allerdings nicht dauerhaft so, denn zumindest zwischen Volkmarsen und Korbach – hier gibt es heute außerdem sogar auch noch Güterverkehr – wurde am 4.10.1998 der bis Kassel durchgebundene Personenverkehr wieder aufgenommen. Von Korbach nach Ederbringhausen verschwand hingegen 1987 mit dem Personenverkehr auch der Güterverkehr, während von Frankenberg aus noch bis zum 1.6.1991 sporadisch Güterzüge nach Ederbringhausen zur dortigen Holzverladestelle gefahren sind. Bemühungen zur Reaktivierung auch dieses Abschnitts bis Korbach im Personenverkehr gibt es schon länger; sie erreichten 1997 zum Hessentag in Korbach einen ersten Höhepunkt, als zahlreiche Sonderzüge im Edertal unterwegs waren. Von 2005 bis 2007 wurden dann im Sommer regelmäßige Sonntagsausflugszüge zwischen Frankenberg (bzw. Battenberg-Auhammer an der Strecke Richtung Hatzfeld) und Herzhausen angeboten. Die Hoffnungen auf eine dauerhafte Einrichtung dieser Verkehre oder sogar auf eine Wiederinbetriebnahme der Gesamtstrecke haben sich bislang allerdings nicht erfüllt. Auf der Fahrt nach Herzhausen, um dort einen Güterwagen abzuholen, spiegelt sich 216 205 wenige Tage vor Einstellung des Personenverkehrs am 25.5.1987 kurz vor ihrem Ziel im damals gerade gut gefüllten Edersee.

KBS: *196g* Weilburg – Weilmünster (– Grävenwiesbach)

Ein richtiges Nebenbahnnetz auf dem südlichen Lahnufer hatte einst in Weilburg seinen Ausgangspunkt: Die Weiltalbahn bis Weilmünster konnte am 1.11.1891 in Betrieb genommen werden. Wenige Monate später wurde dann am 15.5.1892 Labuseschbach erreicht. Dorthin wurde der Gesamtverkehr jedoch bereits wieder am 2.10.1955 eingestellt. Im Bahnhof Weilmünster musste die 331 002 (eine von drei Vorserien-Lokomotiven der »Köf III«-Familie) am 1.9.1986 einen Güterwagen abholen. Ein Betonröhrenwerk hatte sich damals schon ein wenig bis auf die Gleisanlagen ausgebreitet.

Erst am 1.6.1909 wurde sodann die größere Netzlücke zwischen Weilmünster, Grävenwiesbach und Usingen geschlossen, und in der Folgezeit war ab dem 1.11.1912 auch noch eine Fahrt von Grävenwiesbach nach Albshausen (bei Wetzlar) möglich. Zwischen Weilmünster und Grävenwiesbach wurde der Gesamtverkehr am 29.9.1969 eingestellt; gleichzeitig endete auch der Personenverkehr zwischen Weilburg und Weilmünster. Im Weiltal führte die Strecke unterhalb der Ruine Freienfels entlang. Hier war 331 002 am 1.9.1986 unterwegs in Richtung Weilburg.

Während recht gut genutzte Triebwagen der Taunusbahn, einer Tochter der Hessischen Landesbahn GmbH, aus Friedrichsdorf über Usingen noch heute Grävenwiesbach erreichen, wurde weiter in Richtung Albshausen der Personenverkehr am 31.5.1985 eingestellt; der Güterverkehr zwischen Brandoberndorf und Albshausen blieb hingegen noch drei weitere Jahre bis zum 28.5.1988 möglich. Zwischen Grävenwiesbach und Brandoberndorf hat die Taunusbahn im Jahr 2000 dann sogar den Personenverkehr wieder aufgenommen. Im Weiltal dagegen war der letzte Güterzug bereits am 30.1.1988 unterwegs. Auf diesem Abschnitt durchfuhr 331 002 am 1.9.1986 den kurzen Sporntunnel zwischen dem Lahn- und dem Weiltal direkt an der Abzweigstelle zur Lahntalbahn. Vor dem Bahnhof Weilburg folgt dann noch der Weilburger Tunnel, der gemeinsam mit der Lahntalbahn genutzt wird und direkt neben dem Schiffstunnel gelegen ist.

KBS: *315d* Darmstadt-Eberstadt – Pfungstadt

Bereits am 20.12.1886 wurde die Stichstrecke von Darmstadt-Eberstadt nach Pfungstadt eröffnet. Auf Grund ihrer Kürze und ihrer zuletzt recht geringen Nutzung erschien der Deutschen Bundesbahn eine Einstellung des Personenverkehrs schon am 22.5.1955 zweckmäßig. Danach diente die Strecke überwiegend dem Holz- und Zuckerrübenverkehr. Zwar wurde der Betrieb offiziell erst am 31.5.1997 eingestellt, aber bereits nach der Einstellung des Zuckerrübenverkehrs waren auf dieser Strecke kaum noch Güterzüge zu beobachten. Im Winter 1991 zog eine 360 drei mit Stammholz beladene Wagen nach Darmstadt-Eberstadt und weiter zum Darmstädter Güterbahnhof (Bild von B. Schötz).

Heute scheint die Wiederaufnahme des Personenverkehrs in die nahe Großstadt Darmstadt kurz bevorzustehen; alles deutet auf eine Reaktivierung im Jahr 2009 hin. Die Abfuhr von Sturmholz aus dem Odenwald brachte Anfang der 1990er-Jahre dann noch einmal reichlich Güterverkehr auf die Pfungstädter Bahnlinie. Im Sommer 1991 war 290 371 mit einer langen Reihe von Holzwagen an der Laderampe beschäftigt, als B. Schötz die Aktion vor dem örtlichen »Raiffeisen-Turm« fotografierte.

KBS: 556 (Aschaffenburg –) Nilkheim – Großostheim (– Höchst)

Der westliche Abschnitt der früheren Verbindung von Aschaffenburg nach Höchst im Odenwald konnte bereits im Band »Güterstrecken 1994 bis heute« vorgestellt werden, während der letzte Güterzug Großostheim von Aschaffenburg aus bereits am 28.9.1991 erreicht hat. Dieses Streckenstück war am 1.5.1911 eröffnet worden, während die Fortsetzung bis nach Höchst erst seit dem 1.12.1912 durchgehend befahren werden konnte. Der letzte (Foto-)Güterzug fuhr hier am 27.9.1991: 211 101 stand an diesem Tag als Üg 69016 im damaligen Endbahnhof zur Rückfahrt bereit.

Auf der Gesamtstrecke wurde der Personenverkehr zum 26.5.1974 eingestellt, und zeitgleich verlor auch der Mittelabschnitt Großostheim – Neustadt seinen Güterverkehr. Während auf dem östlichen Reststück bis Aschaffenburg-Nilkheim ein Industriegebiet auch heute noch heute bedient wird, endete die Weiterfahrt der Güterzüge bis nach Großostheim, wie erwähnt, schon am 28.9.1991. Bei einem Fotohalt des letzten Güterzugs am Tag vor der Verkehrseinstellung befand sich 211 101 mit Üg 69016 gerade westlich von Aschaffenburg-Nilkheim; eine entsprechende Tafel an der Lokomotive wies auf das Ereignis hin.

6.

Rheinland-Pfalz und Saarland (Strecken 601 – 686)

Tabelle der Nebenstrecken

letzte KBS	Pv-Einstellung	Gv-Einstellung	Gesamt-stilllegung	Länge (km)	von	nach	Besonderheiten	•	o
601	2.6.1985	31.12.1996	23.12.1999	2,4	Ahrbrück	Hönningen			x
601	2.6.1985	31.5.1985	stillgelegt	11,0	Hönningen	Adenau			x
603	9.12.1983	30.7.1988	stillgelegt	5,7	Ochtendung	Kerben			x
603	9.12.1983	9.12.1983	stillgelegt	12,7	Kerben	Mayen			x
248n	30.9.1961	15.3.1982	9.12.1983	10,5	Polch	Münstermaifeld			
606	29.5.1983	27.5.1983	31.12.1987	9,2	Emmelshausen	Pfalzfeld			x
607	30.5.1976	31.12.1997	11.7.1998	31,6	Morbach	Hermeskeil			x
622	2.6.1985	27.5.1989	stillgelegt	15,2	Wengerohr	Bernkastel-Kues			
623	31.10.1981	29.5.1988	stillgelegt	5,3	Daun	Schalkenmehren			x
623	31.10.1981	22.5.1982	stillgelegt	5,8	Schalkenmehren	Gillenfeld			x
623	31.10.1981	29.5.1988	stillgelegt	25,4	Gillenfeld	Wittlich			x
625	2.6.1984	2.6.1991	10.8.1998	8,3	Waldrach	Pluwig			x
625	31.5.1981	2.6.1991	10.8.1998	34,6	Pluwig	Hermeskeil			x
634	28.5.1972	eingestellt	30.4.2001	5,7	Überherrn	Haargarten-Falck (Frankreich)			x
641	31.5.1981	1.7.1989	stillgelegt	4,3	Waldmohr	Schönenberg-Kübelberg			x
641	31.5.1981	eingestellt	1981	11,3	Schönenberg-Kübelberg	Glan-Münchweiler			x
641	2.6.1985	31.12.1989	1.1.1996	19,4	Altenglan	Lauterecken-Grumbach	heute Draisinenbahn		
641	1.6.1986	1.3.1993	1.7.1996	22,7	Lauterecken-Grumbach	Staudernheim	heute Draisinenbahn		

642	25.9.1983	30.5.1987	stillgelegt	4,2	Tholey	Oberthal			x
645	1.6.1980	31.12.1987	31.5.1992	2,2	Wadern	Büschfeld		x	x
645	1.6.1980	31.12.1987	stillgelegt	4,8	Primsweiler	Lebach-Jabach		x	x
652	28.5.1972	1.7.1989	stillgelegt	8,5	Weilerbach	Reichenbach			x
661	2.6.1985	31.5.1985	31.7.1987	5,3	Bodenheim	Harxheim-Lörzweiler			x
661	2.6.1985	31.12.1989	31.7.1992	5,9	Harxheim-Lörzweiler	Selzen-Hahnheim			x
662	29.9.1974	31.12.1992	stillgelegt	5,4	Gau Odernheim	Hillesheim-Dörndürkheim		x	
662	29.9.1974	28.2.1990	stillgelegt	3,9	Hillesheim-Dörndürkheim	Dittelsheim-Heßloch		x	
662	29.9.1974	27.5.1983	stillgelegt	2,4	Monzernheim	Bechtheim		x	
662	29.9.1974	31.12.1985	stillgelegt	3,8	Bechtheim	Osthofen		x	
274c	1.6.1969	1.1.1993	6.4.1998	16,1	Rheindürkheim	Guntersblum			x
274h	23.5.1954	26.9.1987	stillgelegt	4,1	Ebertsheim	Hettenleidelheim			
274f	26.5.1968	1.11.1988	26.9.1981	3,4	Worms-Renolit (Zollhaus)	Worms	war zuletzt Bahnhofsgleis	x	x
667	30.5.1976	31.12.1988	stillgelegt	17,3	Eisenberg	Enkenbach	nach 1981 nur noch Lü-Züge		x
300e	28.5.1967	eingestellt	27.5.1997	12,8	Eggenstein	Graben-Neudorf	teilweise Wiederaufbau durch AVG	x	
685	28.5.1989	28.9.1996	stillgelegt	7,4	Homburg	Einöd (– Zweibrücken)			
686	1.6.1991	28.9.1991	1.4.1996	17,5	Bierbach	Reinheim			
280d	6.7.1959	eingestellt	1.4.1996	0,8	Reinheim	Grenze Sarreguemines (Frankreich)			x

• = anschließende Teilstrecke siehe in Tabelle vor 1980 (im Anhang)
o = anschließende Teilstrecke siehe in Tabelle nach 1994 (im Band »Güterstrecken 1994 bis heute«)

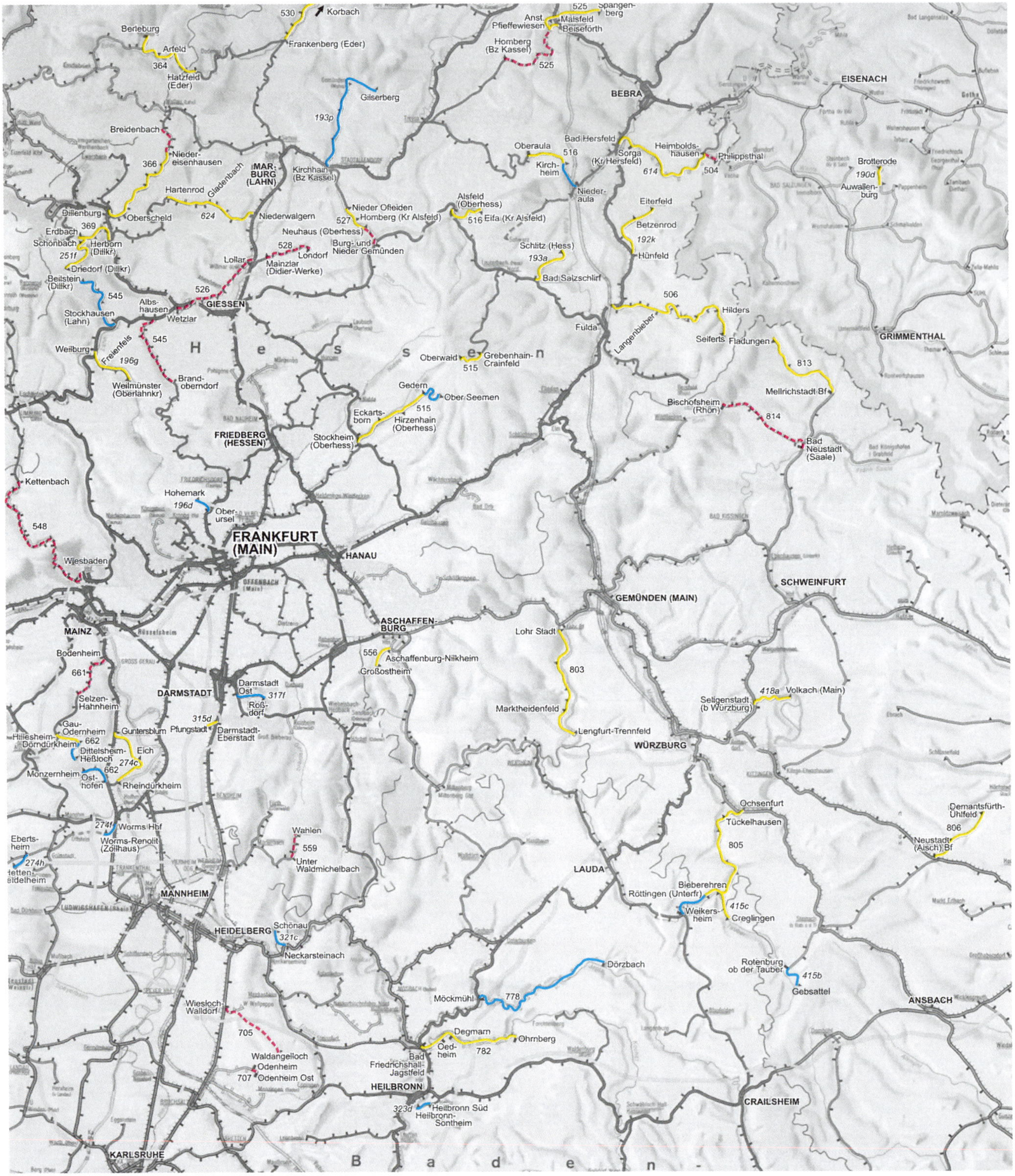

530
Korbach
Frankenberg (Eder)
525
Spangenberg
Anst. Pfieffewiesen
Malsfeld
Beiseförth
Homberg (Bz Kassel)
525
Berleburg
Arfeld
364
Hatzfeld (Eder)
Gilserberg
193p
EISENACH
BEBRA
Breidenbach
Nieder-eisenhausen
366
Gladenbach
MAR-BURG (LAHN)
Kirchhain (Bz Kassel)
Oberaula
Bad Hersfeld
516
Kirch-heim
Sorga (Kr Hersfeld)
Heimboldshausen
Philippsthal
614
504
Brotterode
190d
Auwallenburg
Hartenrod
624
Nieder-aula
Eiterfeld
Dillenburg
Oberscheld
Niederwalgern
Nieder Ofleiden
527
Homberg (Kr Alsfeld)
Alsfeld (Oberhess)
516
Eifa (Kr Alsfeld)
369
Erdbach
Schönbach
Herborn (Dillkr)
251f
Driedorf (Dillkr)
Neuhaus (Oberhess)
528
Londorf
Burg- und Nieder Gemünden
Lollar
Mainzlar (Didier-Werke)
Schlitz (Hess)
193a
Bad Salzschlirf
Betzenrod
192k
Hünfeld
Beilstein (Dillkr)
545
526
Albs-hausen
GIESSEN
Stockhausen (Lahn)
Wetzlar
506
Hilders
Fulda
Langenbieber
Seiferts
Fladungen
GRIMMENTHAL
Weilburg
Freienfels
196g
545
H
e
s
s
e
n
Oberwald
515
Grebenhain-Crainfeld
813
Weilmünster (Oberlahnkr)
Brand-oberndorf
Gedern
Ober Seemen
515
Mellrichstadt Bf
Bischofsheim (Rhön)
814
Eckartsborn
Hirzenhain (Oberhess)
FRIEDBERG (HESSEN)
Stockheim (Oberhess)
Bad Neustadt (Saale)
Kettenbach
Hohemark
196d
Ober-ursel
548
FRANKFURT (MAIN)
HANAU
Wiesbaden
SCHWEINFURT
GEMÜNDEN (MAIN)
ASCHAFFEN-BURG
MAINZ
Lohr Stadt
556
Aschaffenburg-Nilkheim
Großostheim
803
Bodenheim
661
DARMSTADT
Darmstadt Ost
317f
Roß-dorf
Selzen-Hahnheim
418a
Volkach (Main)
Seligenstadt (b Würzburg)
Marktheidenfeld
315d
Pfungstadt
Darmstadt-Eberstadt
Gau-Odernheim
Guntersblum
Hillesheim-Dörndürkheim
662
Dittelsheim-Heßloch
Eich
274c
662
Lengfurt-Trennfeld
WÜRZBURG
Monzernheim
Ost-hofen
Rheindürkheim
Ochsenfurt
Tückelhausen
Demantsfürth-Uhlfeld
806
274f
Worms Hbf
Worms-Renolit (Zollhaus)
Wahlen
559
Unter Waldmichelbach
Eberts-heim
274h
Hettenleidelheim
805
Neustadt (Aisch) Bf
LAUDA
Bieberehren
Röttingen (Unterfr)
415c
Weikers-heim
Creglingen
MANNHEIM
Schönau
HEIDELBERG
321c
Neckarsteinach
Dörzbach
Rotenburg ob der Tauber
415b
Gebsattel
Möckmühl
778
ANSBACH
Wiesloch-Walldorf
705
Degmarn
Ohrnberg
Oed-heim
782
Bad Friedrichshall-Jagstfeld
Waldangelloch
Odenheim
707
Odenheim Ost
HEILBRONN
323d
Heilbronn Süd
Heilbronn-Sontheim
CRAILSHEIM
KARLSRUHE
B
a
d
e
n
-

KBS: 601 (Remagen –) Ahrbrück – Adenau

In Remagen zweigt von der linken Rheinstrecke eine Bahnlinie ins Ahrtal Richtung Eifel ab. Diese Strecke bildete den Kern eines einst umfangreichen Netzes von im Wesentlichen aus strategischen Gründen angelegten Verbindungen. Das Teilstück von Altenahr bis Adenau wurde am 15.7.1888 eröffnet. Der obere Teil davon zwischen Kreuzberg und Adenau verlor seinen Personenverkehr am 2.6.1985; gleichzeitig wurde auch der Güterverkehr jenseits von Hönningen eingestellt. In unmittelbarer Nähe der Ahr bei Dümpelfeld sind am 30.4.1985 vor der 212 090 mit leeren Holzwagen noch die Pfeilerreste der Brücke einer der zahlreichen »strategischen Bahnen« in dieser Region, die weiter entlang der Ahr verlief, zu erkennen. Ab hier folgte der abgebildete Zug dem Adenauer Bach bis zu seinem damaligen Endbahnhof.

Nach der Bahnreform wurde am 2.6.1996 der Personenverkehr in das zwischen Kreuzberg und Hönningen gelegene Ahrbrück wieder aufgenommen, wenig später zum Jahresende aber der zuletzt recht geringe Güterverkehr nach Hönningen eingestellt. Trotz dieser Verkehrsaufgabe erst zu Zeiten der DB AG soll die Ahrtalbahn auch mit dem folgenden Bild komplett vertreten sein: An dem verregneten 12.9.1996 war 290 195 im Bahnhof Hönningen, um dem damals einzigen Kunden Wagen mit Drahtrollen zuzustellen. Der Betrieb hat sich auf dem ehemaligen Bahnhofsgelände ausgebreitet und sich das frühere Empfangsgebäude beinahe »einverleibt« (Foto B. Schötz).

KBS: 603 (Koblenz –) Ochtendung – Mayen

Wurde auf der Verbindungsstrecke von Koblenz-Lützel nach Mayen der Abschnitt bis Ochtendung noch bis 1998 im Güterverkehr erreicht (siehe im Band »Güterstrecken 1994 bis heute«), konnte Kerben nur bis zum 30.7.1988 angefahren werden. Weiter nach Mayen wurde sogar schon mit der Einstellung des Personenverkehrs auch der Gesamtverkehr am 9.12.1983 eingestellt. Mit dem Abschnitt Polch – Mayen war diese Strecke am 12.11.1904 eröffnet worden, nachdem Koblenz – Polch bereits sechs Wochen zuvor fertig gestellt worden war. Von Polch aus gab es seit 1916 noch eine Stichstrecke nach Münstermaifeld, deren Personenverkehr jedoch schon 1961 wieder aufgegeben wurde, während sich der Güterverkehr noch bis 1982 halten konnte. In der bewegten Landschaft befand sich südlich von Mayen bei Hausen ein imposanter Viadukt aus Eifel-Basalt über das Tal der Nette. Wie schon in der Einleitung erwähnt wurde der Abbau von Bahnstrecken einst fast immer mit einem »Abbauzug« durchgeführt. So konnte J. Lohmann hier am 13.5.1985 mit 260 292 vor einen der tatsächlich allerletzten Güterzüge in Richtung Koblenz fotografieren.

KBS: 607 Hermeskeil – Thalfang (– Simmern – Langenlonsheim)

Von dem im westlichen Hunsrück gelegenen Städtchen Hermeskeil aus gab es einst Eisenbahnverkehr in drei Richtungen. Die Verbindung in nordöstlicher Richtung bis zu der »Hunsrückmetropole« Simmern war im Jahr 1901 von dort aus bis nach Morbach und am 1.10.1903 dann bis nach Hermeskeil in Betrieb genommen worden. Sie verlor bereits zum 30.5.1976 wieder ihren Personenverkehr. Gewissermaßen als Nachtrag zum Band »Güterstrecken 1994 bis heute« zu sehen ist der am 31.12.1997 auch für den Güterverkehr gesperrte Abschnitt dieser Strecke von Hermeskeil nach Thalfang, denn die letzte »richtige« Bedienfahrt von Thalfang lag da schon lange zurück (sie erfolgte etwa im Jahr 1992). Nördlich von Hermeskeil verliefen die Strecken nach Trier und Simmern zunächst parallel und trennten sich erst einige Kilometer außerhalb des Orts. 212 228 befördert auf diesem Abschnitt am 25.7.1984 einen Wagen für den örtlichen Kohlehandel auf dem östlichen Gleis in Richtung Thalfang.

KBS: 625 (Trier –) Pluwig – Hermeskeil

Aus Trier im Moseltal wurde am 15.8.1889 eine Nebenbahn durch das Ruwertal in den westlichen Hunsrück, der hier den Namen Hochwald trägt, nach Hermeskeil eröffnet. Sie war, zeitlich gesehen, die erste von den drei erwähnten Strecken, die einst in Hermeskeil zusammentreffen sollten. Lange zuvor war in der ersten Eisenbahneuphorie sogar eine Verbindung »von der Nordsee zum Mittelmeer« durchs Ruwertal geplant worden; gebaut wurde letztlich dann aber doch nur eine Erschließungsstrecke. Ihr oberer Abschnitt Pluwig – Hermeskeil verlor seinen Personenverkehr am 31.5.1981 und war damit die letzte Personenzuganbindung von Hermeskeil. Von Ruwer bis Pluwig fuhren dann noch bis zum 2.6.1984 Personenzüge, während der Schülerverkehr im Abschnitt Trier – Ruwer sogar noch bis zum 29.9.1985 auf der Schiene abgewickelt wurde. Bei dem immer schon eher geringen Güterverkehr wurde zunächst am 2.6.1991 der obere Abschnitt Waldrach – Hermeskeil eingestellt. Vor den fast endlosen Waldflächen des Osburger Hochwaldes nahe Kell fährt 212 198 am 2.6.1982 auf dem Weg von Schillingen nach Hermeskeil an einigen auf der Wiese grasenden Rindern vorbei.

Weit vor dem Abzweigbahnhof Hermeskeil nähert sich von Osten her die Strecke aus Simmern (vgl. dazu schon oben S. 91 zu dieser Strecke) dem Gleis der Ruwertalbahn. 212 198 wird am 2.6.1982 in Kürze Hermeskeil ereicht haben, um von dort aus nach einer längeren Pause ihre Fahrt in Richtung Türkismühle fortzusetzen. Von Trier nach Waldrach fuhren Güterzüge auch noch nach der Einstellung des Güterverkehrs in Richtung Hermeskeil bis zum 10.8.1998. Zu diesem Zeitpunkt wurde übrigens die Strecke zwischen Schillingen und Pluwig schon seit längerem nur noch für gelegentliche Züge mit Lademaßüberschreitung, die es gerade auch im Militärverkehr gab, in Betrieb gehalten.

KBS: 641 Staudernheim – Lauterecken-Grumbach – Homburg

(uk) Teilstrecken der als strategische Bahnlinie am 1.5.1904 durchgehend eröffneten Verbindung von Bad Münster am Stein nach Homburg (Saar), die in ihrer Streckenführung weitgehend dem Lauf des Glan folgte, waren bereits Jahre vor diesem Datum fertig gestellt worden – so auch der Abschnitt von Odernheim nach Lauterecken-Grumbach am 27.10.1896 und der Anschluss von Odernheim nach Staudernheim am 1.7.1897. Von Staudernheim an der Nahestrecke (heutige KBS 680) bis Lauterecken-Grumbach wurde der Personenverkehr bis zum 1.6.1986 betrieben, während Güterverkehr hier auch danach noch bis zum 1.3.1993 abgewickelt wurde.

Bedient wurde im Güterverkehr von Lauterecken-Grumbach aus zuletzt allerdings fast ausschließlich ein Kunststoff verarbeitender Betrieb in Meisenheim, der sporadisch Material in einzelnen geschlossenen Güterwagen der Bauart Hbillns angeliefert bekam. Das Verkehren eines Güterzugs nach Meisenheim war für die Fotografen so ein kaum planbarer Glückstreffer. Immerhin gab es zu dieser Zeit noch auf fast allen größeren (Güter-)Bahnhöfen einen so genannten Wagendienst, der zumindest in der Frühe eines jeden Tages über das jeweilige Verkehren der lokalen Güterzüge Bescheid wusste. Hatte man einmal die richtige Telefonnummer des Postnetzes ermittelt (oder gar Zugang zum Bahn-eigenen Basa-Netz), so erhielt man in der Regel freundliche Auskunft von den Dienst tuenden Beamten, die sich in den meisten Fällen über die Anrufe der »Verrückten« freuten. Wenn es heute noch solche Stellen gibt (selten) und man zudem noch deren mittlerweile zigmal geänderte Telefonnummer, die bei der Auskunft nicht mehr verzeichnet ist, ermittelt hat (noch seltener), muss man sich oft einer peinlichen Befragung («Warum wollen Sie das wissen?«, »Das darf ich Ihnen nicht sagen!« usw.) unterziehen, um sodann vielleicht schließlich doch noch die gewünschte Information zu erhalten. Manchmal sehnt man sich da doch in die »gutmütige« Beamten-Eisenbahner-Ära zurück ...

Am 13.4.1992 stand jedenfalls eine Tour zur Nahestrecke auf dem Programm von zwei Fotografen. »Zur Sicherheit« ein Anruf beim Wagendienst in Kaiserslautern-Einsiedlerhof, ob denn etwa ein Güterzug nach Meisenheim zu erwarten sei. Deutlich war daraufhin die dem Kollegen zugerufene Frage »Schorsch, fahre mer heit an Habillns nach Mäsenum?« zu vernehmen. Als die Antwort des »Schorsch« ein ebenso klares »Jau« war, herrschte große Freude bei den beiden Eisenbahnfreunden, und das kurzfristig vom Nahe- ins Glantal verlegte Programm für diesen Tag lag fest ...

Dabei stand dann in Meisenheim der sogar aus zwei Wagen bestehende Übergabezug mit 212 230 als Zuglok abfahrbereit in Richtung Lauterecken-Grumbach (und weiter nach Kaiserslautern). Als Bewunderer (und Fotograf) dieser Szenerie mit dem Stellwerk und dem eindrucksvoll gegliederten Empfangsgebäude war B. Schötz zur Stelle.

Zu der einst strategisch wichtigen Glantalbahn gehörte in der Mitte auch der Abschnitt Glan-Münchweiler – Altenglan, der auch heute noch als Teil der am 22.9.1868 eröffneten Verbindung Landstuhl – Kusel befahren wird. Der oberhalb anschließende Streckenteil von Glan-Münchweiler bis Homburg (Saar) wurde demgegenüber zusammen mit den unteren Teilstrecken im Frühjahr 1904 eröffnet und war auch der erste, der am 31.5.1981 seinen Personenverkehr wieder verlor. Das in der Mitte dieses Streckenstücks gelegene Schönenberg-Kübelberg konnte wegen der Stilllegung der Verbindung nach Glan-Münchweiler im Güterverkehr seitdem nur noch von Homburg aus erreicht werden, bis am 1.7.1989 die Bedienung von dort aus auf die Zwischenstation Waldmohr zurückgenommen und am 1.3.1995 schließlich ganz aufgegeben wurde. Zwischen Glan-Münchweiler und Schönenberg-Kübelberg hat die Trasse bereits das Talniveau verlassen. Für J. Lohmann blieb hier im Mai 1987 noch der Abbauzug, um 211 326 auf dem Glanviadukt bei Elschbach aufzunehmen.

KBS: 645 Lebach – Büschfeld – Wadern (– Nonnweiler)

Die am 10.12.1897 für den Personenverkehr und fünf Wochen später für den Güterverkehr eröffnete Verbindung vom »Hochwald«, genauer gesagt: von Nonnweiler bzw. Hermeskeil, zu den Bergwerken an der Saar in Lebach und Saarbrücken hat, wie schon im Band »Güterstrecken 1994 bis heute« beschrieben, reichlich Stilllegungsdaten aufzuweisen, und ein Teilabschnitt wird sogar heute noch befahren. Zusammen damit ist auch die ebenfalls noch betriebene Strecke von Dillingen nach Primsweiler zu sehen. So wurde der nördlichste Abschnitt zwischen Wadern und Nonnweiler frühzeitig mit dem Kriegsende 1945 weitgehend eingestellt (für den Personenverkehr wird in den Quellen hingegen das Datum 3.10.1959 genannt, jedoch war hier schon lange davor faktisch nichts mehr los; Güterverkehr soll zumindest auf dem Papier sogar noch bis zum 30.4.1968 möglich gewesen sein). Zwischen Lebach und Wadern bestand der Personenverkehr vor der kompletten Betriebseinstellung am 1.6.1980 zuletzt nur noch aus dem berühmten »Alibi-Zugpaar«, das am frühen Morgen als Einzelzug von Dillingen über Primsweiler nach Wadern gekommen und danach wieder über Primsweiler als Einzelzug zurück nach Lebach gefahren ist. Der Abschnitt Büschfeld – Wadern wurde im Güterverkehr danach noch bis Ende 1987 befahren; gleichzeitig endete auch der Güterzugbetrieb zwischen Lebach und Primsweiler. Folgt die Strecke von Lebach zunächst dem Theeltal, geht es dann weiter talaufwärts entlang der Prims. In Primsweiler entstand am 16.9.1984 bei der Einfahrt in den Bahnhof das Bild von 212 343 auf der Fahrt von Lebach nach Wadern. Das Gleis, auf dem sich der Güterzug befindet, ist inzwischen restlos verschwunden, während das rechte Gleis auch heute noch nach Dillingen führt und gelegentlich von Güterzügen befahren wird. In dem durch die Wälder unsichtbaren Bereich hat es einst sogar ein Gleisdreieck gegeben, das der strategischen Bedeutung der Bahnlinie als Entlastungsstrecke für die Hauptbahn im Saartal zwischen Saarbrücken und Dillingen geschuldet war.

Bei der Rangiertätigkeit der 212 343 im schon ein wenig verlassen wirkenden Bahnhof Wadern entstand am 16.9.1984 auch noch dieses Bild. Der nahegelegene Bahnhof Büschfeld konnte noch bis Ende 1994 angefahren werden, und Limbach als nächste Station talabwärts wird sogar heute noch durch die Bahngesellschaft der Dillinger Hütte im Güterverkehr bedient.

KBS: 662 (Alzey –) Gau Odernheim – Hillesheim-Dorndürkheim (– Worms)

Die am 17.5.1897 eröffnete Verbindung von Gau Odernheim nach Osthofen (an der Rheinstrecke Mannheim – Mainz) diente vor allem der Abfuhr von Zuckerrüben, die in diesem Teil Rheinhessens eine wichtige Grundlage der Landwirtschaft bilden. Ihr Personenverkehr wurde deshalb bereits im September 1974 wieder eingestellt; in mehreren Teilen folgte anschließend nach und nach der Güterverkehr: Auf dem letzten Abschnitt von Gau Odernheim bis Hillesheim-Dorndürkheim wurde noch bis zum Ende der Rübenkampagne 1992 die Schiene genutzt. B. Schötz war am 18.9.1992 bei der Zuführung der ersten Leerwagen des Jahres für den Rübentransport in Hillesheim-Dorndürkheim. Am Ende des Zuges etwa neben dem Empfangsgebäude ist ein Fc-Wagen zu erkennen, in dem auch noch dem örtlichen Händler Kohle für den kommenden Winter zugestellt wurde.

KBS: 274c Osthofen – Guntersblum

Die so genannte Altrheinstrecke, die ebenfalls in Osthofen von der Rheinstrecke Mannheim – Mainz abzweigte und in Guntersblum wieder auf sie stieß, diente in ähnlicher Weise wie die zuvor vorgestellte Verbindung fast nur dem Zuckerrübentransport. Anders als die gerade trassierte Rheinstrecke folgte sie einer Flussschleife des Altrheins. Sie wurde zunächst am 1.4.1897 im Güterverkehr bis Rheindürkheim in Betrieb genommen; ihre Verlängerung bis nach Guntersblum erfolgte dann zum 24.11.1900. Personenverkehr entlang des Altrheins wurde nur bis Ende Mai 1969 angeboten. Der Güterverkehr endete demgegenüber jedoch erst mit Ablauf des Jahres 1992, nachdem nach einigem Hin und Her der jüngere Streckenabschnitt von Guntersblum nach Rheindürkheim gesperrt worden war. Das Güteraufkommen hatte sich zuletzt, wie erwähnt, nahezu ausschließlich auf Zuckerrüben beschränkt; die Verladebahnhöfe wurden – wohl fast ein Unikum in Deutschland – im »Einrichtungsbetrieb« von Osthofen nach Guntersblum einmal pro Tag angefahren. In der Nachmittagssonne ist der Rübenzug am 13.10.1992 nahe Eich unterwegs. Auf etwa der Hälfte des »Rundkurses« sind die Wagen unmittelbar hinter der 212 noch leer und müssen an den folgenden Ladestellen zugestellt werden. Am Zugschluss befinden sich bereits wieder eingesammelte beladene Wagen. Das Foto stammt von B. Schötz.

KBS: 667 (Grünstadt –) Eisenberg – Enkenbach (– Kaiserslautern)

Von der einstigen Hauptstrecke Straßburg – Mainz zweigte in Grünstadt, aus der Rheinebene ins Eistal ansteigend, die bereits 1876 erbaute Verbindung nach Eisenberg ab. Erst am 6.11.1932 wurde diese Stichstrecke zur Durchgangslinie, als ihre Verlängerung bis nach Enkenbach (und von dort weiter nach Kaiserslautern) in Betrieb ging. Anders als damals, als es bis zum Bau lange gedauert hatte, musste man auf die Einstellung des Personenverkehrs nicht allzu lange warten: Der letzte Personenzug fuhr zwischen Grünstadt und Enkenbach bereits am 30.5.1976. Im Jahr 1994 wurde jedoch das ältere Teilstück im Personenverkehr reaktiviert, so dass heute wieder Personenzüge von Grünstadt bis nach Ramsen fahren. Sonntags erreichen sie sogar den neu angelegten Haltepunkt Eiswoog unmittelbar vor dem gleichnamigen Viadukt, der damit nicht mehr von Schienenfahrzeugen genutzt wird. Im Güterverkehr wurde die Strecke seit 1981 durchgehend nur noch mit den so genannten Lü-Zügen befahren. Diese Züge erfordern eine besondere Behandlung und gelegentlich auch besondere Strecken z. B. ohne enge Tunnels oder Brücken. Aber dies war auch nur bis Ende 1988 möglich, denn dann bedurfte der Eiswoogviadukt einer teuren Unterhaltung, was das Ende dieser Verkehre zur Folge hatte. Auf dem Foto von J. Lohmann zieht 260 803 am 21.4.1981 einen solchen Lü-Zug über den Eiswoogviadukt in Richtung Kaiserslautern. Rechts von der Brücke war früher der Haltepunkt Eiswoog, von dem aus das Gasthaus unter dem Viadukt erreicht werden konnte. Der heutige neue Haltepunkt befindet sich dagegen links von der Brücke.

KBS: 686 (Homburg –) Bierbach – Reinheim

Die Verbindung von Homburg (Saar) nach Reinheim entstand während eines großen Zeitraums in zwei Etappen: Zweibrücken wurde von Homburg aus bereits am 7.5.1857 erreicht. Von dort aus konnte dann der Verkehr über Bierbach nach Reinheim und weiter ins französische Sarreguemines erst nach über 20 Jahren am 1.4.1879 aufgenommen werden. Nachdem der grenzüberschreitende Verkehr schon viele Jahre zuvor aufgegeben worden war, endete der Personenverkehr auf dem deutschen Abschnitt bis Reinheim am 1.6.1991. Wenig später am 28.9.1991 wurde dann auch der Güterzugbetrieb eingestellt, der ohnehin nur bis zum Bahnhof Gersheim möglich gewesen war, da es zu dieser Zeit in Reinheim schon lange keine intakte Weiche mehr gab. Bei Regenwetter gelang am 10.5.1986 in der Nähe von Gersheim ein Foto von 218 375 mit einem Ganzzug aus dem dortigen Steinbruch auf der Fahrt in Richtung Homburg.

7.

Baden-Württemberg (Strecken *302f* – *789*)

Tabelle der Nebenstrecken

letzte KBS	Pv-Einstellung	Gv-Einstellung	Gesamt-stilllegung	Länge (km)	von	nach	Besonderheiten	•	o
705	1.6.1980	31.3.1990	1.10.1993	3,1	Wiesloch-Walldorf	Wiesloch Stadt	SWEG, ab 1985 Gv durch DB	x	
705	1.6.1980	31.5.1980	stillgelegt	13,2	Wiesloch Stadt	Waldangelloch	SWEG	x	
707	1.6.1986	31.5.1986	stillgelegt	0,8	Odenheim	Odenheim Ost	SWEG	x	
301s	27.9.1969	1.10.1993	stillgelegt	1,7	Staufen (Münstertal)	Grunern	SWEG		
302f	23.11.1959	6.4.1990	31.10.1991	10,2	Schiltach	Schramberg	nach Dammrutsch gesperrt		
305c	3.10.1953	14.3.1990	stillgelegt	3,1	Mimmenhausen-Neufrach	Salem			
327b	1.1.1967	28.4.1990	stillgelegt	16,9	Böblingen	Dettenhausen	Pv und Gv 1999 reaktiviert		
306c	31.5.1964	21.3.1983	stillgelegt	19,0	Warthausen	Ochsenhausen	750 mm, heute Museumsbahn		
306b	23.5.1971	28.9.1984	stillgelegt	13,8	Laupheim Stadt	Schwendi			x
305b	26.9.1971	31.5.1983	stillgelegt	16,0	Schwackenreute	Pfullendorf			x
761	26.9.1982	31.3.1988	stillgelegt	1,2	Holzmaden	Weilheim			x
763	1.6.1980	27.5.1983	stillgelegt	7,9	Reutlingen Süd	Honau		x	x
764	2.8.1976	30.7.1985	stillgelegt	2,8	Reutlingen	Betzingen	WEG		
764	2.8.1976	1.1.1985	stillgelegt	3,7	Betzingen	Ohmenhausen	WEG		
764	2.8.1976	6.8.1982	stillgelegt	10,0	Ohmenhausen	Gönningen	WEG		
770	30.9.1990	30.9.1990	stillgelegt	4,9	Illingen	Vaihingen (Enz) Nord	Ersatz durch NBS		x

776	29.5.1983	29.2.1988	25.9.1994	22,9	Weil der Stadt	Calw	nach Dammrutsch gesperrt, Reaktivierung geplant		
778	1.9.1979	23.12.1988	stillgelegt	39,1	Möckmühl	Dörzbach	SWEG, 750 mm, war bis 1988 Museumsbahn, teilweise Reaktivierung geplant		
323d	14.11.1966	27.9.1985	stillgelegt	1,9	Heilbronn Süd	Heilbronn-Sontheim	750 mm/dreischienig	x	x
323d	14.11.1966	19.12.1989	29.9.1990	3,5	Steinheim	Anschlussstelle EVS	750 mm/dreischienig	x	x
782	23.5.1993	28.12.1993	31.12.1993	22,6	Bad Friedrichshall-Jagstfeld	Ohrnberg	WEG		
789	1.6.1980	6.4.1988	13.9.1996	12,9	Rudersberg Nord	Welzheim	Museumsbahn in Vorbereitung		

● = anschließende Teilstrecke siehe in Tabelle vor 1980 (im Anhang)
o = anschließende Teilstrecke siehe in Tabelle nach 1994 (im Band »Güterstrecken 1994 bis heute«)

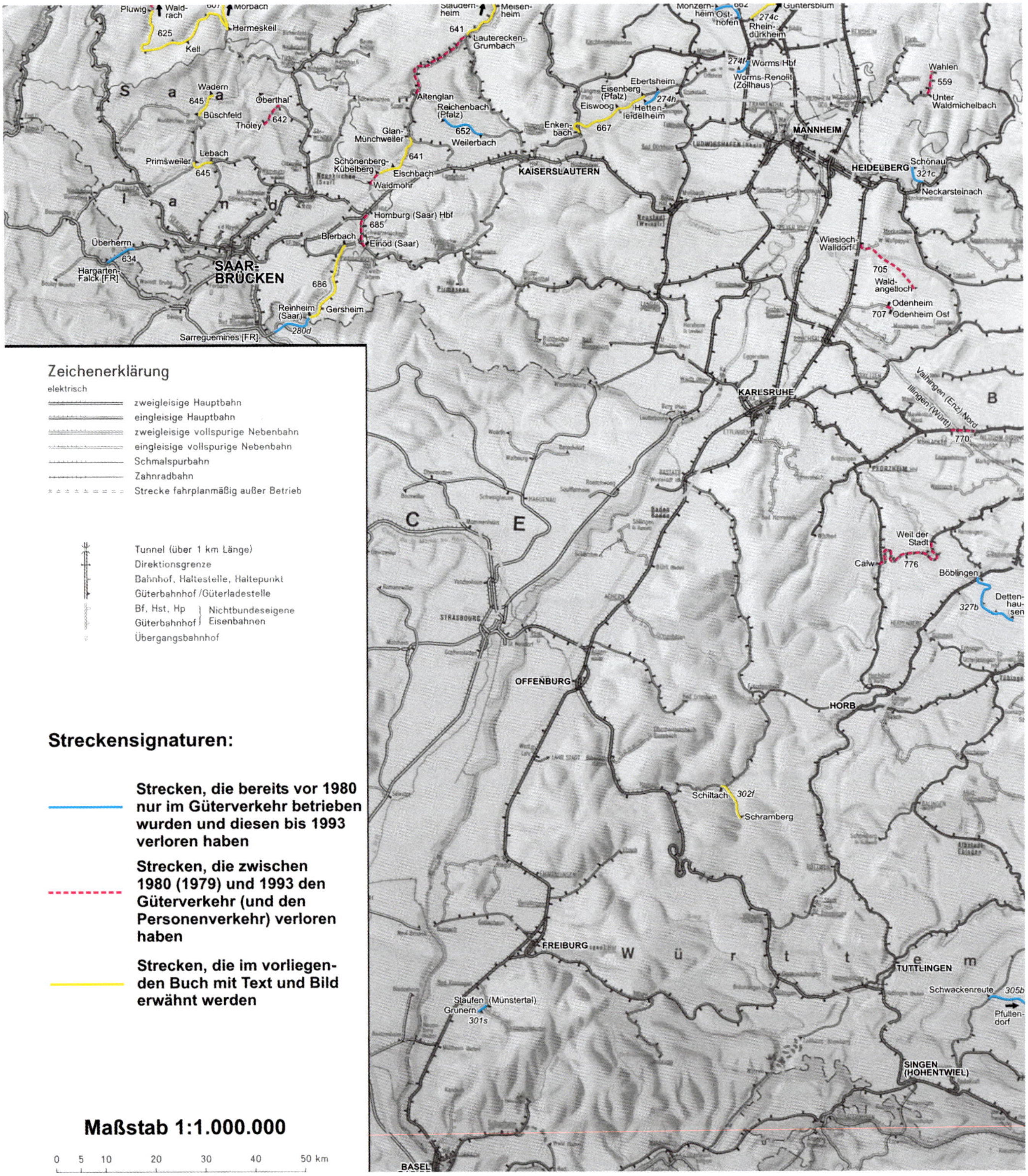
Zeichenerklärung
elektrisch
zweigleisige Hauptbahn
eingleisige Hauptbahn
zweigleisige vollspurige Nebenbahn
eingleisige vollspurige Nebenbahn
Schmalspurbahn
Zahnradbahn
Strecke fahrplanmäßig außer Betrieb
Tunnel (über 1 km Länge)
Direktionsgrenze
Bahnhof, Haltestelle, Haltepunkt
Güterbahnhof/Güterladestelle
Bf, Hst, Hp
Güterbahnhof
Nichtbundeseigene Eisenbahnen
Übergangsbahnhof
Streckensignaturen:
Strecken, die bereits vor 1980 nur im Güterverkehr betrieben wurden und diesen bis 1993 verloren haben
Strecken, die zwischen 1980 (1979) und 1993 den Güterverkehr (und den Personenverkehr) verloren haben
Strecken, die im vorliegenden Buch mit Text und Bild erwähnt werden
Maßstab 1:1.000.000
0 5 10 20 30 40 50 km
Pluwig
Wald-rach
Morbach
625
Hermeskeil
Kell
Wadern
645
Büschfeld
Oberthal
642
Tholey
Lebach
Primsweiler
645
Überherrn
634
Hargarten-Falck [FR]
SAAR-BRÜCKEN
Bierbach
686
Reinheim (Saar)
Gersheim
280d
Sarreguemines [FR]
641
Lauterecken-Grumbach
Altenglan
Reichenbach (Pfalz)
652
Weilerbach
Glan-Münchweiler
Schönenberg-Kübelberg
641
Elschbach
Waldmohr
Homburg (Saar) Hbf
685
Einöd (Saar)
KAISERSLAUTERN
Ebertsheim
Eisenberg (Pfalz)
274h
Eiswoog
Hettenleidelheim
Enkenbach
667
Monzernheim
Osthofen
274c
Rhein-dürkheim
274f
Worms Hbf
Worms-Renolit (Zollhaus)
MANNHEIM
Wahlen
559
Unter Waldmichelbach
HEIDELBERG
Schönau
321c
Neckarsteinach
Wiesloch-Walldorf
705
Wald-angelloch
Odenheim
707
Odenheim Ost
KARLSRUHE
Vaihingen (Enz) Nord
Illingen (Württ)
770
B
C
E
Weil der Stadt
Calw
776
Böblingen
Dettenhausen
327b
STRASBOURG
OFFENBURG
HORB
Schiltach
302f
Schramberg
FREIBURG
W ü r t t e m
TUTTLINGEN
Schwackenreute
305b
Pfullendorf
Staufen
(Münstertal)
Grunern
301s
SINGEN (HOHENTWIEL)
BASEL

KBS: *302f* Schiltach – Schramberg

Im östlichen Schwarzwald zweigte im badischen Schiltach von der Kinzigtalbahn Hausach – Freudenstadt eine Stichstrecke nach Schramberg in Württemberg ab. Der Bau dieser Bahnlinie, die am 9.10.1892 eröffnet werden konnte, war die erste württembergische Staatsbahnlinie, die nach den damals neuen »Normen für Eisenbahnen untergeordneter Bedeutung« gebaut wurde. Die kurze Strecke verlor ihren Personenverkehr bereits am 23.11.1959, wohingegen der recht umfangreiche Güterverkehr bis zu der Streckensperrung wegen eines Dammrutsches am 6.4.1990 durchgeführt wurde. Unmittelbar hinter Schiltach überquert die Strecke auf einer schräg angelegten Brücke die Kinzig. Auf dem Foto kommt 212 222 am 13.7.1988 mit Üg 67859 zurück zum Abzweigbahnhof. Zuvor musste aber noch der Schrankenwärter in Aktion treten. Links neben der Brücke ist das Einfahrsignal von Schiltach zu erkennen, das damals bereits außer Funktion war.

Bedient wurde auf dieser Strecke vor allem die Stückgutabfertigung in Schramberg. Zuletzt wurde der Güterzug aber nur noch bei erhöhtem Transportaufkommen eingelegt; häufig genügte auch ein Lkw für den Transport. Von Schramberg kommend überquert 212 222 am 13.7.1988 als Üg 67859 die Schiltach. Stellenweise ist die Trasse heute als Wanderweg hergerichtet; die Brücken sind allerdings zum Teil davon ausgenommen.

KBS: 305c Mimmenhausen-Neufrach – Salem (– Frickingen)

Von Mimmenhausen-Neufrach (heute Salem) zwischen Überlingen und Friedrichshafen (Bodensee) wurde am 1.12.1905 die acht Kilometer kurze Stichstrecke nach Frickingen eröffnet. Der Personenverkehr hatte keine 50 Jahre – nämlich nur bis zum 3.10.1953 – Bestand. Immerhin hielt sich der Güterverkehr auf den ersten drei Kilometern nach Salem (später mit Zusatz »Nord«) bis zum 14.3.1990. Nur noch selten kam zuletzt eine 365 in die Landschaft mit dem Bodenseeobst, wie am 16.6.1989 auf diesem Bild.

KBS: 306c (Biberach –) Warthausen – Ochsenhausen

Die Schmalspurbahn von Biberach nach Ochsenhausen, die am 30.11.1899 eröffnet wurde, verlor ihren Personenverkehr am 31.5.1964 und blieb bis zur Einstellung des Güterverkehrs am 21.3.1983 die letzte Schmalspurbahn der Deutschen Bundesbahn mit auf Rollböcken transportierten Normalspurwagen. Hauptkunde war eine Kühlschrankfabrik in Ochsenhausen. Heute hat sich hier eine Museumsbahn etabliert. Nach Einstellung des Personenverkehrs wurde das bis dahin noch vorhandene Schmalspurgleis zwischen Biberach und Warthausen abgebaut, das zuletzt aber auch kaum noch genutzt worden war, denn im Güterverkehr war Warthausen schon immer die Übergabestation zur Schmalspurbahn gewesen. Bei Goppertshofen zwischen Wiesen, Feldern und Wäldern zieht 251 902 am 10.8.1982 einen kurzen Güterzug Richtung Warthausen. Hinter dem Kuppelwagen sind zwei Normalspurwagen auf Rollböcken zu erkennen.

In Ochsenhausen angekommen, musste aufwändig rangiert werden. 251 902 hat am 10.8.1982 einige Wagen zugestellt, die an der Ladestraße be- und entladen werden. Zu dieser Zeit war der Transport von Normalspurwagen auf Schmalspurgleisen fast einzigartig. Die in Ochsenhausen ansässige Kühlschrankfabrik wird heute mit einer ähnlich seltenen Betriebsweise bedient: Mehrmals am Tag werden in Ummendorf südlich von Biberach Güterwagen auf spezielle (nach Culemeyer-Art) neu angefertigte Straßenroller-Fahrzeuge verladen und zur Fabrik befördert – einst eine ebenso verbreitete Art des »kombinierten Verkehrs«, wie es die Rollböcke bei den Schmalspurbahnen waren.

KBS: 753/*306b* Laupheim West – Schwendi

In der Nähe von Laupheim an der »Schwäbischen Eisenbahn« von Ulm nach Friedrichshafen wurde der Bahnhof Laup-heim West angelegt. Von dort aus verlief die am 17.5.1904 eröffnete Bahnlinie über Laupheim Stadt nach Schwendi. In Laupheim Stadt ist in den letzten Betriebsjahren nur noch ein Personenzug gegen 6 Uhr morgens – das allerdings durchgehend bis Ulm – abgefahren, bis auch damit am 29.5.1983 Schluss war. Im Jahr 1999 wurde der kurze Abschnitt jedoch reaktiviert und wird seitdem wieder im Taktverkehr von Personenzügen angefahren. Nicht der ganze lange Güterzug, der am 30.8.1982 in Laupheim Stadt steht, sondern sicher nur wenige Wagen kamen aus Schwendi. In Kürze wird 332 251 ihre Fahrt nach Laupheim West fortsetzen. Das schmucke Empfangsgebäude musste inzwischen dem erweiterten Bahnhofsvorplatz mit Bushaltestellen weichen (Foto von D. Fiedel, Sammlung Brodkorb).

Jenseits von Laupheim Stadt war der Personenverkehr bis zum 23.5.1971 in den Fahrplänen verzeichnet; der Güterverkehr wurde hier zum 28.9.1984 eingestellt. In schwäbischer Bauweise war das Empfangsgebäude in Schwendi erbaut worden. 260 544 hatte am 15.7.1982 noch einige Wagen zu befördern, als J. Lohmann sie im Endbahnhof fotografieren konnte.

KBS: *323d* Marbach – Steinheim (– Heilbronn)

Bis 1900 konnte die gesamte Bottwartalbahn eröffnet werden, ihr erstes Teilstück von Marbach nach Beilstein sogar bereits am 10.5.1894. Diese Schmalspurbahn (750 mm) verband Heilbronn am Neckar mit Marbach am Neckar. Anders als die am linken Neckarufer verlaufende Hauptstrecke Heilbronn – Stuttgart folgte die Schmalspurbahn auf dem rechten Ufer von Norden her zunächst dem Bach Schozach und wechselte dann bei Beilstein am Rande der Löwensteiner Berge ins Tal der Bottwar. Am 14.11.1966 wurde der Personenverkehr auf der Schmalspurbahn eingestellt. An eine Umstellung auf Normalspur war bereits vor dem ersten Weltkrieg gedacht worden; dennoch konnte erst am 18.9.1968 der Abschnitt von Marbach bis Steinheim, nunmehr mit Normalspurgleisen ausgestattet, als Güterstrecke wieder in Betrieb gehen. Auf dem von Anfang an dreischienig ausgerüsteten Nordabschnitt von Heilbronn bis Talheim war Güterverkehr noch bis 1976 möglich. Im Stadtgebiet von Heilbronn konnte der letzte Zug 1985 (bis Sontheim) bzw. 2000 (noch bis Heilbronn Süd) beobachtet werden. Auf dem umgespurten »Südstummel« gab es noch bis zum 19.12.1989 Güterverkehr bis Steinheim. Auf einem kurzen Gleisstück in Marbach zum Anschluss eines Kraftwerkes, das von 1937 bis 1968 dreischienig war, fuhr der letzte Güterzug sogar erst in Folge von MORA C im Sommer 2001. Vor dem Empfangsgebäude von Murr konnte J. Lohmann am 22.7.1982 die 211 198 mit einigen Muldenkippwagen der Bauart »Fz« fotografieren.

KBS: 782 Bad Friedrichshall-Jagstfeld – Ohrnberg

Auch die Strecke der WEG im Kochertal von Bad Friedrichshall-Jagstfeld nach Ohrnberg – der Abschnitt von Jagstfeld nach Neuenstadt wurde am 1.9.1907 und der von Neuenstadt nach Ohrnberg am 1.8.1913 eröffnet – wies nach der Einstellung des Personenverkehrs am 22.5.1993 noch für eine kurze Zeit weiterhin Güterverkehr auf. Der hilfsweise eingesetzte VT 04 brachte am 23.12.1993 bei Degmarn einige Rübenwagen von Bad Friedrichshall-Jagstfeld zu den Verladebahnhöfen Richtung Ohrnberg (Foto von U. Kramer).

(uk) Mit dem Abschluss der Zuckerrübenernte Ende 1993 war der letzte Zug im unteren Kochertal endgültig abgefahren. Die Strecke wurde von der WEG in der Folgezeit stillgelegt und ist – obwohl es immer wieder Pläne zu ihrer zumindest teilweisen Reaktivierung im Rahmen des Projekts »Heilbronner Straßenbahn« gab – mittlerweile sogar abgebaut worden.
Da die Ernte in jenem Jahr sehr umfangreich ausfiel und zudem der Transport der Rüben in die nahe gelegene Zuckerfabrik in Bad Friedrichshall durch ein Hochwasser des Neckars und seiner Zuläufe wie des Kochers teilweise unterbrochen werden musste, fuhren die allerletzten Rübenzüge im letzten Betriebsjahr 1993 erst unmittelbar vor (bzw. sogar erst nach) den Weihnachtsfeiertagen. Da die Aussichten für den 23.12. nochmals recht ordentlich waren und der Wetterbericht trockenes Winterwetter versprach, sollte noch ein letztes Mal die Ohrnberger Strecke besucht werden – diesmal im Raum Oedheim bzw., wie es im Volksmund heißt, »Öhde«. Da die Fortbewegung entlang der Strecke nach Einstellung des Personenzugbetriebs zum Teil nur schwer möglich war, wurde das damals noch wenig verbreitete und daher immer wieder von Passanten bestaunte Faltrad genutzt, um beweglicher zu sein. Als der erste Rübenzug vorbeigefahren (und natürlich fotografiert) war (vgl. S.107), sollte also mit diesem Fortbewegungsmittel über Feldwege die nächste Fotostelle angesteuert werden. Doch plötzlich tauchten auf dem einsamen Feldweg zwei (damals noch grüne) Gesetzeshüter in einem Blaulicht-bespickten süddeutschen Fahrzeug auf: Sie stoppten das merkwürdige Gefährt (»ist das überhaupt verkehrssicher?«) und wollten wissen, was ein junger Mann damit kurz vor Heiligabend in den Feldern von »Öhde« wolle. Die Antwort »Güterzuge fotografieren« überzeugte offenbar nicht wirklich, denn erst einmal wurden nun die Personalien der verdächtigen Person im Parka überprüft. Als dabei (natürlich!) nichts herauskam – der Fotograf in spe war schon merklich nervös, denn jeden Moment war die Rücktour des Triebwagens mit vollen Rübenwagen zu erwarten –, war endlich der Weg für die Weiterfahrt frei. Wenn die Beamten geahnt hätten, dass danach in »Öhde« noch die Rübenverladeanlage erklommen wurde, von der aus sich ein guter Überblick bot ... Aber wer weiß: Es war ja kurz vor Weihnachten; vielleicht hätten sie ein Auge des Gesetzes (oder gar beide) zugedrückt?

Jedenfalls ergab sich so doch noch ein Blick auf Oedheim mit seinem Bahnhofsgebäude und dem VT 04, der damals wegen des Defekts der Stammtriebwagen von der WEG-»Schwesterbahn« aus Vaihingen/Enz ausgeliehen war. U. Kramer konnte auf diese Weise einen der allerletzten und deshalb nochmals besonders langen Züge mit Rübenwagen fotografieren – oder (wie es das urschwäbische Personal nannte): »den Rescht vom Schützafescht«. Fortan wurden alle Zuckerrüben in ganz Deutschland auf den nun noch stärker belasteten und verschmutzten Straßen befördert. Der Lkw hatte auch bei der »süßen Fracht« endgültig über den Güterzug gesiegt.

KBS: 789 (Schorndorf –) Rudersberg – Welzheim

In Schorndorf hat die Wieslauftalbahn nach Rudersberg und weiter nach Welzheim ihren Ausgangspunkt. Während bis Rudersberg heute noch ein reger Personenzugverkehr besteht, verkehrte auf der weiteren Verbindung nach Welzheim, die wie der untere Streckenabschnitt am 25.11.1911 eröffnet wurde, in den letzten Jahren nur noch ein Zugpaar. Bis zum 30.5.1980 war dies ein so genannter Güterzug mit Personenbeförderung, danach bis zur Einstellung des Verkehrs aufgrund einer Hangrutschung am 6.4.1988 nur noch ein reiner Güterzug. Nur noch wenige Tage wurde der Personenwagen dem Güterzug beigestellt, als am 21.5.1980 der GmP 62943 mit 212 247 an der Spitze Welzheim erreicht hat. Von Rudersberg nach Welzheim ist es keine leichte Tour für die Eisenbahn, ist doch ein beträchtlicher Höhenunterschied aus dem Wieslauftal auf die Höhe des Welzheimer Waldes zu überwinden.

Aktuell (Sommer 2008) gibt es Erfolg versprechende Bestrebungen, auf dem noch vorhandenen Gleis eine Museumseisenbahn zwischen Rudersberg und Welzheim einzurichten. 212 247 rangiert einige Wagen aus dem langen GmP auf die Ladegleise der Kunden. Der Aufenthalt in Welzheim bis zur Rückfahrt reichte am 21.5.1980 gerade aus, um alle Wagen auf ihre Bestimmungsgleise zu stellen und einen neuen GmP zusammenzustellen.

8. Nordbayern (Strecken 803 – 872)

Tabelle der Nebenstrecken

letzte KBS	Pv-Einstellung	Gv-Einstellung	Gesamt-stilllegung	Länge (km)	von	nach	Besonderheiten	•	o
803	30.5.1976	29.9.1991	1.1.1993	18,8	Lohr Stadt	Marktheidenfeld		x	x
803	30.5.1976	29.9.1991	1.1.1993	6,1	Marktheidenfeld	Lengfurt-Trennfeld		x	x
805	29.9.1974	30.5.1992	stillgelegt	28,4	Ochsenfurt	Röttingen			
805	29.9.1974	31.12.1983	stillgelegt	6,0	Röttingen	Schäftersheim			
805	29.9.1974	29.9.1990	stillgelegt	2,1	Schäftersheim	Weikersheim			
415c	1.2.1967	30.5.1992	stillgelegt	6,0	Bieberehren	Creglingen			
806	30.5.1976	23.9.1993	31.12.1993	15,4	Neustadt	Demantsfürth-Uhlfeld			
415b	26.9.1971	31.12.1990	stillgelegt	3,6	Rothenburg	Gebsattel		x	
418a	23.9.1968	30.9.1991	28.5.1994	10,6	Seligenstadt	Volkach	»Mainschleifenbahn«, heute Ausflugsverkehr		
813	30.5.1976	30.5.1987	stillgelegt	18,4	Mellrichstadt	Fladungen	heute Museumsbahn		
814	28.5.1989	27.5.1989	stillgelegt	18,9	Bad Neustadt	Bischofsheim			
817	30.9.1973	31.12.1993	stillgelegt	5,3	Falls	Gefrees			
818	26.5.1974	22.7.1992	31.12.1993	7,0	Lanzendorf	Anschlusstelle Küfner	gesperrt nach Dammrutsch		x
818	26.5.1974	31.5.1986	stillgelegt	7,2	Anschlusstelle Küfner	Bischofsgrün			x
851	3.9.1993	4.9.1993	stillgelegt	12,6	Melkendorf	Thurnau		x	x
842	3.6.1973	30.12.1982	stillgelegt	10,3	Thurnau	Drossenfeld		x	x
414v	1945	29.5.1952	31.12.1993	15,7	Pressig-Rothenkirchen	Alexanderhütte			
414v	1945	27.12.1983	31.12.1993	1,1	Alexanderhütte	Tettau			
»Güter-strecke«		31.5.1996		15,7	Pressig-Rothenkirchen	Alexanderhütte	Ende des Straßenrollerbetriebs		
825	2.6.1985	28.5.1988	stillgelegt	10,9	Bruckertshof	Scheßlitz			x
827	29.9.1975	26.9.1981	stillgelegt	31,8	Breitengüßbach	Dietersdorf			
828	1.10.1972	31.12.1986	stillgelegt	3,9	Stockheim	Burggrub		x	
831	1.6.1975	30.5.1992	stillgelegt	17,8	Ebersdorf	Hof-Steinach		x	
831	1.6.1975	27.5.1989	stillgelegt	2,6	Hof-Steinach	Wörlsdorf-Hassenberg		x	

831	1.6.1975	1.8.1986	stillgelegt	2,4	Wörlsdorf-Hassenberg	Fürth am Berg	war zuletzt Bahnhofsgleis	x	
189g	3.7.1945	23.5.1971	1982	3,0	Lichtenberg (– Genze)	Hölle		x	
189g	3.7.1945	30.10.1987	stillgelegt	2,2	Hölle	Marxgrün	»Ladestelle Wiede«	x	
836	30.5.1976	31.3.1987	31.12.1986	5,7	Helmbrechts	Schauenstein		x	
421b	1.2.1970	22.5.1982	stillgelegt	8,1	Ranna	Auerbach			
862	31.12.1992	31.12.1992	stillgelegt	8,9	Weidenberg	Warmensteinach			x
846	30.5.1976	31.12.1984	stillgelegt	7,6	Neusorg	Brand (Fa. Götz)			
846	30.5.1976	28.9.1984	stillgelegt	6,9	Brand (Fa. Götz)	Fichtelberg			
425p	28.5.1972	31.12.1993	stillgelegt	13,3	Kirchenlamitz	Weißenstadt			
853	28.9.1986	28.5.1988	25.2.1993	10,5	Selb Stadt	Höchstädt-Thierstein			
853	28.9.1986	28.9.1986	25.2.1993	4,3	Höchstadt-Thierstein	Thiersheim			
853	28.9.1986	5.3.1993	1.5.1994	8,0	Thiersheim	Wunsiedel-Holenbrunn			
854	28.9.1975	19.10.1994	31.12.1994	7,0	Wunsiedel-Holenbrunn	Schönbrunn			
854	28.9.1975	25.9.1993	stillgelegt	3,6	Schönbrunn	Leupoldsdorf			x
856	28.9.1975	31.12.1984	stillgelegt	8,3	Liebenstein	Bärnau			x
858	1.6.1975	23.5.1993	stillgelegt	24,6	Vohenstrauß	Eslarn			x
859	30.5.1976	3.6.1984	stillgelegt	13,1	Lind	Schönsee			x
423a	1.7.1966	28.5.1988	stillgelegt	20,3	Amberg	Vilshofen			
423a	1.7.1966	31.5.1985	stillgelegt	3,4	Vilshofen	Schmidmühlen			
866	30.12.1983	1.6.1991	stillgelegt	4,2	Deggendorf	Metten	RAG		
866	2.2.1991	31.3.1993	stillgelegt	4,0	Viechtach	Fichtental	RAG		x
866	2.2.1991	2.2.1991	stillgelegt	9,0	Fichtental	Blaibach-Cham	RAG		x
417h	30.9.1962	31.12.1987	stillgelegt	12,5	Vilshofen	Aidenbach			
871	27.9.1987	31.10.1991	stillgelegt	7,5	Neumarkt	Greißelbach	ist bis km 5,5 heute noch Bahnhofsgleis		
871	27.9.1987	29.7.1989	stillgelegt	19,2	Greißelbach	Beilngries			
872	2.6.1984	27.9.1986	stillgelegt	5,2	Regensburg-Wutzelhofen	Wenzenbach			
872	2.6.1984	31.5.1985	stillgelegt	30,2	Wenzenbach	Falkenstein			
875	30.9.1984	1.12.1986	stillgelegt	18,1	Konzell-Streifenau	Steinburg			x
875	29.11.1986	29.11.1986	stillgelegt	8,9	Steinburg	Bogen Ost			x
411c	29.5.1960	1991	stillgelegt	5,6	Fünfstetten	Monheim	zuletzt Stadt Monheim, war Museumsbahn		
898	28.9.1986	31.12.1993	31.12.1993	4,6	Nürnberg-Stein	Altenberg		x	
898	28.9.1986	1.1.1993	31.12.1993	2,4	Altenberg	Leichendorf		x	
898	28.9.1986	31.12.1986	stillgelegt	11,5	Leichendorf	Großhabersdorf		x	

• = anschließende Teilstrecke siehe in Tabelle vor 1980 (im Anhang)
o = anschließende Teilstrecke siehe in Tabelle nach 1994 (im Band »Güterstrecken 1994 bis heute«)

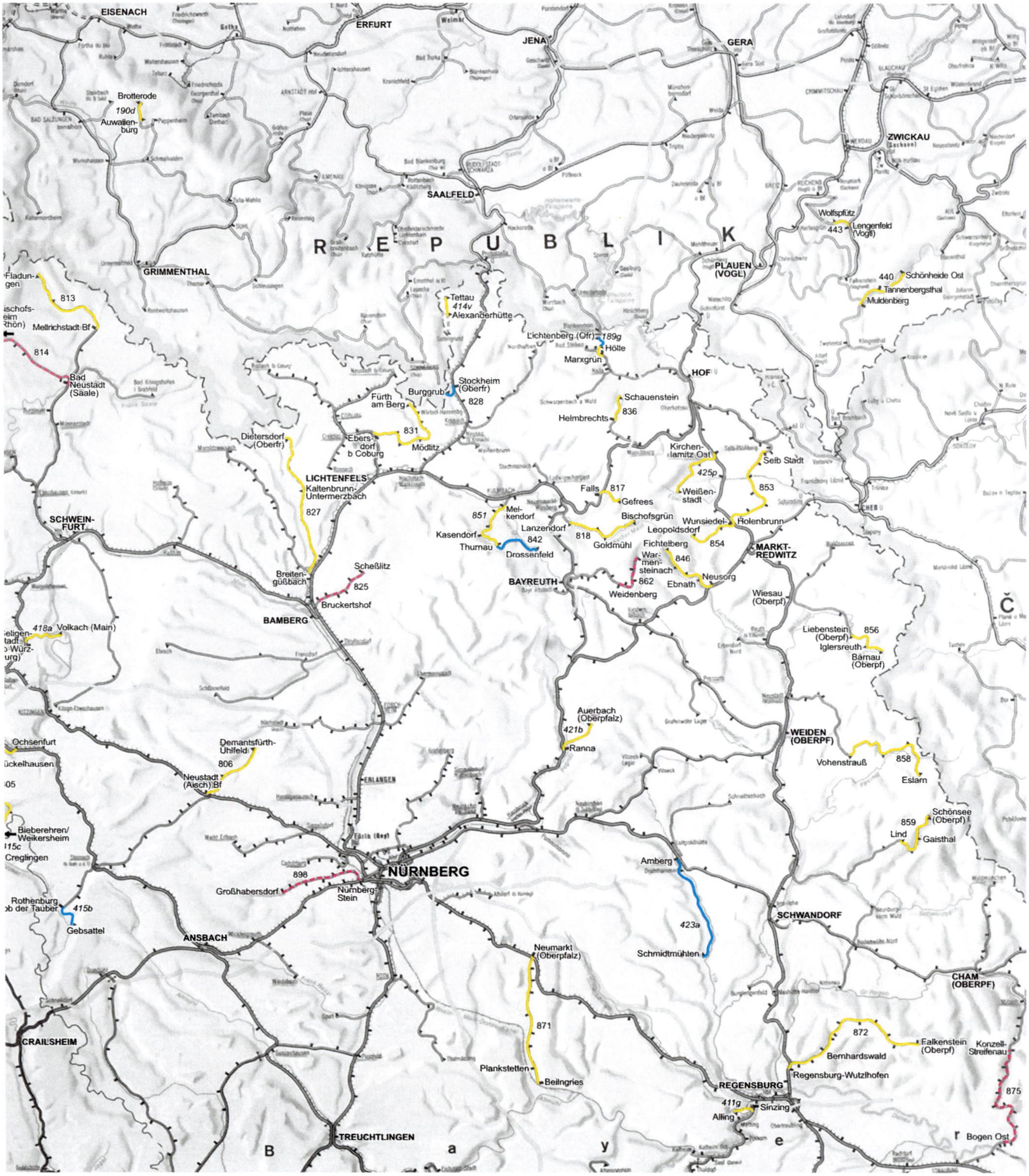

EISENACH
ERFURT
JENA
GERA
ZWICKAU
SAALFELD
R E P U B L I K
GRIMMENTHAL
PLAUEN (VOGL)
HOF
Brotterode
190d
Auwallenburg
Wolfspfütz
443
Lengenfeld (Vogtl)
440
Schönheide Ost
Tannenbergsthal
Muldenberg
Fladungen
813
Bischofsheim (Rhön)
Mellrichstadt Bf
814
Bad Neustadt (Saale)
Tettau
414v
Alexanderhütte
Lichtenberg (Ofr)
189g
Hölle
Marxgrün
Stockheim (Oberfr)
828
Burggrub
Fürth am Berg
831
Ebersdorf b Coburg
Mödlitz
Dietersdorf (Oberfr)
LICHTENFELS
Kaltenbrunn-Untermerzbach
827
Breitengüßbach
Schauenstein
836
Helmbrechts
Kirchenlamitz Ost
425p
Weißenstadt
Selb Stadt
853
Falls
817
Gefrees
Bischofsgrün
818
Goldmühl
Leopoldsdorf
Wunsiedel
Holenbrunn
854
MARKT-REDWITZ
851
Melkendorf
Kasendorf
Lanzendorf
842
Thurnau
Drossenfeld
Fichtelberg
846
Warmensteinach
862
Weidenberg
Ebnath
Neusorg
BAYREUTH
SCHWEINFURT
Scheßlitz
825
Bruckertshof
BAMBERG
418a
Volkach (Main)
Wiesau (Oberpf)
Liebenstein (Oberpf)
856
Iglersreuth
Bärnau (Oberpf)
Č
Auerbach (Oberpfalz)
421b
Ranna
WEIDEN (OBERPF)
Vohenstrauß
858
Eslarn
Ochsenfurt
Demantsfürth-Uhlfeld
806
Neustadt (Aisch) Bf
Bieberehren/Weikersheim
Creglingen
ERLANGEN
Schönsee (Oberpf)
859
Lind
Gaisthal
NÜRNBERG
898
Großhabersdorf
Nürnberg-Stein
Amberg
423a
Schmidtmühlen
Rothenburg ob der Tauber
415b
Gebsattel
ANSBACH
SCHWANDORF
Neumarkt (Oberpfalz)
871
Plankstetten
Beilngries
CHAM (OBERPF)
872
Bernhardswald
Falkenstein (Oberpf)
Konzell-Streifenau
875
CRAILSHEIM
REGENSBURG
Regensburg-Wutzlhofen
411g
Sinzing
Alling
TREUCHTLINGEN
B a y e r
Bogen Ost

KBS: 803 Lohr – Lengfurt-Trennfeld (– Wertheim)

Anders als die steigungsreiche Spessartbahn (Gemünden – Aschaffenburg) folgte die in Lohr Bahnhof abzweigende Strecke ins badische Wertheim (mit dortigem Anschluss in Richtung Aschaffenburg bzw. Lauda) dem Main. Sie wurde am 1.10.1881 eröffnet. Das Buch »Geschichte und Geographie deutscher Eisenbahnen« gibt für sie eine Fahrgeschwindigkeit »von 2 Minuten pro 1 km« an. Vielleicht auch, weil »grenzüberschreitende« Bahnen häufig einen schweren Stand haben, wurde hier der Personenverkehr bereits am 29.5.1976 wieder eingestellt. Lediglich von Lohr Bahnhof nach Lohr Stadt fuhren noch ein Jahr länger zwei Schülerzugpaare; sogar bis heute verkehren auf diesem Abschnitt noch Güterzüge. Der Güterverkehr über die »Grenze« in Gestalt der Mainbrücke nahe Wertheim wurde hingegen kurz nach dem Personenzugbetrieb am 31.5.1979 eingestellt. Von Lohr Stadt über Marktheidenfeld bis nach Lengfurt-Trennfeld war er noch bis zum 29.9.1991 möglich, auch wenn er südlich von Marktheidenfeld zuletzt nur noch sehr schwach war. Auf bayerischer Seite war die Strecke auf dem rechten Mainufer angelegt. Für den größten Ort zwischen Lohr und Wertheim, die auf dem linken Ufer gelegene Stadt Marktheidenfeld, befindet sich daher der Bahnhof etwas abgelegen, was sicherlich ein Grund für den Niedergang dieser Bahnstrecke war. Ein gewisses Aufkommen an Stückgut hatte 211 123 mit der Üg 69081 am 6.8.1987 trotzdem nach Marktheidenfeld gebracht. Auf dem Bild ist der Zug schon fertig zur Rückfahrt.

KBS: 805 Ochsenfurt – Weikersheim

Durch den »Ochsengau« genannten Landstrich führte die Bahnlinie von Ochsenfurt am Main nach Weikersheim im Taubertal. Bis Röttingen wurde die Strecke am 1.5.1907 eröffnet, über die Grenze ins badische Weikersheim dann am 17.11.1909. Am 28.9.1974 fuhr hier der letzte Personenzug, während im Güterverkehr am 31.12.1983 zunächst nur der »Grenzabschnitt« von Röttingen nach Schäftersheim wegen einer maroden Brücke gesperrt wurde. Doch schon am 29.9.1990 folgte der badische Abschnitt Schäftersheim – Weikersheim und knapp zwei Jahre später am 30.5.1992 schließlich auch der längere bayerische Rest bis Röttingen. Bis zu diesem Zeitpunkt schloss in Bieberehren noch eine Zweigstrecke ins badische Creglingen an. Am 25.2.1992 hat die Übergabe aus Creglingen nahe Tückelhausen immerhin drei gedeckte Güterwagen nach Ochsenfurt zu bringen. B. Schötz konnte die Köf III inmitten der Ackerflächen fotografieren.

Zwischen Januar und September war das Güteraufkommen auf den »Gaubahnen« eher gering, dann aber machte der sehr starke Zuckerrübenverkehr zur Erntezeit sogar einen »Mehrzugbetrieb« nötig. Am 26.7.1983 fiel, wie oft außerhalb der Rübenkampagne, nur sehr wenig Fracht an; die Fahrt nach Röttingen und Weikersheim entfiel an diesem Tag sogar wieder einmal ganz. 333 173 setzt daher in Bieberehren, das dann gewissermaßen ein betrieblicher Kopfbahnhof war, ans andere Ende des einen Güterwagens um, um sofort die Fahrt nach Creglingen fortzusetzen.

KBS: 415c Bieberehren – Creglingen

Die in Bieberehren (Bayern) von der Ochsengaubahn abzweigende Strecke in den Wallfahrtsort Creglingen (Baden) folgte auf ihrer gesamten Länge von gerade einmal sechs Kilometern dem Tal der Tauber. Sie wurde am 17.11.1909 eröffnet und verlor ihren Personenverkehr bereits mit dem 31.1.1967, wohingegen sich der Güterverkehr bis zur Einstellung der Verbindung nach Ochsenfurt am 30.5.1992 halten konnte. Am 26.7.1983 war 333 173 nach getaner Arbeit als Lz auf der Rückfahrt durch das Getreide- und Obstanbaugebiet. Dabei ging es zunächst nach Bieberehren zurück und dann weiter nach Ochsenfurt.

333 173 hat am 26.7.1983 soeben einen Güterwagen an das Ladegleis in Creglingen gestellt und pausiert nun vor der Rückfahrt noch kurz vor dem Hochsilo »Taubergerste«.

KBS: 806 Neustadt – Demantsfürth-Ühlfeld

Die in Neustadt von der Hauptstrecke Würzburg – Nürnberg abzweigende Bahnlinie nach Demantsfürth-Ühlfeld folgte dem Aischtal abwärts. Sie verlief damit im so genannten Aischgrund und wurde am 12.7.1904 eröffnet. Ihren Personenverkehr behielt sie bis zum Mai 1976; ihr Güterverkehr wurde am 23.9.1993 eingestellt. Eine denkbare kurze Verlängerung dieser Strecke bis Höchstadt (Aisch) und Erlangen ist nie zustande gekommen. Vor der zum Jahresende 1993 erfolgten Gesamtstilllegung wollten Eisenbahnfreunde noch einmal mit einem Sonderzug nach Demantsfürth-Ühlfeld fahren; jedoch war diese Fahrt wegen der vorzeitigen Demontage der Gleisanlagen nicht mehr möglich. Vor dem interessanten Empfangsgebäude des Endbahnhofs pausiert die Kleinlok 332 262 am 5.8.1987 mit einem G-Wagen kurz vor Beginn ihrer Rückfahrt als Üg 68233 nach Neustadt (Aisch).

KBS: *418a* Seligenstadt – Volkach

Die so genannte Mainschleifenbahn zweigt in Seligenstadt bei Würzburg von der Hauptstrecke nach Schweinfurt ab. Eröffnet am 15.2.1909, führt sie zunächst durchs unterfränkische Agrarland und anschließend mit einer Gefällestrecke in das hier eingeschnittene Tal zu dem in einer Mainschleife liegende Ort Volkach, der mit einer kombinierten Eisenbahn-Straßenbrücke ereicht wird. Mit elf Kilometern Länge ist sie eher zu den kürzeren Bahnstrecken in Bayern zu zählen. Der Personenverkehr wurde hier bereits am 23.9.1968 eingestellt, während der Güterverkehr bis zum 30.9.1991 erhalten blieb. Hinter der erwähnten Mainbrücke ereicht 360 322 am 8.9.1989 mit Üg 69857 das am linken Ufer liegende Volkach. Diese Brücke bildete zwei Jahre später übrigens den Stilllegungsgrund.

Auch wenn die Anschlussweiche im Bahnhof Seligenstadt mittlerweile entfernt wurde, verkehren ab 2003 doch wieder Ausflugszüge auf der Mainschleifenbahn (allerdings nur bis Astheim vor der Mainüberquerung), denn ein Verein vor Ort hat sich die Reaktivierung der Strecke für den regulären Verkehr zum Ziel gesetzt. Das kleine Empfangsgebäude von Volkach hat 360 322 am 8.9.1989 nur wenige Meter nach der kombinierten Schienen-Straßen-Brücke über den Main erreicht. Gelegentlich sind hierher zu einem Treibstofflager auch längere Kesselwagenzüge gefahren.

KBS: 813 Mellrichstadt – Fladungen

Im Tal der Streu in der bayerischen Rhön konnten seit dem 28.12.1898 Züge von Mellrichstadt nach Fladungen fahren, das nach dem Zweiten Weltkrieg im Zonenrandgebiet nur wenige Kilometer von der Grenze zur DDR entfernt lag. Der Personenverkehr in die frühere Kreisstadt Mellrichstadt konnte sich bis zum 29.5.1976 halten; der Güterverkehr lief noch elf Jahre länger bis zum 30.5.1987. Heute wird diese Bahnlinie übrigens als Museumsbahn genutzt. 211 143 hat am 10.7.1985 den Endpunkt Fladungen erreicht und umfährt die mitgebrachten Wagen. Links ist bereits eine nach Gründung der DB AG in den 1990er-Jahren überall zu beobachtende Situation zu erkennen: die Sperrung eines vermeintlich nicht mehr benötigten Gleises mittels Sh2-Tafel und Schwellenkreuz.

KBS: 817 Falls – Gefrees

Im Fichtelgebirge oberhalb der bekannten Schiefen Ebene zweigte im Bahnhof Falls die kurze Nebenbahn nach Gefrees ab, die am 15.7.1902 eröffnet wurde. Der zuletzt mit einer später als Baureihe 360 bezeichneten Rangierlok und einem zweiachsigen Personenwagen der Bauart »Donnerbüchse« durchgeführte Personenverkehr wurde am 29.9.1973 eingestellt, fast gleichzeitig mit dem Verschwinden der Schnellzugdampfloks der Baureihe 01 von der Hauptstrecke zwischen Hof und Neuenmarkt-Wirsberg. Aus einem nach Hof fahrenden Zug gelang das Foto von 360 236, die am 2.10.1990 mit Üg 69844 aus Gefrees nach Falls zurückkehrte. Von dem ehemaligen Abzweigbahnhof Falls ist heute übrigens nur noch ein Haltepunkt übrig geblieben, an dem inzwischen sogar alle Züge durchfahren. Daher muss man heutzutage das Gelände schon sehr genau durchsuchen, um die einstige Funktion erkennen zu können.

Der geringe Güterverkehr in das kleine Städtchen Gefrees konnte noch bis zum Ende der Deutschen Bundesbahn am 31.12.1993 auf der Schiene abgewickelt werden. Kurz vor Gefrees überquerte die Bahnstrecke das Tal der Ölschnitz auf dieser mitten im Wald gelegenen Brücke. 360 328 bringt am 27.9.1991 mit der Üg 69843 einen neuen Mähdrescher nach Gefrees; der Endbahnhof wird bald erreicht sein.

KBS: 818 Neuenmarkt-Wirsberg – Bischofsgrün

Mitten ins Fichtelgebirge führte die Strecke von Neuenmarkt-Wirsberg nach Bischofsgrün. Die Bahnlinie im oberhalb von Bad Berneck sehr engen Tal des Weißen Mains wurde in drei Etappen fertig gestellt: Zunächst am 28.12.1896 bis Bad Berneck, dann am 16.6.1897 bis Goldmühl und schließlich am 20.10.1898 bis Bischofsgrün. Ihren Personenverkehr hat die Gesamtstrecke am 26.5.1974 verloren, während der Güterverkehr wieder etappenweise aufgegeben wurde: am 31.5.1986 vom Anschluss Küfner (bei Goldmühl) bis Bischofsgrün und nach einem Dammrutsch am 22.7.1992 von Lanzendorf bis zum Anschluss Küfner. Am 19.7.1983 brachte 260 228 einen Güterzug bis Goldmühl, um die Wagen dort den Kunden zuzustellen.

In Lanzendorf wurde noch bis Mitte 2006 auf dem zum Bahnhofsgleis umgewandelten Reststück gelegentlich ein Gaskesselwagen zugestellt. Bei starkem Frost wagte es die DB am 5.1.1993, die seit dem Dammrutsch im vorigen Sommer in der Anschlussstelle Küfner eingeschlossenen Wagen mit einer allerletzten Fahrt abzuholen. Am 30.5.1986 verkehrte der offiziell letzte Güterzug Üg 69831 nach Bischofsgrün. Aus diesem Anlass wurde ihm hinter der Zuglokomotive 211 294 ein Personenwagen beigestellt. Zuletzt kam der Übergabezug nur noch sehr selten nach Bischofsgrün und beschränkte sich dann auf den Transport von Holz oder Kohle. Umso überraschender war es daher, dass am letzten Betriebstag noch ein beladener Wagen nach Bischofsgrün gebracht wurde, den einige Tage später eine wirklich »allerletzte Fahrt« dort wieder abholen musste.

KBS: 851 Kulmbach – Thurnau (– Bayreuth)

Die in der Bierstadt Kulmbach beginnende Bahnlinie nach Bayreuth wurde in zwei Teilen eingeweiht: bis Thurnau am 10.10.1908 und bis Bayreuth Altstadt – hier bestand Anschluss an die (ehemalige) Strecke von Bayreuth nach Hollfeld – am 28.6.1909. Die Verkehrseinstellung wurde ebenfalls in Teilabschnitten vollzogen. Zwischen Thurnau und Bayreuth Altstadt fuhr der letzte Personenzug bereits am 1.6.1973. Gleichzeitig wurde auch der Güterverkehr zwischen Drossenfeld und Bayreuth Altstadt eingestellt. Ende 1982 verkehrte dann auch der letzte Güterzug nach Drossenfeld. Die letzten Personenzüge kamen schließlich am 3.9.1993 von Kulmbach bis Thurnau. Zum selben Datum wurde auch der Güterverkehr im Abschnitt Melkendorf – Thurnau eingestellt; die tatsächlich letzte Bedienung von Kasendorf erfolgte dann aber erst am 5.9.1993. Der neue »Endbahnhof« Melkendorf wurde schließlich am 2.11.1998 das letzte Mal von einem Güterzug erreicht, bevor dann am 31.12.1998 auch die offizielle Einstellung des Güterverkehrs zwischen dem Anschluss Müll bei Kulmbach und Melkendorf erfolgte. Das kurze Reststück bis zur Ast. Müll wurde in ein Bahnhofsgleis umgewandelt und dient bis heute der Abfuhr von Müll aus der Region zu einem Heizkraftwerk. Am 20.7.1993 konnte U. Kramer in der weiten Landschaft bei Kasendorf die Kleinlok aus Kulmbach mit einem Wagen auf der Fahrt nach Thurnau fotografieren.

Auf der Rückfahrt bestand der Güterzug am 20.7.1993 wieder nur aus einem einzigen Wagen – diesmal allerdings aus einem Vierachser zum Kartoffeltransport. U. Kramer stand auch bei diesem Bild in den Wiesen vor Kasendorf.

KBS: *414v* Pressig-Rothenkirchen – Tettau

In Folge der Grenzziehung von 1945 hatte sich im so genannten Tettauwinkel im Frankenwald ein Kuriosum besonderer Art ergeben: Die am 24.6.1903 eröffnete Stecke von Pressig-Rothenkirchen nach Tettau verlief teilweise direkt auf dem Grenzstreifen, weshalb hier mit der fortschreitenden Grenzsicherung durch die DDR am 29.5.1952 der Gesamtverkehr eingestellt werden musste. Während für den Personenverkehr nur der Bus übrig blieb, wurden ein Glas verarbeitendes Unternehmen («Alexanderhütte«) zum größten Teil weiter per Schiene bedient – allerdings mittels Straßenroller des Typs »Culemeyer«. Am 1.7.1952 wurde dieser Verkehr aufgenommen. Die Wagen wurden dabei in der Nähe von Alexanderhütte auf das verbliebene Gleis gesetzt und bis zum 27.12.1983 mit Hilfe einer Kleinlok einen Kilometer nach Tettau und auf die Bestimmungsgleise in der Nachbarschaft zugestellt. Danach entfielen die Fahrten mit der Kleinlok weitgehend, und die Güterwagen wurden offiziell bis zum 31.5.1996 (tatsächlich sogar noch etwa vier Wochen länger) direkt mit dem »Culemeyer« ihrem Empfänger zugestellt. Das Bild zeigt die 323 652 am 1.6.1984 mit einer Anzahl Wagen beim Anschluss Alexanderhütte.

KBS: 827 (Bamberg –) Breitengüßbach – Dietersdorf

In Breitengüßbach am Main oberhalb von Bamberg zweigten einst zwei längere Nebenbahnen in nördlicher Richtung ab. Im Baunachtal wird noch heute Personenverkehr bis Ebern durchgeführt, während weiter nordwestlich auf der Fortsetzung der Strecke nach Maroldsweisach der Personenverkehr 1988 eingestellt wurde. Den Güterverkehr wollte zunächst die BGW übernehmen, die dieses Vorhaben im November 2001 aber wieder aufgab. Daraufhin wurde die Strecke Ebern – Maroldsweisach stillgelegt. Güterverkehr gibt es von Breitengüßbach in Richtung Ebern nach Aufgabe des dortigen Tarifpunkts heute nur noch bis zum Bahnhof Baunach. Die »Itzgrundbahn« nach Dietersdorf (nahe der früheren Grenze zur DDR) verlief zunächst im Tal der Itz, um dann nördlich von Kaltenbrunn der Rodach zu folgen. Am 1.10.1913 konnte hier der Verkehr aufgenommen werden. Der Bahnhof Kaltenbrunn-Untermerzbach wird heute als Gaststätte (auch für Radler auf der Bahntrasse) genutzt, während J. Lohmann am 1.9.1981 dort noch 260 863 mit einem kurzen Zug auf der Fahrt nach Bamberg fotografieren konnte.

Der letzte Personenzug im Itzgrund fuhr am 28.9.1975, und der Güterverkehr wurde am 26.9.1981 eingestellt. Viele sehr kleine Siedlungen wurde von der Bahnlinie Breitengüßbach – Dietersdorf berührt, von denen Seßlach der größte Ort mit etwas Verkehrsaufkommen war. Der Endbahnhof Dietersdorf verfügte demgegenüber nur über ein kleines Empfangsgebäude. Dennoch war die 332 179 am 3.9.1979 mit einigen Güterwagen dorthin gelangt. J. Lohmann konnte den Übergabezug im Bild festhalten.

KBS: 831 (Coburg –) Ebersdorf – Fürth am Berg (– Neustadt)

In Ebersdorf im Coburger Land hatte die Steinachtalbahn nach Weidhausen ihren Ausgangspunkt. Sie wurde am 1.8.1901 eröffnet, wohingegen ihre Verlängerung nach Neustadt bei Coburg erst am 1.11.1920 in Betrieb genommen werden konnte. Mit ihr und der schon vorhandenen Verbindung von Lichtenfels nach Sonneberg war ein Kreis geschlossen worden, der zum Namen »Karussellbahn« führte. In Folge der Grenzziehung 1945 wurde dieser Kreis allerdings bald schon wieder unterbrochen. Nach Fürth am Berg unmittelbar vor der Grenze zur DDR fuhr der letzte Reisezug immerhin erst am 31.5.1975. Von Wörlsdorf-Hassenberg aus konnte auf der zum Bahnhofsgleis gewordenen Strecke sogar danach noch bis zum 1.8.1986 hin und wieder ein Güterwagen nach Fürth am Berg gebracht werden, während Wörlsdorf-Hassenberg selbst noch bis zum 27.5.1989 planmäßig von Güterzügen angefahren wurde. Beim schmucken ehemaligen Bahnhof Mödlitz war am 31.7.1984 die 211 320 mit ihrem Güterzug unterwegs nach Coburg. Zu dieser Zeit war es noch durchaus üblich, einen Güterzuggepäckwagen (hier der erste Wagen nach der Lok) über die Nebenstrecke mitzuführen, galt es doch häufig, Expressgut zu transportieren.

Bis 30.5.1992 war dann Hof-Steinach Endpunkt für die Güterbahn; mit diesem Tag endete jedoch die Geschichte der »Karussellbahn«. Nur selten hat in den letzten Betriebsjahren ein Zug Fürth am Berg, den Endbahnhof seit 1945, erreicht. Letzter Kunde war hier ein Händler von Landmaschinen. 211 317 musste dort am 26.4.1982 als Rangierfahrt einen Mähdrescher zustellen, der auf dem Bild von J. Lohmann bereits abgeladen war. Der Blick geht in Richtung Heubisch-Muppberg jenseits der zu diesem Zeitpunkt noch undurchdringlichen Grenze.

KBS: 189g (Hof –) Marxgrün – Lichtenberg (– Saalfeld)

Im östlichen Frankenwald wurde am 15.8.1901 die Strecke von Marxgrün (an der Bahnlinie zwischen Hof und Bad Steben) durch das fränkische Höllental nach Blankenstein in Thüringen eröffnet. Als Folge des Zweiten Weltkrieges wurde der durchgehende Verkehr am 11.4.1945 eingestellt. Der geringe Güterverkehr bis Lichtenberg unmittelbar vor der Grenze hielt sich demgegenüber noch bis zum 23.5.1971. Lediglich etwa ein Kilometer der Strecke bis zum ehemaligen Haltepunkt Hölle wurde auch danach noch als Anschlussgleis zu einem Mineralwasserabfüller bis zum 30.10.1987 betrieben. In der letzten Zeit gab und gibt es immer wieder starke Bestrebungen, diese mittlerweile demontierte Bahnlinie wieder aufzubauen, um den Anschluss der Industriebetriebe rund um Lobenstein auf »stabile Gleise« zu stellen. Das als Bahnhofsgleis genutzte Streckengleis am ehemaligen Haltepunkt Hölle lag mitten im Wald. Dort war am 4.8.1987 der seltene Fall eingetreten, dass 211 054 an den oft viele Tage und Wochen dort stehenden Kesselwagen herangefahren ist, um ihn nach Marxgrün und weiter gen Hof zu befördern. Über eine versteckte Rohrleitung konnte die Kohlensäure aus dem Wagen in den doch ein wenig entfernt gelegenen Abfüllbetrieb gelangen.

KBS: 836 (Münchberg –) Helmbrechts – Schauenstein (– Selbitz)

Am Nordrand des Fichtelgebirges liegt Münchberg. Von hier aus wird bis heute die Bahnlinie nach Helmbrechts im Personenverkehr befahren. Am 1.3.1924 wurde deren Verlängerung über Schauenstein nach Selbitz an der Bahnstrecke zwischen Hof und Bad Steben fertig gestellt. Nur wenig mehr als 50 Jahre war diese Bahnverbindung nutzbar, denn bereits am 29.5.1976 fuhr auf ihr der letzte Personenzug. Gleichzeitig wurde der Abschnitt Schauenstein – Selbitz im Gesamtverkehr aufgegeben. Von Münchberg über Helmbrechts konnte noch bis zum 31.3.1987 ein Güterzug nach Schauenstein gelangen, obwohl dieser Streckenabschnitt offiziell bereits zum Ende des Jahres 1986 stillgelegt worden war. Auf der Fahrt von Schauenstein nach Münchberg war J. Lohmann am 17.3.1986 dabei und konnte 211 312 in der Nähe von Helmbrechts fotografieren.

KBS: 421b (Neuhaus –) Ranna – Auerbach

Auch eine acht Kilometer kurze Stichstrecke konnte grenzüberschreitend sein – in diesem Fall allerdings nur über die Grenze zwischen Mittelfranken und der Oberpfalz; auch Oberfranken ist sehr nahe: Beim Abzweigbahnhof Ranna der Bahnlinie ins Bergbaustädtchen Auerbach liegt das Pegnitztal noch in Mittelfranken, aber schon etwas weiter westlich fängt Oberfranken an, während im Osten die Oberpfalz liegt. Der Bahnhof Ranna befand sich also noch in Mittelfranken, der namensgebende Ort hingegen bereits in der Oberpfalz. Eröffnet wurde die Verbindung nach Auerbach am 16.12.1903. Das zuletzt verbliebene Personenzugpaar wurde zum 31.1.1970 eingestellt. Einige Jahre länger hat der Güterverkehr überlebt: Erst am 22.5.1982 fand hier die letzte Fahrt statt. Am 26.4.1982 besuchte J. Lohmann Auerbach und konnte dabei 211 302 ablichten, die soeben den Bahnhof erreicht hat. Ein durch den zu Zeiten des Bahnbaus noch bestehenden Erzbergbau finanziell recht gut gestellter Ort musste auch ein stattliches Empfangsgebäude haben. Selbst der Lokomotivschuppen daneben macht zum Aufnahmezeitpunkt noch einen guten und benutzbaren Eindruck. Beide Gebäude sind übrigens bis heute, wenn auch mit neuer Nutzung, vorhanden.

KBS: 846 Neusorg – Fichtelberg

Von der südlich des Fichtelgebirges verlaufenden Hauptstrecke (Nürnberg –) Schnabelwaid – Marktredwitz zweigte in Neusorg die am 20.12.1890 eröffnete Bahnlinie entlang der Fichtelnaab nach Fichtelberg ab. Mit Personenzügen konnte man bis zum 29.5.1976 auf diese Strecke gelangen; danach blieb nur der Güterzug. Er verkehrte zwischen Brand und Fichtelberg letztmals am 28.9.1984. Nur drei Monate länger konnte Brand erreicht werden, wo mit zwei Kartonfabriken die letzten Kunden zu bedienen waren. Über die Wiesen nahe Ebnath zieht 211 309 am 17.7.1983 ihren Wagen durch das nordbayerische Gebirge.

KBS: 425p Kirchenlamitz Ost – Weißenstein

Das Fichtelgebirge konnte per Bahn auch aus östlicher Richtung, ausgehend von der Strecke Hof – Marktredwitz, erreicht werden. Denn es gab eine Bahnlinie von Kirchenlamitz Ost nach Weißenstein, die am 20.7.1899 eröffnet wurde. Der geringe Personenverkehr auf ihr wurde schon am 27.5.1972 eingestellt; der vielfältige Güterverkehr hielt sich dagegen noch 21 Jahre länger bis zum Ende des Jahres 1993. Anders als die anderen Stichstrecken ins Fichtelgebirge folgte die Verbindung nach Weißenstadt nicht einem längeren Tal, sondern musste »über die Berge« angelegt werden. Nicht weit vom Abzweigbahnhof mit Blick auf den großen Kornberg zieht 211 023 am 13.5.1993 den aus zwei Wagen gebildeten Üg 68993 zur ersten Anhöhe in Richtung Weißenstadt.

KBS: 853 Selb – Holenbrunn

Die Stadt Selb nahe der tschechischen Grenze war außer von Hof auch aus Richtung Holenbrunn erreichbar. Auf dieser Verbindung verkehrte der erste Personenzug am 1.5.1914 und der letzte am 27.9.1986. Die Strecke blieb allerdings auch danach noch bis zum letzten Güterzug am 25.2.1993 offen; jedoch hat der Mittelabschnitt seinen letzten regulären Güterzug bereits zusammen mit dem Personenverkehr verloren. Zuletzt wurde nämlich von Holenbrunn aus nur noch bis Thiersheim (dieser Teil sollte am 5.3.1993 gesperrt werden; es konnten aber auch danach bis zur Stilllegung im Mai 1993 noch einzelne Fahrten stattfinden) und von Selb Stadt aus bis zum 28.5.1988 nach Höchstädt-Thierstein gefahren. Im Bahnhof Selb Stadt treffen sich am 9.7.1986 außer dem Personenzug aus Hof (rechts) auch noch der 798 nach Holenbrunn und der Güterzug aus Höchstädt-Thierstein mit 211 311.

KBS: 854 Holenbrunn – Leupoldsdorf

Von der in Nord-Süd Richtung verlaufenden Hauptbahn Hof – Regensburg zweigte in Holenbrunn neben der zuvor erwähnten Bahnstrecke auch die Linie nach Leupoldsdorf in Richtung Fichtelgebirge ab. Wie im Band »Güterstrecken 1994 bis heute« beschrieben, wurde Wunsiedel zusammen mit der Hauptbahn ans Schienennetz angeschlossen, während Leupoldsdorf erst am 8.11.1913 erreicht wurde. Mit einem Personenzug konnte man die Gesamtstrecke bis Ende September 1975 bereisen; der letzte Güterzug fuhr 18 Jahre später nach Leupoldsdorf. Schönbrunn wurde hingegen noch bis Oktober 1994 bedient. Wunsiedel verlassen hat 211 062 am 22.7.1991 mit einigen Schüttgutwagen. Der Üg 69953 wird in Kürze Holenbrunn erreichen, das inzwischen Wunsiedel-Holenbrunn heißt.

KBS: 856 (Tirschenreuth –) Liebenstein – Bärnau

Auf der am 8.7.1903 dem Betrieb übergebenen Bahnlinie von Tirschenreuth nach Bärnau konnte Liebenstein noch bis zum 1.10.1994 von einem Güterzug erreicht werden (vgl. dazu schon den Band »Güterstrecken 1994 bis heute«), während auf der Gesamtstrecke der Personenverkehr bereits am 27.9.1975 eingestellt worden und der Güterzug nach Bärnau noch bis Ende 1984 gefahren ist. Auf diesem Teilstück liegt der Unterwegsbahnhof Iglersreuth, der nicht nur über ein Empfangsgebäude, sondern auch noch über einige Nebengleise verfügte, als J. Lohmann hier am 27.4.1982 die nach Bärnau fahrende Übergabe mit 260 247 an der Spitze fotografisch festhalten konnte.

Trotz des nur noch recht geringen örtlichen Verkehrsaufkommens war in Bärnau bis zuletzt ein Beamter beschäftigt, der Expressgut ausgab und entgegennahm. Die letzte Fahrt eines Güterzugs lag hier bereits drei Wochen zurück, als am 27.4.1982 endlich einmal wieder ein Zug Bärnau erreichte. J. Lohmann fotografierte an diesem Tag das Schild mit den Öffnungszeiten des Schalters.

Den Endbahnhof Bärnau hat 260 247 am 27.4.1982 erreicht. Die Bahnhofsuhr zeigt fünf Minuten vor neun Uhr. Eine Besonderheit ist die Beschriftung des Empfangsgebäudes: An der Ostseite ist der Zusatz »an der Waldnaab« mit den Anfangsbuchstaben angeschrieben, wie auf dem Bild von J. Lohmann zu sehen ist. Auf der Westseite steht dagegen nach »Bärnau« der Zusatz »Oberpf« auf einer Holztafel, wie er zuletzt bahnamtlich korrekt war.

KBS: 858 (Neustadt –) Vohenstrauß – Eslarn

Eslarn wurde mittels einer 50 Kilometer langen Zweigstrecke von Neustadt bei Weiden aus erreicht, deren letzte Etappen jenseits von Vohenstrauß zunächst am 16.8.1900 bis Waidhaus und schließlich am 1.10.1908 bis Eslarn fertiggestellt wurden. Auf dem Weg nach Eslarn führte die Strecke in der abwechslungsreichen Landschaft in der Nähe von Albersrieth an einigen Teichen vorbei. Am 22.5.1992 war dort eine Lok der Baureihe 211 unterwegs nach Eslarn und konnte mit dem Üg 67933 beobachtet werden.

Der ältere Abschnitt ist bereits im Band »Güterstrecken 1994 bis heute« erwähnt worden; hier soll nun eine Aufnahme vom Endbahnhof folgen, der bis zum 23.5.1993 im Güterverkehr erreicht wurde, nachdem der Personenverkehr nach Weiden bereits Ende Mai 1975 auf die viel kürzere Straße verlagert worden war. Ein Fahrtrichtungswechsel mit Rangieraufenthalt und Personalwechsel war neben dem kleinen Empfangsgebäude in Eslarn angesagt, als 211 359 am 3.8.1987 mit ihrem Üg 67911 dort angekommen war. Wie in anderen Gebirgsregionen auch sorgten insbesondere die Winter für zum Teil große Behinderungen bei der Betriebsabwicklung. Vor allem weil ohnehin nur fünf Zugpaare pro Woche auf die Strecke kamen, wurde der Bahnverkehr auf dieser Verbindung dadurch zusätzlich verteuert.

KBS: 859 (Nabburg –) Lind – Schönsee

Der Oberpfälzer Wald erstreckt sich als Höhenzug längs der Grenze zur Tschechischen Republik. Außer der gerade erwähnten Erschließungsstrecke nach Eslarn führte hier einst auch noch eine Verbindung von Nabburg bis nach Schönsee. Der vordere Abschnitt ab der Anschlussstelle Stulln bei Nabburg – hier findet auch heute noch Güterverkehr statt – bis Lind war noch bis zum 15.10.1994 in Betrieb. Demgegenüber war auf dem hinteren Abschnitt nach Schönsee nur bis zum 3.6.1984 (und damit deutlich weniger lang als auf der benachbarten Linie nach Eslarn) Güterverkehr möglich. Dieser Abschnitt, eröffnet am 1.8.1913, hatte seinen Personenverkehr wie die Gesamtstrecke schon am 29.5.1976 verloren. Beim früheren ganz aus Holz gebauten Bahnhof Gaisthal gelang am 20.7.1983 das Foto der zurückfahrenden 211 305.

Der Endpunkt Schönsee war weniger als zehn Kilometer von Eslarn entfernt, dem schon vorgestellten Endpunkt der nördlichen Strecke von Neustadt. Beide Bahnlinien hatten jedoch keine Verbindung. Wohl gab es um das Jahr 1930 herum Überlegungen, von Eslarn über Schönsee eine Bahnverbindung entlang der Grenze zur damaligen Tschechoslowakei bis nach Waldmünchen anzulegen. Die Zeit für den Bau solcher eher unbedeutender Strecken war jedoch damals schon unwiederbringlich vorbei, weshalb diese Pläne nicht mehr Realität wurden. In Schönsee musste am 20.7.1983 ausgiebig rangiert werden, wobei 211 305 beobachtet werden konnte.

KBS: 866 Gotteszell – Blaibach (– Cham)

Die Verbindung von Gotteszell nach Blaibach wurde immer schon von der nichtbundeseigenen Regentalbahn AG betrieben, die heute nach ihrem Verkauf an Private eine vornehmlich auf DB-Gleisen aktive Privatbahn geworden ist. Während die Strecke von Gotteszell nach Viechtach zur Werkstatt der Regentalbahn immer noch genutzt wird, wurde die erst am 1.2.1928 eröffnete Verlängerung nach Blaibach wegen Schäden an einer Brücke kurz vor Blaibach bereits am 4.2.1991 im Personen- und Güterverkehr wieder aufgegeben. Nur bis Fichtental waren in der Folgezeit noch bis März 1993 seltene Güterzugfahrten zu verzeichnen. Bei dem nur äußerst schwachem Güterverkehr kam es allerdings in den letzten Betriebsjahren kaum vor, dass – wie am 21.7.1983 – eine Diesellokomotive der RAG (heute RBG) in die Gegend von Wimbach zwischen Fichtental und Blaibach an diese schöne Aussichtsstelle kam.

KBS: *417h* Vilshofen – Aidenbach

In Vilshofen an der Donau zweigten zwei Stichstrecken von der Magistrale Regensburg – Passau ab: westlich die zunächst Vils aufwärts nach Aidenbach verlaufende und südlich die nach Ortenburg, die auch heute noch teilweise befahren wird. In der Nähe der Ortschaft Aldersbach verließ die Aidenbacher Bahnlinie das Vilstal und folgte noch einige Kilometer dem Unterlauf des Aldersbach. Im Vilstal klaffte zwischen Aldersbach und Kröhstorf, wo ein Anschluss an die ehemalige Verbindung nach Landau im Isartal möglich gewesen wäre, nur eine Lücke von etwa zwölf Kilometern. Obwohl bis in die 1920er-Jahre geplant, ist diese Lücke jedoch nie geschlossen worden. Bereits am 21.11.1898 konnte hingegen die Bahnlinie von Vilshofen bis nach Aidenbach fertiggestellt werden. Am 30.9.1962 verkehrte auf ihr aber auch schon wieder der letzte Personenzug. Noch 25 Jahre länger bis zum 31.12.1987 wurde die Strecke für den Güterverkehr genutzt. Bei Aldersbach fuhr 211 346 am trüben 16.2.1987 mit einem offenen Güterwagen nach Vilshofen. J. Lohmann scheute das eher schlechte Wetter nicht, war doch ein Güterzug in Aidenbach zu dieser Zeit schon kein alltägliches Ereignis mehr.

Der Übergabezug mit 211 347 an der Spitze hat am 27.8.1979 den Bahnhof Aidenbach erreicht. Der eine an diesem Tag zu befördernde Güterwagen stellte dabei auch nicht mehr das große Frachtaufkommen früherer Zeiten dar. Foto: J. Lohmann.

KBS: 871 Neumarkt – Beilngries

Zwischen Nürnberg und Regensburg wurde von Neumarkt aus die Strecke nach Beilngries am 1.6.1888 zunächst als Stichstrecke eröffnet. Später kamen im Altmühltal noch Verbindungen von Beilngries nach Dietfurt und Kinding (und weiter in Richtung Eichstätt) hinzu, die aber leider auch schon lange wieder Geschichte sind. Fast auf ihrer gesamten Länge wurde die »Stammstrecke« in der Nähe des alten Ludwig-Donau-Main-Kanals angelegt. Aus diesem Grund musste sie auch weichen, als der neue Rhein-Main-Donau-Kanal zum Altmühltal nahe Beilngries ähnlich wie der alte Kanal gebaut wurde. Der geringe Personenverkehr wurde daher Ende September 1987 eingestellt, wohingegen der Güterverkehr auf dem Abschnitt südlich von Greißelbach – hier war die Bahnlinie dem neuen Kanal im Wege – noch bis zum 29.7.1989 betrieben wurde. Gut zwei Jahre länger, nämlich bis zum 31.10.1991, kam der Güterzug dann noch bis nach Greißelbach, wo bereits lange zuvor die dort beginnende Zweigstrecke nach Freystadt abgebaut worden war. Nahe Neumarkt blieb ein kurzes Streckenstück bis heute als Anschlussgleis eines Betonwerks erhalten. Bei Plankstetten konnte am 6.8.1984 die dortige Klosteranlage und der Kanal ganz vorn auf einem Bild mit 333 039 an der Spitze des Güterzugs auf dem Weg nach Beilngries fotografiert werden.

Bis 1928 (dem Zeitpunkt der Eröffnung der Verbindungsstrecken in Richtung Kinding bzw. Eichstätt) wurde der alte Bahnhof in Beilngries für den Personenverkehr genutzt; danach diente er nur noch dem Güterverkehr. Am 6.8.1984 hat 333 039 einen kurzen Güterzug hierher gebracht und die Wagen auf ihre Bestimmungsgleise rangiert. Nur wenige Jahre zuvor hatten die Übergabezüge noch des Öfteren Überlast für die Kleinlok gehabt, so dass die Personenzüge als PmG zusätzliche Güterwagen mitführen mussten.

KBS: 872 Regensburg-Wutzlhofen – Falkenstein

Die Hauptstrecke von Regensburg nach Hof verläuft direkt nach Norden, zunächst im Regental, dann weitgehend im Naabtal. Bereits im Regensburger Vorort und Stadtteil Wutzelhofen zweigte von ihr das am 22.12.1913 eröffnete »Falkensteiner Bockerl« ab. Zwar lange erwartet, dann aber vor allem im unteren Abschnitt doch überraschend schnell, wurde auf dieser Nebenbahn am

1.6.1984 der Personenverkehr eingestellt. Falkenstein war im Güterverkehr anschließend noch ein Jahr lang zu erreichen. Zum 27.9.1986 wurde schließlich auch der zunächst noch verbliebene Güterverkehr zwischen Wutzelhofen und Wenzenbach eingestellt. Oberhalb von Wenzenbach liegt der nur mit dem Nötigsten ausgestattete Haltepunkt Bernhardswald. Dort fährt am 22.7.1983 der Güterzug mit 211 062 in Richtung Falkenstein.

Am 22.7.1983 war beim Aufenthalt in Falkenstein an der 211 062 (rot) eine Störung aufgetreten. Deshalb musste erst eine Hilfslok in Gestalt der 211 314 (blau/beige) aus Regensburg kommen. Beide Loks zusammen konnten dann vor der Ortskulisse mit der Burg Falkenstein reichlich verspätet doch noch die Rückfahrt antreten.

9.

Südbayern (Strecken 905 – *406k*)

Tabelle der Nebenstrecken									
letzte KBS	Pv-Einstellung	Gv-Einstellung	Gesamt-stilllegung	Länge (km)	von	nach	Besonderheiten	●	○
901	2.6.1984	31.12.1985	stillgelegt	11,4	Faurndau Nord	Maitis-Hohenstaufen			x
901	2.6.1984	2.6.1984	stillgelegt	13,4	Maitis-Hohenstaufen	Schwäbisch Gmünd			x
320p	1.6.1969	22.12.1989	stillgelegt	3,6	Donzdorf	Grünbach			x
320p	1.6.1969	26.9.1981	stillgelegt	3,4	Grünbach	Weißenstein			x
904	1.6.1980	26.9.1981	stillgelegt	12,9	Geislingen-Altenstadt	Deggingen		x	x
905	31.8.1985	13.9.1985	stillgelegt	18,9	Amstetten	Laichingen	WEG, 750 mm, heute teilweise Museumsbahn		
909	26.9.1982	28.5.1983	stillgelegt	7,1	Markt Wald	Ettringen			x
411g	1.3.1967	31.12.1985	stillgelegt	4,2	Sinzing	Alling			
913	21.1.1986	31.7.1989	stillgelegt	3,2	Augsburg-Hirblingerstraße	Lohwald			
913	21.1.1986	21.1.1986	stillgelegt	17,4	Lohwald	Welden			
413d	1.12.1953	1.1.1988	31.3.1988	9,3	Wolnzach	Geisenfeld			
413h	2.10.1960	23.5.1993	stillgelegt	21,0	Dollnstein	Rennertshofen	war zeitweise Museumsbahn		
426a	27.9.1964	30.11.1993	28.5.1994	25,4	Landau	Arnstorf			
427b	29.9.1968	30.11.1991	31.12.1993	6,6	Thann-Matzbach	Isen		x	
427c	26.5.1968	1.7.1993	31.7.1993	20,5	Dorfen	Velden			

942	3.3.1987	3.3.1987	stillgelegt	4,4	Wasserburg Bahnhof	Wasserburg Stadt	gesperrt nach Dammrutsch, 2004 an Stadt Wasser-burg		
427m	29.9.1969	31.7.1981	stillgelegt	6,0	Wiesmühl	Tittmoning			
428g	26.5.1968	31.3.1992	stillgelegt	8,0	Übersee	Markquartstein			
966	1.10.1972	27.9.1992	stillgelegt	3,4	Altenstadt	Schongau		x	
406f	25.9.1966	31.7.1993	stillgelegt	6,5	Röthenbach	Lindenberg		x	
406h	1.12.1960	1.5.1991	stillgelegt	5,7	Röthenbach	Weiler			
972	30.9.1984	eingestellt	1.2.1992	3,8	Kempten	Anst Möldner km 3,8			
972	30.9.1984	29.9.1984	stillgelegt	24,1	Anst Möldner km 3,8	Sibratshofen			
972	17.4.1983	15.4.1983	stillgelegt	9,7	Sibratshofen	Isny			
987	1.10.1972	1.6.1996	stillgelegt	10,7	(Memmingen) Ungerhausen	Ottobeuren			

• = anschließende Teilstrecke siehe in Tabelle vor 1980 (im Anhang)
o = anschließende Teilstrecke siehe in Tabelle nach 1994 (im Band »Güterstrecken 1994 bis heute«)

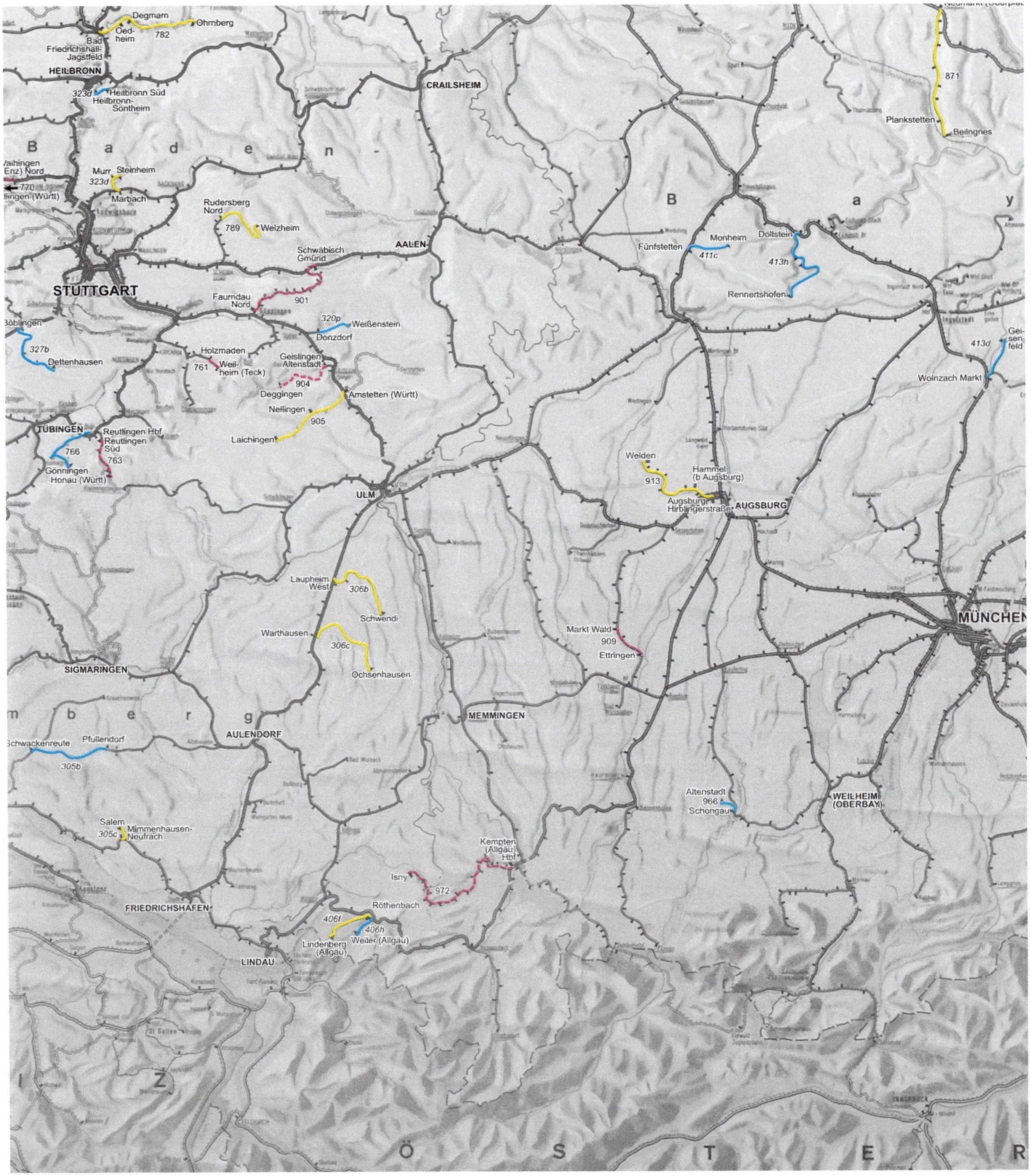

Degmarn
Ohmberg
Oed-
heim
782
Bad
Friedrichshall-
Jagstfeld
HEILBRONN
323d
Heilbronn Süd
Heilbronn-
Sontheim
CRAILSHEIM
871
Plankstetten
Beilngries
B a d e n -
Vaihingen
(Enz) Nord
770
Murr
Steinheim
323d
Marbach
Rudersberg
Nord
789
Welzheim
B a y
Schwäbisch
Gmünd
AALEN
Fünfstetten
411c
Monheim
Dollstein
413h
Rennertshofen
STUTTGART
Faurndau
Nord
901
320p
Weißenstein
Donzdorf
Böblingen
327b
Dettenhausen
Holzmaden
761
Weil-
heim (Teck)
Geislingen
Altenstadt
904
Deggingen
Amstetten (Württ)
Nellingen
905
Laichingen
413d
Gei-
sen-
feld
Wolnzach Markt
TÜBINGEN
Reutlingen Hbf
Reutlingen
Süd
766
763
Gönningen
Honau (Württ)
Weiden
913
Hammel
(b Augsburg)
Augsburg-
Hirblingerstraße
AUGSBURG
ULM
Laupheim
West
306b
Schwendi
Warthausen
306c
Ochsenhausen
Markt Wald
909
Ettringen
MÜNCHEN
SIGMARINGEN
MEMMINGEN
m b e r g
AULENDORF
Schwackenreute
Pfullendorf
305b
Altenstadt
966
Schongau
WEILHEIM
(OBERBAY)
Salem
305c
Mimmenhausen-
Neufrach
Kempten
(Allgäu)
Hbf
Isny
972
FRIEDRICHSHAFEN
Röthenbach
406f
406h
Lindenberg
(Allgäu)
Weiler (Allgäu)
LINDAU
Z
Ö S T E R

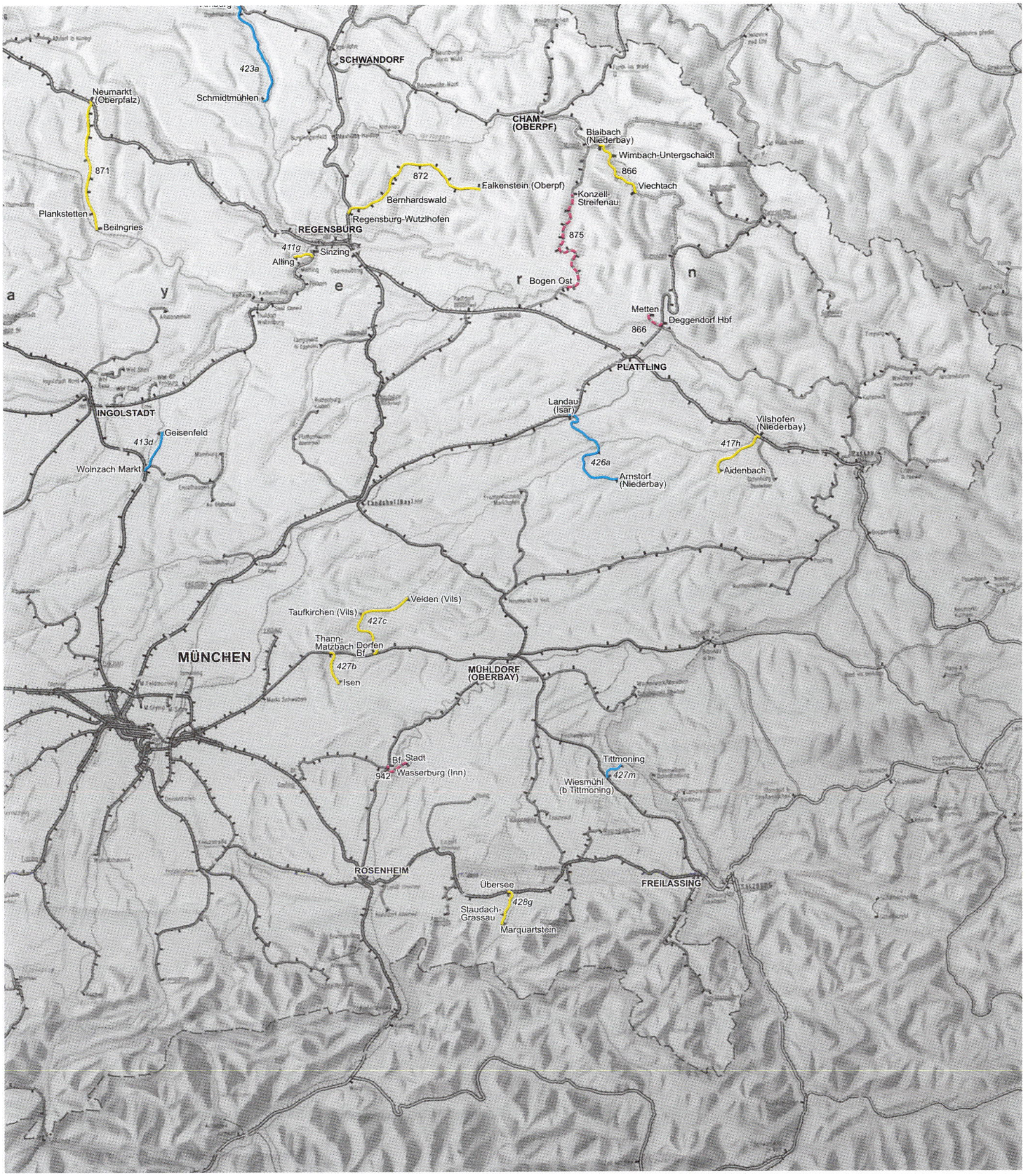

Schmidtmühlen
423a
SCHWANDORF
Neumarkt (Oberpfalz)
871
Plankstetten
Beilngries
CHAM (OBERPF)
Blaibach (Niederbay)
Wimbach-Untergschaidt
866
Viechtach
872
Falkenstein (Oberpf)
Bernhardswald
Regensburg-Wutzlhofen
REGENSBURG
Konzell-Streifenau
875
411g
Sinzing
Alling
Bogen Ost
Metten
Deggendorf Hbf
866
PLATTLING
INGOLSTADT
Landau (Isar)
Geisenfeld
413d
Wolnzach Markt
Vilshofen (Niederbay)
417h
Aidenbach
426a
Arnstorf (Niederbay)
Velden (Vils)
Taufkirchen (Vils)
427c
Thann-Matzbach
Dorfen Bf
427b
Isen
MÜNCHEN
MÜHLDORF (OBERBAY)
Bf
Stadt
942
Wasserburg (Inn)
Tittmoning
427m
Wiesmühl (b Tittmoning)
ROSENHEIM
Übersee
428g
Staudach-Grassau
Marquartstein
FREILASSING

KBS: 905 Amstetten – Laichingen

Die letzte voll im Personen- und Güterverkehr betriebene Schmalspurbahn in Westdeutschland zwischen Amstetten (an der Magistrale München – Stuttgart, damalige KBS 900) und Laichingen nahm ihren Betrieb auf der Schwäbischen Alb am 20.10.1901 auf. Die Triebwagen der WEG für den Personenverkehr erledigten mit »gemischten Zügen« zugleich auch den Güterverkehr. Am 31.8.1985 fuhr dann aber der letzte Personenzug, und zwei Wochen später war auch der Güterverkehr beendet.

(uk) Kurz vor Toresschluss kam auch der damals junge Mitautor Urs Kramer noch nach Laichingen. Er hatte erst kurz zuvor von der bevorstehenden Stilllegung des WEG-«Bähnles« erfahren, als ein netter Beamter der Bundesbahndirektion Stuttgart die durchaus emotionalen Schreiben eines damals 14-Jährigen zur Frage der Sinnhaftigkeit von Streckenstilllegungen durch die (in Augen des Bahnfreundes: böse) DB ernsthaft beantwortete und ihn darauf hinwies, welche Strecken alle eingestellt werden sollten – eben auch die Schmalspurbahn auf der Alb. Sicherlich hat dieses Gefühl des Ernstgenommenwerdens dazu beigetragen, dass die in der Öffentlichkeit so oft als unflexibel, kundenfern und unwirtschaftlich gescholtene »Beamtenbahn« bei dem Verfasser bis heute gar keinen so schlechten Ruf hat. Doch zurück zur WEG: Mit den Informationen der DB war klar, dass eine Fahrt nach Laichingen führen musste. Da es eine der ersten Bahntouren überhaupt war, wurde die Großmutter überredet (oder von den Eltern abkommandiert?), ihren Enkel zu begleiten. Der beherrschte damals das Kursbuch allerdings schon so sicher, dass der von der Oma beim Fahrkartenverkauf zur Sicherheit befragte Schalterbeamte, ob die Verbindungen denn so alle stimmten, nur sein Staunen zum Ausdruck bringen konnte.

Nach dem Umstieg in Amstetten auf den Schmalspurtriebwagen mit drei angehängten Güterwagen auf Rollböcken – das Wort war dem staunenden Betrachter damals noch unbekannt – tat sich dem angehenden »Bahnsinnigen« eine völlig neue (und bald darauf zumindest teilweise ja leider auch schon wieder verschwundene) Welt auf: Ein PmG mit einem »coolen« (so hieß das damals allerdings noch nicht) Zugführer, der auf der Fahrt nach Laichingen dem Buben alles erklärte und sogar Tipps zum Fotografieren gab – Motto: »No net hudle [hetzen, Anmerkung des Verfassers], mir hen Zeit«. Auf einigen Unterwegsbahnhöfen musste sogar rangiert werden, was weitere aus heutiger Sicht allerdings vom Ausschnitt her nicht wirklich befriedigende Bilder ermöglichte. Die Rückfahrt nach Amstetten wurde dann jedoch zusammen mit der geduldigen Oma im Bus angetreten, da der nächste Zug erst in einigen Stunden fuhr, und es sollte doch noch am gleichen Tag per Schienenbus von Göppingen nach Boll und Schwäbisch Gmünd gehen. Der Grundstein für die Bahnsucht war also gelegt; aber das ist eine andere Geschichte ... Was bleibt, ist in jedem Fall die Erinnerung an eine »gemütliche« schwäbische Eisenbahnstrecke, die leider trotz bis zuletzt recht reger Inanspruchnahme wegen politischer Kleingeisterei – konkret ging es um die Streichung der so genannten Gasölbetriebsbeihilfe für die WEG durch die Landesregierung – zumindest viel zu früh sterben musste.

Der damals schon »motivsicherere« M. Brodkorb konnte am 19.4.1985 den VT 30 der WEG beim Wechsel der Güterwagen auf die schmalspurigen Rollböcke für den GmP 316 im Amstetten beobachten.

Ein kurzer Abschnitt von Amstetten bis Oppingen konnte vor dem Abbau bewahrt werden; hier wird heute noch Zugbetrieb mit Museumsfahrzeugen durchgeführt. Auf der Fahrt von Laichingen zum Anschlussbahnhof Amstetten war der WEG-VT 30 am 19.4.1985 nahe Nellingen mit dem GmP 327 unterwegs, mit dem auch drei Güterwagen befördert wurden.

In Laichingen angekommen, musste am 19.4.1985 die aufwändige Verbindung zwischen VT 30 und dem bis hierher mitgebrachten Güterwagen gelöst werden.

KBS: *411g* (Regensburg –) Sinzig – Alling

Von Sinzig in der Nähe von Regensburg aus wurde bereits am 20.12.1875 die kurze Zweigstrecke nach Alling eröffnet. Mit der Donautalbahn Regensburg – Ingolstadt hatte Sinzig nur wenig früher, nämlich im Sommer 1874, seinen ersten Eisenbahnanschluss erhalten. Das Buch »Geschichte und Geographie deutscher Eisenbahnen« gibt für die damalige Zeit die sagenhafte Fahrgeschwindigkeit dieser Bahnlinie »von 2 Minuten pro 1 km« an. Trotz der Kürze der Strecke wurde auf ihr noch bis zum Februar 1967 Personenverkehr angeboten und erst ziemlich genau 110 Jahre nach der Streckeneröffnung am 31.12.1985 auch der Güterzugbetrieb eingestellt. Am 2.11.1985 war es die Aufgabe von 260 209, den faktisch letzten Güterzug als Abschiedszug zu fahren. J. Lohmann war in Alling mit dabei.

KBS: 913 (Augsburg –) Neusäß – Welden

An der westlichen Stadtgrenze von Augsburg, in Neusäß, begann die am 5.12.1903 eröffnete »Weldenbahn« nach Welden am Rande des »Holzwinkels«. Am 21.1.1986 endete wegen des schlechten Streckenzustands der Personenverkehr in die »Westlichen Wälder von Augsburg« und gleichzeitig auch der Güterverkehr zwischen Lohwald und Welden. Offizielles Datum für diesen zweiten Schritt war allerdings erst der 30.5.1986. Bis Lohwald konnte der Güterzug dann noch bis zum Sommer 1989 gelangen. Inmitten der »Westlichen Wälder« nahe dem Dorf Hammel ist 212 100 am 2.9.1985 mit einem Güterwagen unterwegs nach Welden.

KBS: *427c* Dorfen – Velden

Östlich von München, an der Hauptstrecke nach Mühldorf, liegt Dorfen Bf. Von hier aus konnte zu Weihnachten 1898 (wirklich am 24.12.!) die Lokalbahnlinie nach Velden eröffnet werden. Die Bahnstrecke vom Isental in das Tal der Großen Vils brachte auch für Dorfen einen ortsnäheren Bahnhof. Sie wurde im Personenverkehr bis zum 25.5.1968 bedient. Der einzige größere Ort in der Mitte der Strecke ist Taufkirchen; die anderen Siedlungen entlang der Bahnlinie müssen als eher klein bezeichnet werden. Der Güterzugbetrieb über die kleine Wasserscheide konnte noch 25 Jahre länger als der Personenverkehr bis Ende Juni 1993 aufrechterhalten werden. An einem trüben Tag kurz vor der Verkehrseinstellung war J. Lohmann in Taufkirchen und konnte dort 211 345 fotografieren.

KBS: 427b Thann-Matzbach – Isen (– Haag)

Weitab von größeren Orten liegt an der Hauptstrecke München – Mühldorf auch noch der Abzweigbahnhof Thann-Matzbach. Am 27.9.1900 konnte von hier aus der Eröffnungszug auf der Lokalbahnlinie nach Haag verkehren. Wie auf der zuvor präsentierten benachbarten Bahnstrecke nach Velden wurde der Personenverkehr hier ebenfalls am 25.5.1968 eingestellt. Auf dem längeren Ostabschnitt zwischen Isen und Haag überlebte auch der Güterverkehr nur noch wenige Jahre bis Ende 1972. Das vordere Drittel der Strecke bis Isen wurde dagegen noch bis November 1991 von Übergabezügen befahren. 290 210 ist mit der Übergabe im »Endbahnhof für 20 Jahre« angekommen. J. Lohmann konnte dort den längeren Güterzug zwischen einem Skl und dem Empfangsgebäude aus Ziegeln mit hölzernem Schuppenanbau fotografieren.

Vom einstigen Endpunkt Haag aus war es übrigens nicht mehr weit bis zur Bahnstrecke Mühldorf – Wasserburg; eine Verbindung beider Linien wurde jedoch nie gebaut. In der hügeligen Landschaft Oberbayerns ist 290 210 mit drei gedeckten Güterwagen auf dem Weg nach Thann-Matzbach (Foto: J. Lohmann).

KBS: *428g* Übersee – Marquartstein

Von der im nördlichen Alpenvorland verlaufenden Hauptstrecke von München nach Salzburg zweigte einst in Übersee eine Stichbahn nach Marquartstein ab. Diese kam im Tal der Tiroler Ache den Bergen ein wenig näher. Mit ihrer größten Steigung von 1:150 war sie aber noch sehr günstig trassiert. Am 10.8.1885 wurde die Strecke eröffnet. Das Buch »Geschichte und Geographie deutscher Eisenbahnen« gibt für sie eine Fahrgeschwindigkeit »von 3 Minuten pro 1 km« an. Der Bahnhof Marquartstein lag am Fuß einer Bergkette der Chiemgauer Alpen. 211 268 stand dort zur Rückfahrt bereit, als J. Lohmann sie fotografieren konnte.

Zu einem Datum, an dem einige andere Strecken in Oberbayern ebenfalls ihren Personenverkehr verloren, nämlich am 25.5.1968, fuhr auch nach Marquartstein der letzte Personenzug. Der Güterverkehr wurde dann aber noch bis Ende März 1992 betrieben. Im Unterwegsbahnhof Staudach-Grassau lagerte auf der einen Seite des Gleises frisch gesägtes Holz, auf der anderen Seite stand das hölzerne Empfangsgebäude, als 211 268 mit ihrem kurzen Zug nach Marquartstein unterwegs war (Foto: J. Lohmann).

KBS: 406k Röthenbach – Lindenberg

An der Allgäubahn Kempten – Lindau bildete Röthenbach mit den beiden Zweigstrecken nach Weiler und Scheidegg einen kleinen Nebenbahnknoten. Nach Weiler gelangte der erste Zug am 22.7.1893. Am 1.12.1960 fuhr dann aber schon wieder das letzte Mal ein Güterzug mit Personenbeförderung (GmP) dorthin; reine Güterzüge verkehrten danach immerhin noch bis zum 1.5.1991 nach Weiler. Acht Jahre musste Scheidegg demgegenüber anfangs länger als Weiler warten, bis am 1.10.1901 auch dort die Eröffnung der Bahnlinie gefeiert werden konnte. Dafür hielt sich der Personenverkehr dann auch länger bis zum 25.9.1966. Zu diesem Zeitpunkt wurde der Abschnitt Lindenberg – Scheidegg auch gleich im Gesamtverkehr stillgelegt, während der Güterverkehr bis nach Lindenberg noch bis Ende Juli 1993 betrieben wurde. Nahe Riedhirsch war 212 178 am 29.7.1991 mit Üg 69983 auf dem Weg nach Lindenberg. Damals wurde außer dem obligatorischen Güterzuggepäckwagen zumindest noch ein weiterer gedeckter Güterwagen im Zug befördert. Nur im Gegenlicht ließen sich die südlich gelegenen Berghöhen der Allgäuer Alpen zusammen mit dem einzigen Zug am Vormittag auf einem Bild vereinen.

10.

Deutsche Reichsbahn

Tabelle der Nebenstrecken									
letzte KBS	Pv-Einstellung	Gv-Einstellung	Gesamt-stilllegung	Länge (km)	von	nach	Besonderheiten	•	o
162t	1966	eingestellt	22.4.1993	2,7	Lodenau km 13,5	Steinbach (Grenze Polen)			x
206	28.9.1980	eingestellt	31.12.1993	20,6	Groß Gastrose	Forst			x
162k	28.5.1967	22.5.1993	28.4.1995	15,1	Finsterwalde	Annahütte			x
421	27.5.1972	31.12.1992	stillgelegt	1,5	Wilischthal Papierfabrik	Wilischthal	750 mm	x	
422	30.9.1984	30.9.1984	stillgelegt	9,4	Wolkenstein	Niederschmiede-berg	750 mm		
422	13.1.1984	13.1.1984	stillgelegt	13,6	Niederschmiede-berg	Jöhstadt	750 mm, teilweise Wiederaufbau als Museumsbahn		
537	30.12.1996	8.1.1994	1.6.1997	5,2	Walthersdorf	Crottendorf			
440	26.9.1982	31.12.1993	1.10.1994	5,4	Schönheide Ost	Schönheide Süd		x	x
440	26.9.1982	28.5.1994	28.2.1998	10,9	Schönheide Süd	Hammerbrücke		x	x
440	26.9.1982	31.12.1994	28.2.1998	1,4	Hammerbrücke	Muldenberg		x	x
443	28.5.1971	eingestellt	27.1.1974	3,4	Wolfspfütz	Lengenfeld	war bis 1992 Bahnhofsgleis	x	
511	28.9.1975	1986	stillgelegt	7,2	Lucka	Groitzsch			x
612	26.5.1968	31.12.1993	stillgelegt	7,6	Bad Bibra	Lossa		x	x
190d	17.3.1968	1994	stillgelegt	8,5	Auwallenburg	Brotterode			x
644	29.9.1974	29.9.1974	22.4.1993	8,9	Schlotheim	Ebeleben	P		x
185f	1.10.1955	30.6.1992	22.5.1993	4,3	Esperstedt	Oldisleben	P		

204b	26.5.1963	22.5.1993	stillgelegt	2,3	Löbejün	Gottgau	P	x	x
205m	31.10.1963	31.01.1994	stillgelegt	18,2	Aschersleben	Cochstedt	P		x
676	31.5.1970	eingestellt	2.4.1993	14,3	Heudeber-Danstedt (Abzw. Mulmke)	Hessen	P		
677	22.5.1971	30.5.1976	2.4.1993	4,2	Osterwieck	Hoppenstedt	P	x	x
208g	26.5.1963	31.1.1963	22.4.1993	11,8	Niemegk	Treuenbrietzen	P, war zuletzt Bahnhofsgleis		x
205e	5.2.1967	22.5.1993	stillgelegt	2,3	Etgersleben	Egeln Nord		x	
759	28.9.1980	28.9.1980	stillgelegt	13,9	(Salzwedel –) Krinau Fuchsberger Str.	Badel	P, umgespurt auf 1435 mm		x
110h	28.5.1967	1.1.1998	stillgelegt	2,6	Boitzenburg	Boitzenburg Stadt	P, war Bahnhofs-gleis		
811	28.9.1975	1.10.1994	stillgelegt	4,1	Perleberg	Quitzow	P	x	
811	28.9.1975	eingestellt	1.12.1992	10,7	Quitzow	Karstädt	P	x	
811	28.9.1975	eingestellt	1.12.1992	6,9	Karstädt	Margaretental	P	x	
120g	15.10.1979	15.10.1979	1.6.1980	4,7	Suckow	Porep		x	
120g	15.10.1979	eingestellt	28.9.1980	7,2	Porep	Putlitz		x	
Güter-strecke		28.5.1995	stillgelegt	2,5	Demmin	Demmin Hafen	P		
108e	3.10.1947	eingestellt	22.4.1993	7,5	Barth	Bresewitz		x	

P = von der DR verstaatlichte frühere Privatbahnstrecke

● = anschließende Teilstrecke siehe in Tabelle vor 1980 (im Anhang)
o = anschließende Teilstrecke siehe in Tabelle nach 1994 (im Band »Güterstrecken 1994 bis heute«)

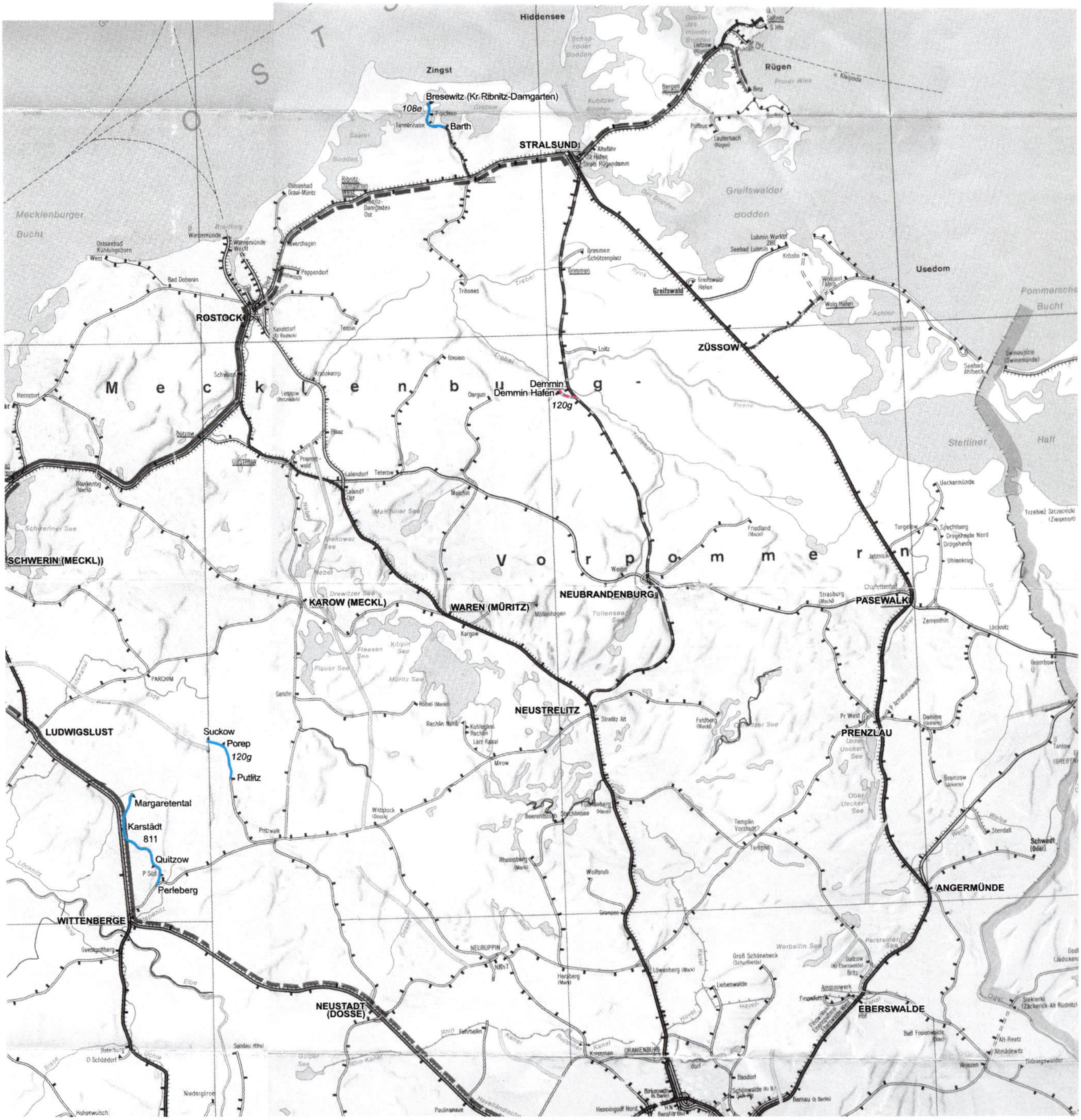
Hiddensee
Zingst
Rügen
Bresewitz (Kr. Ribnitz-Damgarten)
108e
Barth
STRALSUND
Mecklenburger Bucht
ROSTOCK
ZÜSSOW
Usedom
Greifswald
Demmin
Demmin Hafen
120g
M e c k l e n b u r g -
V o r p o m m e r n
SCHWERIN (MECKL)
KAROW (MECKL)
WAREN (MÜRITZ)
NEUBRANDENBURG
PASEWALK
NEUSTRELITZ
LUDWIGSLUST
Suckow
Porep
120g
Putlitz
PRENZLAU
Margaretental
Karstädt
811
Quitzow
Perleberg
WITTENBERGE
ANGERMÜNDE
NEUSTADT (DOSSE)
EBERSWALDE

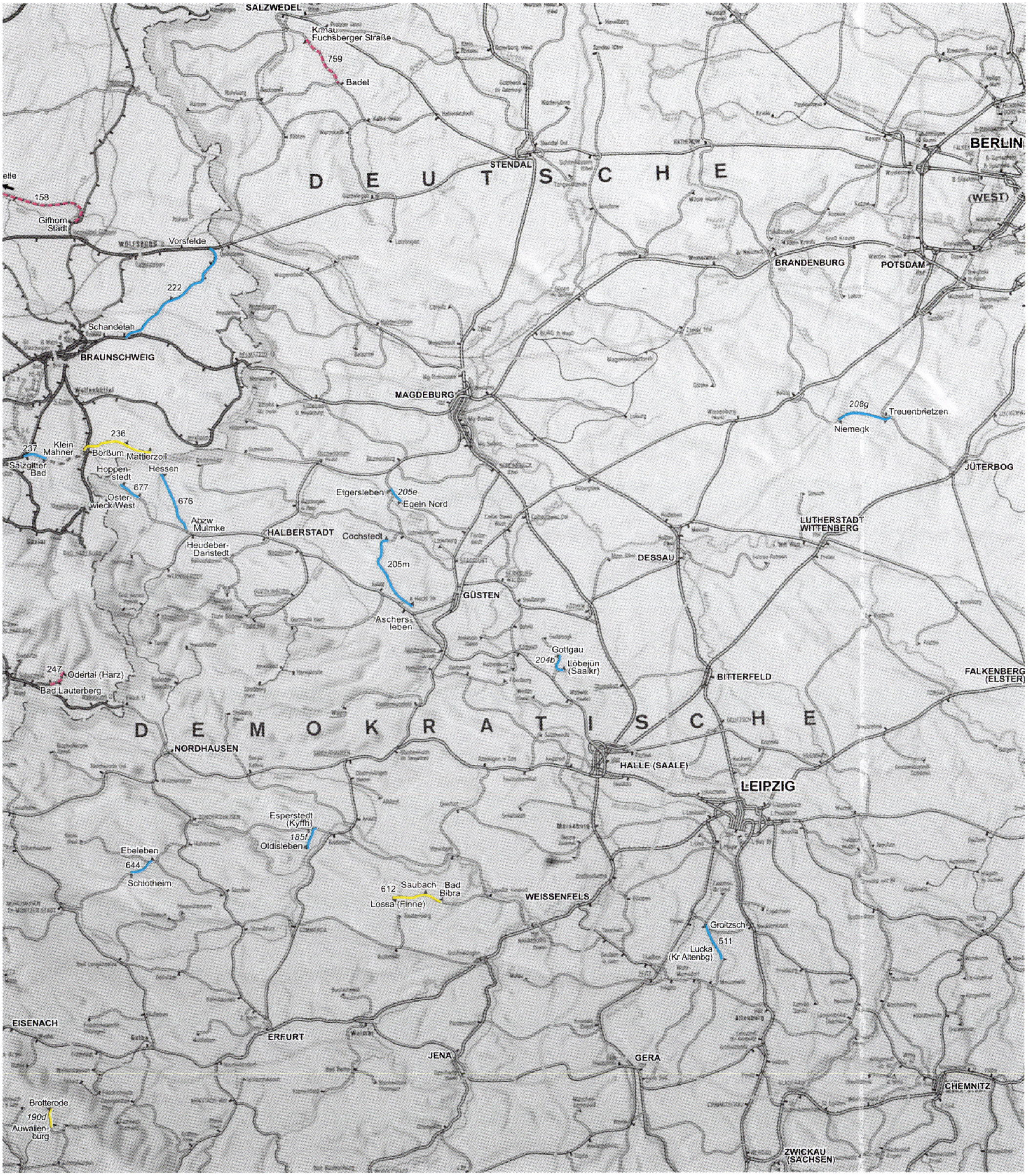
SALZWEDEL
Knlau Fuchsberger Straße
759
Badel
STENDAL
D E U T S C H E
BERLIN
(WEST)
158
Gifhorn Stadt
WOLFSBURG
Vorsfelde
222
BRANDENBURG
POTSDAM
Schandelah
BRAUNSCHWEIG
MAGDEBURG
208g
Treuenbrietzen
Niemegk
236
237
Klein Mahner
Börßum
Mattierzoll
Salzgitter Bad
Hoppenstedt
Hessen
677
676
Osterwieck West
Etgersleben
205e
Egeln Nord
JÜTERBOG
Abzw. Mulmke
HALBERSTADT
Cochstedt
LUTHERSTADT WITTENBERG
Heudeber-Danstedt
205m
DESSAU
GÜSTEN
Aschersleben
Gottgau
204b
Löbejün (Saalkr)
247
Odertal (Harz)
Bad Lauterberg
BITTERFELD
FALKENBERG (ELSTER)
D E M O K R A T I S C H E
NORDHAUSEN
HALLE (SAALE)
LEIPZIG
Esperstedt (Kyffh)
185f
Oldisleben
Ebeleben
644
Schlotheim
612
Saubach
Bad Bibra
Lossa (Finne)
WEISSENFELS
Groitzsch
511
Lucka (Kr Altenbg)
EISENACH
ERFURT
JENA
GERA
CHEMNITZ
Brotterode
190d
Auwallenburg
ZWICKAU (SACHSEN)

BERLIN
POTSDAM HBF
FRANKFURT (ODER)
a n d e n b u r g
208g
Treuenbrietzen
Niemegk
JÜTERBOG
LUTHERSTADT WITTENBERG
Groß Gastrose
206
Forst (Lausitz)
COTTBUS
Finsterwalde (Niederlausitz)
162k
Annahütte
FALKENBERG
Steinbach
162t
Lodenau
RIESA
S a c h s e n
GÖRLITZ
DRESDEN
ZITTAU
CHEMNITZ
ZWICKAU (SACHSEN)
Wilischthal Papierfabrik
421
Wilischthal
Wolkenstein
Nieder-schmiede-berg
422
Jöhstadt
Waltersdorf (E)
537

KBS: *162k* Finsterwalde – Annahütte (– Senftenberg)

In Finsterwalde im südlichen Brandenburg zweigten von der Hauptstrecke Leipzig – Cottbus zwei Nebenbahnen ab: Die nördliche führte über Crinitz bis zum Jahr 1947 nach Luckau. Auf ihr wird heute zumindest bis Crinitz seit einiger Zeit wieder Museumsverkehr durchgeführt. In südlicher Richtung konnte am 20.9.1887 eine Bahnlinie nach Zschipkau (heute Schipkau) eröffnet werden. 18 Jahre später, am 1.10.1905, wurde aus der Stichstrecke sogar eine durchgehende Verbindung nach Senftenberg. Der Personenverkehr wurde hier dennoch schon Ende Mai 1967 wieder eingestellt, und gleichzeitig musste der Südabschnitt Klettwitz – Schipkau – Senftenberg dem Braunkohleabbau weichen bzw. wurde in das System der Braunkohlenbahnen integriert. Bis Annahütte (etwas nördlich von Klettwitz) konnte hingegen noch bis Mai 1993 Güterverkehr durchgeführt werden, wobei aber auch dieser Streckenabschnitt vornehmlich dem Braunkohletransport diente. In Annahütte waren noch wenige Nebengleise vorhanden, als 346 603 am 24.10.1994 im Bahnhofsbereich eintraf. Dies war nach Monaten und lange nach der offiziellen Einstellung des Verkehrs die vermutlich allerletzte Fahrt. J. Lohmann konnte durch Mithilfe des Wagendienstes in Finsterwalde dabei sein.

KBS: *537* (Schlettau –) Walthersdorf – Crottendorf

In Walthersdorf in der Nähe von Schlettau zweigte von der Verbindung Schwarzenberg – Annaberg-Buchholz die Bahnlinie nach Crottendorf ab, die am 1.12.1889 eröffnet wurde. Diese Strecke folgte auf ganzer Länge der Zschopau, die nur wenig oberhalb von Crottendorf am Fuß des Fichtelbergs entspringt. Wurde bis zum Ende des Jahres 1996 noch Personenverkehr auf dieser Bahnstrecke durchgeführt, so war es mit dem Güterverkehr bereits am 8.1.1994 vorbei. Fast auf seiner ganzen Länge von sieben Kilometern verlief das Gleis nahe der Straße und der Bebauung von Walthersdorf und Crottendorf. Am 18.6.1983 war J. Lohmann dabei, als hier der Einsatz der 86 1333 noch ganz und gar alltäglich war. Am Rande von Crottendorf gelang ihm dieses Foto mit einem Pferdegespann.

Für eine Reisegruppe aus der Bundesrepublik wurden dem Zug allerdings einige zusätzliche Wagen mitgegeben. In Crottendorf oberer Bahnhof hat die Lokomotive bereits die andere Seite des Zuges erreicht; nach Rangierarbeiten konnte sodann die Rückfahrt entlang der Ortsstraßen beginnen.

KBS: 440 (Aue –) Schönheide – Muldenberg (– Adorf)

Mitte der 1970er-Jahre wurde die obere Zwickauer Mulde in der Talsperre Eibenstock, dort wo das Erzgebirge ins Vogtland übergeht, aufgestaut. Dadurch wurde auch die am 7.9.1875 eröffnete Verbindung von Aue (Chemnitz) über Eibenstock nach Muldenberg (Adorf) unterbrochen. Der nordöstliche Rest der Strecke von Aue nach Blauenthal verlor seinen Personenverkehr endgültig Ende September 1995, nachdem die erste Einstellung des Verkehrs im Jahr 1990 aus rechtlichen Gründen zunächst wieder rückgängig gemacht werden musste. Güterverkehr bis zur nächsten Station hinter Blauenthal mit dem schönen Namen Wolfsgrün war noch bis zum Jahresende 1994 möglich, während der Personenverkehr zwischen Blauenthal und Schönheide Ost wegen der Talsperre, wie erwähnt, bereits im September 1975 eingestellt und gleichzeitig auch die Steilstrecke von Eibenstock unterer Bahnhof nach Eibenstock oberer Bahnhof aufgegeben werden musste. Auf dem oberen Abschnitt hinter einer Brücke über die Zwickauer Mulde nahe Tannnenbergsthal konnte J. Lohmann die 202 574 am 2.3.1993 mit einem Übergabezug nach Schönheide Ost aufnehmen.

Von Muldenberg nach Schönheide Ost war Personenverkehr dagegen noch bis Ende September 1982 möglich, und bis Ende 1993 wurden Schönheide Ost sowie bis zum 28.5.1994 Schönheide Süd noch von Güterzügen erreicht. Umfangreiche Industrie sorgte in Schönheide Ost für Fracht, wo 202 574 am 2.3.1993 auf dem Foto von J. Lohmann vor den Fabrikanlagen rangiert. Für den Abschnitt Schönheide Süd – Muldenberg gibt es derzeit allerdings Bestrebungen für eine Reaktivierung im Personenverkehr und zumindest bis zur Station Hammerbrücke auch im Güterverkehr. Touristische Anziehungspunkte könnten den Personenverkehr lohnend erscheinen lassen, und der Schienenweg könnte für die Industrie in Hammerbrücke, die den allgemeinen Niedergang im industriellen Bereich in der Nach-DDR positiv überstanden hat, zweckmäßig sein. Einige Investitionen wären dafür allerdings erforderlich, und dies bedeutet dann das große Fragezeichen bei der ganzen Angelegenheit.

KBS: 443 (Reichenbach –) Wolfspfütz – Lengenfeld

In der Nähe von Reichenbach führt die Sachsenmagistrale über den bekannten Göltzschtalviadukt. Mitten durch die Stadt Reichenbach war 1895 eine Bahnstrecke mit einer Spitzkehre in Reichenbach Ost zu dem unter dem Viadukt angelegten Bahnhof Göltzschtalbrücke gebaut worden. Acht Jahre später wurde dieser Bahnhof ebenfalls zu einer Spitzkehre, als im Gölzschtal eine Verbindungslinie nach Weißensand gebaut wurde. In zwei Etappen wurde die Verbindung dann sogar bis nach Lengenfeld verlängert: Am 3.1.1905 konnte das kurze Stück bis Wolfspfütz im Güterverkehr eingeweiht werden, während hier der Personenverkehr erst zusammen mit dem Betrieb des Reststücks am 17.5.1905 aufgenommen wurde. Auf diesem jüngsten Teilstück konnte sich der Personenverkehr bis zum 25.5.1973 halten, wohingegen die älteren Streckenteile bereits zuvor demontiert worden waren. Der verbliebene Rest der Bahnlinie wurde danach noch für eine kurze Weile im Güterverkehr betrieben, in der letzten Zeit jedoch nur noch zum Abstellen von Güterwagen genutzt. Am 17.8.1992 war J. Lohmann dabei, als einige dieser Wagen abgeholt wurden. Im »Endbahnhof« Wolfspfütz war das Pflanzenwachstum auf den Schienen deutlich zu sehen, dennoch konnte 346 258 noch die Gleise finden, um die Strecke von den Güterwagen zu räumen.

KBS: 612 (Laucha –) Bad Bibra – Lossa (– Kölleda)

Die Unstrut durchfließt vom Eichsfeld bei Mühlhausen aus das Thüringer Becken von West nach Ost. Jenseits von Sömmerda liegen die Bergrücken von Schrecke, Schmücke und Finne in dieser Richtung; die Unstrut weicht nach Norden aus. Bei Artern erfolgt wiederum eine Richtungsänderung nach Südost zur Mündung in die Saale bei Naumburg. Von Sömmerda aus kürzte die Finnebahn über Kölleda und Laucha den Unstrutbogen über Artern ab und führte dazu über den Höhenzug Finne. Am 1.5.1914 wurde der Abschnitt Kölleda – Lossa (auf den Höhen der Finne gelegen) eröffnet; zwei Monate später war Billroda erreicht. Das letzte Stück bis Laucha im Unstruttal komplettierte am 1.10.1914 die Verbindung. Im November 1947 musste der erste Abschnitt vom Thüringer Becken aus über die Finnehöhen als Kriegsfolge eingestellt und abgebaut werden. Am 15.3.1991 fehlten im Bahnhof Bad Bibra bereits die Nebengleise für den lange zuvor aufgegebenen Personenverkehr. J. Lohmann konnte aber noch den Übergabezug mit 110 070 neben dem schmucken Empfangsgebäude aufnehmen.

Fand auf dem Ostabschnitt zunächst noch normaler Betrieb statt, wurde der Personenverkehr zwischen Bad Bibra und Lossa am 25.5.1968 und nach weiteren fünf Jahren am 29.9.1973 auch auf dem letzten Stück der Linie zwischen Laucha und Bad Bibra eingestellt. Güterverkehr bis Lossa war demgegenüber bis 1993, bis Bad Bibra sogar noch ein Jahr länger möglich. Als J. Lohmann am 15.3.1991 in Saubach 110 070 auf der Fahrt nach Lossa fotografieren konnte, war dieser Bahnhof allerdings bereits ohne Funktion. Der Ortsname neben dem großen Empfangsgebäude erinnerte aber noch an die zurückliegenden Zeiten des Personenverkehrs.

Der Übergabezug hat am 15.3.1991 den seit 1947 mit dieser Funktion versehenen Endbahnhof Lossa erreicht. Nun müssen einige Rangierarbeiten durch 110 070 erledigt werden. J. Lohmann konnte hier trotz der frühen Morgenstunde neben dem Empfangsgebäude fotografieren. Im Übrigen finden im Bereich von Saubach derzeit (das heißt: im Sommer 2008) Bauarbeiten für die Neubaustrecke Erfurt – Halle/Leipzig statt; außer einem Tunnel wird hier auch eine große Talbrücke entstehen.

KBS: *190d* (Schmalkalden –) Kleinschmalkalden – Brotterode

Eine wechselvolle Geschichte mit vielen Daten hat die Bahnverbindung von Schmalkalden nach Kleinschmalkalden und weiter nach Brotterode am Fuße des Inselbergs aufzuweisen: Die Bahnbauer erreichten Kleinschmalkalden im November 1893 und genau fünf Jahre später am 6.11.1898 schließlich auch Brotterode. Der Bau dieser Streckenerweiterung ist darauf zurückzuführen, dass man nach einem verheerenden Feuer im Inselbergstädtchen 1895 für den Wiederaufbau auf die Eisenbahn setzte und dadurch Kleinschmalkalden zum Spitzkehrenbahnhof wurde, denn anders waren die Höhen des Thüringer Waldes nicht zu erreichen. Schon vor der Eröffnung dieser Strecke war 1896 von Wernshausen aus eine 600 mm-Heeresfeldbahn nach Brotterode errichtet worden, aus der 1899 die Trusetalbahn mit eine Spurweite von 750 mm mit dem neuen Endpunkt Trusetal hervorging. Am 14.12.1964 wurde der oberste Abschnitt der normalspurigen Verbindung jenseits von Auwallenburg (nahe Trusetal) stillgelegt und in der Folgezeit auch abgebaut. Der Abschnitt Kleinschmalkalden – Auwallenburg verlor seinen Personenverkehr am 17.3.1968. Bis Brotterode wurde die Strecke in den 1980er-Jahren dann aber wieder aufgebaut, um ein Heizwerk mit Kohle zu versorgen. Damit war es nach 1990 jedoch schon wieder vorbei, so dass der Güterverkehr im Mai 1992 endgültig eingestellt wurde, nachdem bereits zuvor der Transport von Erz aus Auwallenburg aufgegeben worden war. Bleibt noch zu erwähnen, dass am 30.10.1996 der Personenverkehr zwischen Schmalkalden und Kleinschmalkalden endete; allerdings verkehrten anschließend zwischen dem 3. und dem 14.11.1996 unter privater Regie nochmals Schienenbusse auf dieser Strecke. Auf dem Foto von J. Lohmann hat 112 441 am 28.9.1990 in Auwallenburg soeben einige Wagen mit der Werks-V 60 aus Brotterode (Lok 1) getauscht, um nun gleich wieder talwärts nach Schmalkalden zu fahren.

Anhang

Anmerkung: Die nachfolgende Anordnung der Strecken entspricht den Kapiteln des Buches.

Verkehrseinstellungen und Stilllegungen vor 1980

letzte KBS	Pv-Einstellung	Gv-Einstellung	Gesamt-stilllegung	Länge	von	nach	Betreiber (Abkürzung), Besonderheiten
219f	August 1960	20.4.1963	stillgelegt	3,1	Hoya	Bücken	Hoya-Syke-Asendorfer Eisenbahn (HSA), 1000 mm
219e	30.5.1959	23.8.1971	stillgelegt	7,8	Bruchhausen-Vilsen	Asendorf	früher HSA, heute Museumsbahn, 1000 mm, in Betrieb
219b	26.5.1968	30.5.1976	30.5.1976	11,5	Uchte	Steyerberg	
106	30.9.1973	1977	stillgelegt	15,7	Petershagen	Uchte	MKB
219h	1.11.1959	1975	stillgelegt	10,3	Kutenhausen	Wegholm	MKB
107	1.10.1972	1972	stillgelegt	12,3	Hille-Hafen	Lübbecke	MKB
219g	30.9.1962	19.5.1963	stillgelegt	6,6	Damme	Schwegermoor	Wittlager Kreisbahn
190m	15.11.1933	31.3.1936	stillgelegt	34,0	Stade	Freiburg (Elbe)	Kehdinger Kreisbahn (KKB)
190m	eingestellt	eingestellt	22.5.1932	16,5	Freiburg (Elbe)	Itzwörden	KKB
217c	26.5.1968	25.5.1968	25.5.1968	15,1	Buchholz (Kr. Harburg)	Hollenstedt	
217g	1.6.1958	eingestellt	stillgelegt	8,9	Brockel	Wittorf	
217g	1.6.1958	eingestellt	31.12.1968	5,9	Wittorf	Visselhövede	
217d	Mai 1953	Mai 1953	Mai 1953	13,5	Bremen Parkbf	Falkenberg	Kleinbahn Bremen-Tarmstedt, 1000 mm (BrTa)
217d	29.1.1956	29.1.1956	29.1.1956	13,2	Falkenberg	Tarmstedt	BrTa, 1000 mm
112f	23.5.1954	31.12.1958	stillgelegt	9,1	(Heide –) Weddingstedt	Hemmerwurth	
112f	eingestellt	eingestellt	1.11.1942	3,0	Hemmerwurth	Karolinenkoog	
112n	31.5.1959	31.5.1959	stillgelegt	37,0	Husum	Wanderup	
112n	31.5.1959	eingestellt	31.1.1970	8,5	Wanderup	Flensburg Weiche	

112h	1.9.1954	1982	stillgelegt	7,7	Marne	Kronprinzen-koog Nord	
112h	1.9.1954	eingestellt	stillgelegt	5,1	Kronprinzen-koog Nord	Friedrich-koog III	
Güter-strecke		29.10.1967	stillgelegt	4,5	Kronprinzen-koog Mitte	Kaiser Wil-helm Koog	
122	28.9.1975	27.9.1975	stillgelegt	8,9	Edendorf	Hohen-lockstedt	
112q	31.5.1970	31.5.1970	30.9.1970	17,6	Westerland	Hörnum	Sylter Verkehrsgesellschaft (SVG), 1000 mm
112q	31.12.1970	31.12.1970	stillgelegt	16,9	Westerland	List	SVG, 1000 mm
113r	20.4.1954	eingestellt	20.4.1954	4,3	Owschlag	Brekendorf	Kreisbahn Eckernförde-Owschlag (EO), 1000 mm
113r	30.9.1954	eingestellt	30.9.1954	20,7	Brekendorf	Eckernförde	EO, 1000 mm
113q	31.3.1953	31.3.1953	stillgelegt	19,7	Flensburg	Streichmühle	Flensburger Kreisbahn (FK), 1000 mm
113q	Herbst 1952	Herbst 1952	stillgelegt	30,0	Streichmühle	Kappeln	FK, 1000 mm
113g	10.9.1958	10.9.1958	stillgelegt	28,7	Eckernförde	Kappeln	Eckernförder Kreisbahn, 1000 mm
132	26.5.1974	26.5.1974	stillgelegt	12,2	Erfde	Hohn	
113u	13.5.1950	31.12.1971	stillgelegt	11,0	Kropp	Dörpstedt	Verkehrsbetriebe Kreis Schleswig (VKS)
113u	13.5.1950	eingestellt	stillgelegt	5,8	Dörpstedt	Wohlde	VKS
113e	11.4.1965	31.12.1971	stillgelegt	25,1	Berend	Satrup	VKS
113k	15.5.1957	15.5.1957	stillgelegt	30,7	Rendsburg	Hohenwestedt	Rendsburger Kreisbahn (RK), 1000 mm
113k	18.10.1954	18.10.1954	stillgelegt	14,7	Hohenwestedt	Schenefeld	RK, 1000 mm
139	30.9.1973	22.12.1973	stillgelegt	14,7	Barmstedt	Ulzburg	EBOE, 1992 Pv reaktiviert
114d	30.4.1963	eingestellt	30.4.1963	3,8	Großenbrode	Großenbrode Fähre	Ersatz durch NBS Vogelfluglinie
114d	30.4.1963	eingestellt	30.4.1963	5,3	Fehmarnsund (Fähre)	Burgstaaken	Ersatz durch NBS Vogelfluglinie
114a	3.6.1956	31.12.1974	stillgelegt	3,8	Petersdorf	Orth (Fehmarn)	
141	28.4.1974	1974	stillgelegt	4,6	Travemünde	Niendorf	
113e	31.12.1961	eingestellt	31.12.1961	50,5	Kiel	Bad Segeberg	Kleinbahn Kiel-Segeberg
114k	27.9.1964	31.12.1967	stillgelegt	29,0	Lübeck	Bad Segeberg	Lübeck-Segeberger Eisenbahn
114c	30.9.1962	eingestellt	31.8.1971	14,3	Bad Oldesloe	Kastorf	
114c	30.9.1962	1.1.1972	stillgelegt	6,0	Kastorf	Berkenthin	

114c	30.9.1962	1.1.1972	stillgelegt	8,8	Berkenthin	Ratzeburg	
114c	30.9.1962	1.9.1971	stillgelegt	4,4	Hollenbek	Klein Zecher	bis Dezemberg 1971 noch Rübentransporte
103a	8.10.1933	1.4.1934	stillgelegt	19,3	Ratzeburg	Klein Thurow	Ratzeburger Kleinbahn
114n	4.10.1959	eingestellt	stillgelegt	11,7	Hollenbek	Mölln	
149	30.5.1976	30.5.1976	stillgelegt	4,9	Mollhagen	Dwerkathen	
149	30.5.1976	30.5.1976	stillgelegt	5,0	Dwerkathen	Trittau	
149	15.3.1952	15.3.1952	stillgelegt	22,0	Glinde	Trittau	Südstormansche Kreisbahn
151	3.6.1973	Juni 1973	stillgelegt	6,1	Bleckede-Waldfrieden	Alt Garge	OHE, heute Draisinenstrecke
109h	22.5.1955	22.5.1971	stillgelegt	3,9	Wustrow	Lübbow	
109k	31.3.1969	31.3.1969	stillgelegt	17,2	Lüchow	Schmarsau (Lemgow)	Lüchow-Schmarsauer Eisenbahn, Restbetrieb auf Teilstück bis 1998
211d	23.5.1971	30.5.1976	stillgelegt	10,6	Wathlingen	Uetze	
193c	1.11.1936	1.11.1936	1936	13,3	Stemmen	Böhme	
Güterstrecke		30.5.1976	stillgelegt	3,8	Porta	Häverstedt	
214c	6.6.1961	30.5.1976	stillgelegt	7,5	Leese-Stolzenau	Loccum	
214c	6.6.1961	eingestellt	1969	14,5	Loccum	Niederwöhren	
214h	21.5.1966	21.5.1966	stillgelegt	5,8	Bückeburg Ost	Bad Eilsen Süd	Bad Eilsener Kleinbahn
214d	13.2.1954	13.2.1954	stillgelegt	13,9	Bielefeld	Werther	Bielefelder Kreisbahn (BK), 1000 mm
214e	13.2.1954	13.2.1954	stillgelegt	12,7	Schildesche	Enger	BK, 1000 mm
214k	24.4.1966	24.4.1966	stillgelegt	17,0	Herford Klbf	Spenge	Herforder Kleinbahn (HK), 1000 mm
214k	31.12.1962	31.12.1962	stillgelegt	3,4	Spenge	Wallenbrück	HK, 1000 mm
214k	4.11.1962	4.11.1962	stillgelegt	12,6	Herford-Bergertor	Exter	HK, 1000 mm
214k	29.4.1962	29.4.1962	stillgelegt	8,6	Exter	Vlotho	HK, 1000 mm
222d	1.4.1958	23.1.1979	stillgelegt	11,2	Delbrück	Sennelager	ehemals WLE
222f	3.6.1956	3.6.1956	3.6.1956	10,9	Warendorf	Westkirchen	WLE
222f	3.6.1956	31.5.1973	stillgelegt	5,1	Westkirchen	Finkenberg/ Zementwerk Anneliese	WLE

215f	18.1.1964	19.8.1970	stillgelegt	38,1	Wunstorf	Stolzenau	Steinhuder Meer Bahn (StMB), 1000 mm
193d	4.6.1935	eingestellt	4.6.1935	13,9	Stolzenau	Uchte	StMB, 1000 mm
215m	5.6.1931	1.9.1938	stillgelegt	20,0	Wulsdorf (Bremerhaven)	Sandstedt	Kleinbahn Farge-Wulsdorf (FW), während des 2. Weltkrieges Pv und Gv teilweise reaktiviert
215k	27.9.1964	26.9.1964	26.9.1964	17,8	Sandstedt	Farge (Bremen)	FW
215k	31.10.1961	in Betrieb	stillgelegt	10,4	Farge	Vegesack (Bremen)	Farge-Vegesacker Eisenbahn, 2007 Pv reaktiviert
221c	23.5.1954	25.9.1966	stillgelegt	3,6	Borgstede	Bramloge	war zuletzt Bahnhofsgleis
221d	1.6.1958	31.5.1958	stillgelegt	15,7	Diekmanns-hausen	Rodenkirchen	
221e	30.9.1961	30.5.1976	30.5.1976	9,8	Großenmeer	Etzhorn	
221p	8.7.1956	eingestellt	1957	9,7	Nordenham	Stollham	Butjadinger Eisenbahn (BjE)
221p	8.7.1956	8.7.1956	stillgelegt	20,4	Stollham	Eckwarder-hörne	BjE
220d	29.9.1968	28.9.1968	stillgelegt	8,2	Sedelsberg	Friesoythe	
221f	23.5.1954	23.5.1954	23.5.1954	5,4	Ellenserdamm	Bockhorn	
221f	23.5.1954	25.9.1966	stillgelegt	11,2	Grabstede	Linswege	
221m	31.10.1961	31.10.1961	stillgelegt	9,9	Sande	Wilhelms-haven-Voslapp	Vorortbahn Wilhelmshaven
209f	1942	1.1.1976	1.1.1976	2,6	Lehre	Brunsrode-Flechtdorf	1942 Ersatz durch NBS
206f	Oktober 1954	eingestellt	1971	42,6	Braunschweig Nordost	Schöningen	Brauschweig-Schöninger Eisenbahn (BSE)
206f	Juli 1950	eingestellt	1971	27,2	Hötzum	Mattierzoll	BSE (später teilweise als Bahnhofs-gleis Wendessen – Asse reaktiviert)
204c	8.4.1964	23.7.1965	stillgelegt	9,3	(Hildesheim –) Bavenstedt	Clauen	Hildesheim-Peiner Kreiseisenbahn (HPKE)
204c	8.4.1964	11.6.1965	stillgelegt	4,8	Clauen	Hohenhameln	HPKE
204a	30.9.1956	eingestellt	28.2.1965	14,3	Hohenhameln	Hämelerwald	HPKE
207c	1.6.1958	30.5.1976	stillgelegt	5,3	Stederdorf	Edemissen	
207c	1.6.1958	eingestellt	31.3.1963	6,9	Edemissen	Plockhorst	
206e	28.11.1954	eingestellt	stillgelegt	9,7	Salzgitter-Drütte	Salzgitter-Lichtenberg	Ersatz duch NBS
233	28.5.1978	31.12.1966	stillgelegt	4,4	Börßum	Hornburg	Osterwieck-Wasserlebener Eisenbahn
234	1.4.1974	1.4.1974	stillgelegt	4,0	Schöningen	Offleben	

204b	21.5.1955	11.6.1957	31.12.1973	8,6	Bad Harzburg	Eckertal	
236	1.1.1976	1.1.1976	1.1.1976	8,9	Mattierzoll	Jerxheim	
237	1.1.1976	1.1.1976	stillgelegt	9,8	Klein Mahner	Börßum	ist heute Museumsbahn, zur Zeit aber gesperrt
200d	22.5.1966	30.12.1971	stillgelegt	4,2	Gittelde	Bad Grund	Kleinbahn Gittelde-Bad Grund
242	30.5.1976	30.5.1976	stillgelegt	33,7	Langelsheim	Altenau	
200e	27.5.1961	28.2.1971	stillgelegt	5,9	Rhumspringe	Zwinge West (Bahnhof auf der Grenze)	
200c	1.6.1958	31.5.1975	stillgelegt	4,3	Sohlingen	Schönhagen	
200f	3.8.1963	eingestellt	3.8.1963	24,3	Braunlage	Walkenried	Südharz-Eisenbahn, 1000 mm
247	28.9.1975	27.9.1975	stillgelegt	7,6	Odertal	St. Andreas-berg	
200g	4.10.1959	eingestellt	stillgelegt	1,7	St. Andreas-berg	St. Andreas-berg Stadt	St. Andreasberger Kleinbahn, Zahnradbahn
202e	30.10.1957	31.12.1958	stillgelegt	17,6	Göttingen	Rittmarshausen	Göttinger Kleinbahn (GTB), 750 mm
202c	15.5.1931	eingestellt	1932	18,5	Rittmarshausen	Duderstadt	GTB, 750 mm, bereits 1922/1924 ohne Verkehr
202d	28.5.1967	1.8.1967	1.1.1968	14,8	Kalefeld	Förste	Kleinbahn Osterode-Kreiensen (KOK), 750 mm
202d	28.5.1967	1.10.1967	1.1.1968	9,4	Förste	Osterode	KOK, 750 mm
202b	25.9.1966	25.9.1966	17.8.1970	10,5	Gronau	Sibesse	
202b	25.9.1966	25.9.1974	stillgelegt	4,1	Sibesse	Segeste	
259	3.6.1973	1973	stillgelegt	6,6	Großalmerode Ost	Velmeden (– Walburg)	
212d	26.5.1968	1974	stillgelegt	4,4	Lauenau	Eimbeck-hausen	
213b	28.9.1963	28.5.1967	stillgelegt	11,3	Duingen	Delligsen	Kleinbahn Voldagsen-Duingen-Delligsen
220b	18.5.1952	28.5.1967	stillgelegt	10,1	Ahlhorn	Schneiderkrug	
224f	29.9.1969	eingestellt	27.9.1969	7,4	Wettringen	Langenhorst	
223h	25.5.1963	eingestellt	25.5.1963	22,8	Emden	Greetsiel	Kreisbahn Emden-Pewsum-Greetsiel, 1000 mm
223g	28.5.1961	eingestellt	stillgelegt	11,1	Irhove	Westrhauder-fehn	Eisenbahn Irhove-Westrhauderfehn
223d	1.4.1956	31.12.1969	31.12.1969	40,0	Leer	Aurich	Kreisbahn Aurich (LAW), 1000 mm
221s	17.5.1953	31.12.1969	31.12.1969	24,2	Aurich	Esens West	LAW, 1000 mm
1000e	6.2.1967	15.9.1966	15.4.1967	5,0	Esens West	Bensersiel	LAW, 1000 mm

199k	15.3.1940	eingestellt	1944	5,7	Ogenbargen	Ardorf	LAW, 1000 mm
199k	15.3.1940	eingestellt	1.12.1951	8,6	Ardorf	Wittmund	LAW, 1000 mm, seit 1940 1435 mm
220h	15.4.1953	15.4.1953	stillgelegt	29,2	Cloppenburg	Landesgrenze	Kreisbahn Cloppenburg, 750 mm
223e	17.5.1952	17.5.1952	stillgelegt	55,3	Lingen	Quakenbrück	Kreisbahn Lingen-Quakenbrück, 750 mm
224d	30.9.1961	eingestellt	stillgelegt	62,0	Isselburg-Anholt	Empel-Rees	
287	28.9.1975	28.9.1975	stillgelegt	12,5	Stadtlohn	Ahaus	WLE
224g	30.9.1962	15.10.1972	stillgelegt	16,8	Nienborg-Heek	Burgsteinfurt	WLE
196f	April 1945	31.12.1967	stillgelegt	10,0	Alstätte	Enschede	Ahaus-Enscheder Eisenbahn
228b	29.5.1960	eingestellt	28.5.1960	6,2	Kettwig Stausee	Heiligenhaus	
ohne	1.5.1966	31.12.1966	stillgelegt	26,0	Wesel	Rees	Kleinbahn Wesel-Rees-Emmerich (WRE)
ohne	eingestellt	eingestellt	29.12.1950	11,0	Rees	Emmerich Steintor	WRE
ohne	1.5.1966	31.12.1966	stillgelegt	6,0	Rees	Empel (– Rees)	WRE
235a	1935	1939	stillgelegt	4,5	Barlo	Winterswijk	
235b	26.5.1963	eingestellt	19.3.1969	4,9	Spellen	Wesel	
224b	30.9.1962	25.5.1974	stillgelegt	17,1	Schermbeck	Wesel	
232q	15.5.1952	15.5.1952	1.6.1960	7,4	Steinhausen	Büren	
198d	1.3.1970	1.3.1970	31.5.1970	12,1	Trendelburg	Karlshafen linkes Ufer	
232n	29.5.1960	5.4.1970	stillgelegt	28,2	Soest Süd	Belecke	WLE
232n	29.5.1960	6.10.1975	1.10.1979	10,2	Heidberg	Brilon Stadt	WLE
232	25.9.1968	1966	stillgelegt	19,8	Unna-Königsborn	Welver	
239f	31.5.1964	30.5.1965	stillgelegt	14,4	Schmallenberg	Langenei	
239f	31.5.1964	25.9.1966	stillgelegt	4,0	Langenei	Altenhundem	
232f	5.10.1952	5.10.1952	stillgelegt	17,4	Soest	Niederense	Ruhr-Lippe Eisenbahn (RLE), 750 mm
232k	5.10.1952	5.10.1952	stillgelegt	7,6	Werl	Ostönnen	RLE, 750 mm
232k	18.10.1959	18.10.1959	stillgelegt	9,8	Werl	Rhynern West	RLE, 750 mm
232k	4.3.1962	4.3.1962	stillgelegt	5,8	Rhynern West	Hamm	RLE, 750 mm

232g	26.10.1953	26.10.1953	stillgelegt	11,2	Soest	Hovestadt	RLE, 750 mm
232m	26.10.1953	26.10.1953	stillgelegt	6,2	Oestinghausen	Lippborg	RLE, 750 mm
232f	5.10.1952	5.10.1952	stillgelegt	8,2	Neheim-Hüsten	Arnsberg Jägerbrücke	RLE, 750 mm, Ersatz durch Normalspur, dort Pv bis 31.5.1964
Güterstrecke		eingestellt	1934	1,5	Anst. Stemel	Sorpetalsperre	Baugleis
238d	14.11.1966	15.11.1966	28.5.1967	12,5	Hallenberg	Allendorf	
198b	23.6.1953	23.6.1953	30.9.1953	36,3	Steinhelle	Medebach	
239d	25.7.1952	1949	21.8.1952	9,4	Halver	Schalksmühle	Kreis Altenaer Eisenbahn (KAE), Hälvertalbahn, 1000 mm
239d	28.5.1961	14.2.1961	28.5.1961	13,6	Altena	Lüdenscheid	KAE, Rahmedetlbahn, 1000 mm
239d	22.5.1955	22.5.1967	22.5.1967	6,4	Lüdenscheid	Augustenthal	KAE, Versetalbahn, 1000 mm
239d	22.5.1955	1955	1955	10,1	Augustenthal	Werdohl	KAE, Versetalbahn, 1000 mm
Güterstrecke		22.5.1967	stillgelegt	2,5	Augustenthal	Brüninghausen	KAE, Versetalbahn, 1000 mm
239b	26.9.1965	1.6.1969	stillgelegt	10,0	Plettenberg Oberstadt	Herscheid	heute Museumsbahn in Schmalspur
239e	22.5.1966	30.5.1965	25.4.1966	9,2	Serkenrode	Eslohe	Abbau erfolgte 1976
239b	31.10.1944	eingestellt	1950	14,8	Würdinghausen	Röspe	
239b	31.10.1944	25.9.1966	stillgelegt	2,9	Röspe	Birkelbach	
251f	31.5.1959	1.4.1974	stillgelegt	2,7	Driedorf	Mademühlen	
251f	31.5.1959	1.1.1967	stillgelegt	8,4	Mademühlen	Rennerod	
228e	2.11.1942	1958	1967	3,3	Solingen-Gräfrath	Solingen-Wald	
228b	23.5.1953	31.12.1953	stillgelegt	5,4	Remscheid-Lennep	Krebsöge	
228a	31.5.1964	29.9.1968	stillgelegt	13,2	Halver	Radevormwald	
229b	29.6.1960	29.6.1960	stillgelegt	9,8	Anschlag	Wipperfürth	
240k	1945	1.10.1960	stillgelegt	3,2	Morsbach	Volpershausen	
240k	1945	1945	1945	7,9	Volpershausen	Wissen	
240m	1.6.1957	30.6.1966	stillgelegt	9,5	Bielstein	Winterborn	Kleinbahn Bielstein-Waldbröl (KBW)
240m	1.6.1957	1.6.1957	stillgelegt	8,9	Winterborn	Waldbröl	KBW
240b	8.9.1949	31.3.1958	1958	9,1	Engelskirchen	Berghausen	Kleinbahn Engelskirchen-Marienheide (KEM), 1000 mm

240b	8.9.1949	1950	1950	9,4	Berghausen	Marienheide	KEM, 1000 mm
240n	3.10.1953	30.11.1959	29.5.1960	9,6	Brüchermühle	Wildberger-hütte	
251m	eingestellt	eingestellt	1.11.1931	4,8	Bindweide	Nauroth	Westerwaldbahn (WEBA), alte Strecke
251m	4.12.1950	eingestellt	1974	2,6	Rosenheim	Nauroth	WEBA, neue Strecke
251m	eingestellt	eingestellt	1977	3,6	Weitefeld – Oberdreis-bach	Friedewald	WEBA
251m	eingestellt	eingestellt	1970	6,1	Friedewald	Emmerzhau-sen	WEBA
240c	23.5.1954	eingestellt	stillgelegt	6,8	Overath	Wahlscheid	
240c	23.5.1954	23.5.1954	stillgelegt	4,4	Wahlscheid	Donrath	
240c	23.5.1954	1.5.1962	stillgelegt	2,3	Donrath	Lohmar	
240b	2.10.1960	1.12.1961	stillgelegt	9,0	Bensberg	Rösrath	
240b	2.10.1960	21.5.1966	stillgelegt	21,8	Hoffnungsthal	Lindlar	
251v	31.10.1950	eingestellt	stillgelegt	3,7	Salchendorf	Unterwilden	Freien-Grunder-Eisenbahn
251m	16.7.1960	31.10.1960	stillgelegt	4,8	Selters	Herschbach	Kleinbahn Selters-Hachenburg (KSH), 1000 mm
251m	14.5.1950	31.10.1960	stillgelegt	19,0	Herschbach	Hachenburg	KSH, 1000 mm
421	30.9.1972	eingestellt	30.9.1972	4,1	Höhr-Grenz-hausen	Hillscheid	
251f	26.9.1971	25.9.1971	stillgelegt	5,9	Bad Marien-berg	Fehl-Ritzhausen	
248c	1.3.1961	1.3.1961	stillgelegt	25,0	Blankenheim (Wald)	Ahrdorf	
248h	3.6.1973	29.9.1973	stillgelegt	37,7	Hillesheim	Dümpelfeld	
248f	eingestellt	1945	stillgelegt	12,3	Hillesheim	Gerolstein	
234e	10.7.1935	eingestellt	stillgelegt	8,1	Philippsheim	Binsfeld	Kleinbahn Philippsheim-Binsfeld, 750 mm
247m	eingestellt	eingestellt	1963	8,0	Brand	Walheim	
247f	29.5.1960	eingestellt	stillgelegt	4,1	Walheim-Schmithof	Raeren	war bis 2001 Museumsbahn
247k	29.5.1960	eingestellt	stillgelegt	7,5	Benzelrath	Mödrath	
247a	28.5.1972	eingestellt	stillgelegt	3,1	Mödrath	Kerpen	
247k	19.5.1960	eingestellt	31.8.1966	10,4	Kerpen	Nörvenich	

247a	28.5.1972	eingestellt	stillgelegt	4,2	Horrem	Mödrath	
247a	27.5.1961	eingestellt	27.5.1961	12,2	Mödrath	Liblar	
247b	23.5.1971	eingestellt	23.5.1971	5,0	Bergheim	Niederaußem	
247b	27.5.1961	27.5.1967	stillgelegt	4,6	Elsdorf Ost	Zieverich	
246d	17.5.1953	31.10.1966	stillgelegt	13,9	Bedburg	Ameln	
245e	17.5.1953	22.12.1963	stillgelegt	15,5	Geilenkirchen	Alsdorf	Geilenkirchener Kreisbahn (GKB), 1000 mm
245m	1.10.1960	1.7.1971	stillgelegt	10,6	Geilenkirchen	Schierwalden-rath	GKB, 1000 mm
245m	1.10.1960	eingestellt	4.12.1969	3,7	Schierwalden-rath	Gangelt	GKB, 1000 mm, ist heute Museumsbahn
245m	22.4.1949	22.4.1949	stillgelegt	7,4	Gangelt	Tüddern	GKB, 1000 mm
245a	26.5.1968	28.5.1972	stillgelegt	6,2	Linnich	Baal	
ohne	31.8.1920	30.9.1964	1.10.1964	1,5	Holter Heide km 10,7	Brüggen West	
242e	29.5.1960	eingestellt	29.5.1960	3,8	Menzelen West	Bönnighardt	
242e	29.5.1960	eingestellt	28.2.1967	11,3	Bönnighardt	Geldern Ost	
224b	16.2.1947	eingestellt	28.2.1967	10,0	Geldern Ost	Straelen (– Venlo Niederlande)	
224b	eingestellt	eingestellt	28.2.1967	0,7	Geldern Ost	Geldern	Verbindungskurve
224f	15.5.1949	1.3.1967	28.2.1967	10,2	(Gennep [Niederlande] –) Hassum	Goch West	
242e	26.5.1963	31.10.1966	stillgelegt	7,9	Goch West	Uedem	
242e	16.2.1947	eingestellt	stillgelegt	22,5	Uedem	Büderich (Wesel)	
242d	eingestellt	eingestellt	10.3.1945	4,0	Wesel	Büderich (Rheinbrücke)	Einstellung am Tag der Sprengung
192k	28.5.1972	1.1.1976	stillgelegt	7,0	Eiterfeld	Treischfeld	
192h	1.3.1970	eingestellt	1.3.1970	3,4	Seiferts	Wüsten-sachsen	
192h	27.5.1961	30.5.1977	stillgelegt	12,5	Hilders	Tann – Günthers	
192d	28.5.1967	eingestellt	27.5.1967	12,2	Wächtersbach	Birstein	Vogelsberger Südbahn (VSB)
192d	28.9.1958	eingestellt	stillgelegt	19,4	Birstein	Hartmanns-hain	VSB

192c	22.5.1955	eingestellt	stillgelegt	20,0	Gelnhausen – Somborn	Langenselbold	Freigerichter Kleinbahn
192b	23.7.1951	23.7.1951	stillgelegt	24,0	Gelnhausen Kreisbahn	Bieber (– Lochmühle)	Spessartbahn Gelnhausen-Lochborn, 900 mm
193a	31.5.1964	1974	stillgelegt	9,5	Schlitz	Oberwegfurth	
193a	31.5.1964	1973	stillgelegt	3,4	Oberwegfurth	Niederjossa	
193e	31.5.1959	30.5.1959	stillgelegt	5,9	Laubach	Freienseen	
193e	1.6.1958	31.5.1958	stillgelegt	6,3	Freienseen	Mücke	
193e	31.5.1959	31.5.1959	stillgelegt	3,1	Villingen	Ruppertsburg	
193k	29.11.1959	31.12.1960	stillgelegt	14,2	Nidda	Schotten	
515	28.9.1975	27.9.1975	stillgelegt	9,9	Ober Seemen	Oberwald	
516	22.8.1977	22.8.1977	stillgelegt	5,9	Kirchheim	Niederaula	
516	26.5.1974	26.5.1974	stillgelegt	9,0	Eifa	Schwarz	
516	26.5.1974	1979	stillgelegt	4,7	Schwarz	Grebenau	
198g	31.12.1954	31.1.1979	stillgelegt	7,8	Grifte	Gudensberg	Kleinbahn Grifte-Gudensberg, seit 1965 DB-Betrieb
193p	16.4.1952	30.4.1963	stillgelegt	8,7	Gießen Kleinbahn	Bieber	Kleinbahn Gießen-Bieber, 1000 mm
195b	30.11.1956	31.12.1972	31.12.1972	17,2	Marburg Süd	Dreihausen	Marburger Kreisbahn
198h	1.9.1966	15.11.1966	stillgelegt	6,1	Lohfelden	Wellerode	
198n	25.9.1966	1945	02.02.1970	1,2	Großburschla	Heldra	
525	26.5.1974	26.5.1974	stillgelegt	17,7	Waldkappel	Spangenberg	
193p	28.5.1972	28.5.1972	stillgelegt	16,3	Zimmersrode	Gilserberg	
196f	26.5.1963	25.5.1963	26.5.1963	12,6	Londorf	Grünberg	
193f	27.5.1961	12.6.1975	12.6.1975	3,8	Trais-Münzenberg	Hof und Dorf Güll	BLE
193f	27.5.1961	27.5.1961	27.5.1961	4,8	Hof und Dorf Güll	Lich	BLE
193f	3.10.1953	3.10.1953	3.10.1953	19,1	Lich	Grünberg	BLE
193g	30.9.1956	1968	1.1.1969	4,9	Pohlgöns	Oberkleen	BLE
195h	25.7.1960	27.12.1960	stillgelegt	12,4	Kerkerbach	Schupbach	Kerkerbachbahn (KB), 1000 mm
195h	1.3.1958	27.12.1960	stillgelegt	8,1	Schupbach	Hintermeilingen	KB, 1000 mm
ohne	eingestellt	3.10.1920	stillgelegt	10,3	Hintermeilingen	Waldernbach	KB, 1000 mm

ohne	eingestellt	3.10.1920	stillgelegt	4,3	Waldernbach	Mengers-kirchen	KB, 1000 mm
60	15.6.1930	1940	31.12.1962	6,8	Braunfels	Philippstein	Ernstbahn Braunfels, 800 mm
196g	27.9.1969	27.9.1969	27.9.1969	12,0	Weilmünster	Grävenwies-bach	
196g	2.10.1955	28.9.1968	stillgelegt	5,3	Weilmünster	Labuseschbach	
315d	29.5.1960	eingestellt	stillgelegt	10,3	Worms Brücke	Lampertheim	
315d	29.5.1960	eingestellt	28.5.1960	10,4	Lampertheim	Viernheim	
315a	27.9.1970	eingestellt	stillgelegt	16,0	Goddelau-Erfelden	Darmstadt	
315e	29.5.1960	29.5.1960	30.6.1960	5,5	Bickenbach	Seeheim	
317c	29.5.1965	eingestellt	10.7.1965	9,2	Dieburg	Reinheim	
317b	26.5.1963	31.5.1964	stillgelegt	14,7	Groß Bieberau	Reichelsheim	DEBG
317f	21.5.1966	eingestellt	stillgelegt	5,8	Roßdorf OHI	Groß Zimmern	
317k	31.5.1954	1964	stillgelegt	5,1	Hetzbach	Berfelden	DEBG
556	26.5.1974	26.5.1974	stillgelegt	16,0	Großostheim	Neustadt	
321a	25.9.1971	eingestellt	25.9.1971	8,0	Aglasterhausen	Obrigheim	
321a	1945	eingestellt	stillgelegt	4,9	Obrigheim	Neckarelz	Betriebseinstellung wegen Brücken-sprengung
321k	18.6.1965	18.6.1965	stillgelegt	8,7	Oberschefflenz	Billigheim	DEBG
248f	2.10.1960	eingestellt	1.10.1974	6,4	Engeln	Kempenich	Brohltal-Eisenbahn, 1000 mm
Güter-strecke		31.10.1968	31.10.1968	7,0	Rheinbrohl	Mahlberg	Kleinbahn Rheinbrohl-Mahlberg, 750 mm
273b	31.5.1954	eingestellt	stillgelegt	16,5	Ingelheim Rheinbahnhof	Jugenheim-Partenheim	DEBG
264b	29.9.1963	eingestellt	31.12.1964	14,7	Simmern	Gemünden	
251k	29.5.1960	25.9.1966	stillgelegt	10,9	Kalenborn	Wiedmühle	
251k	29.5.1960	Ferbuar 1961	15.5.1961	2,0	Wiedmühle	Neustadt	
251k	März 1945	März 1945	1950	12,1	Neustadt	Flammersfeld	
ohne	14.10.1963	5.9.1964	stillgelegt	2,8	Siegburg	Sieglar	Kleinbahn Siegburg-Zündorf (KSZ)
ohne	6.9.1964	21.5.1968	stillgelegt	18,7	Sieglar	Zündorf	KSZ, heute noch Gv bis Lülsdorf
ohne	30.8.1965	31.8.1965	stillgelegt	7,3	Sieglar	Lind	KSZ

ohne	30.9.1961	1.10.1961	stillgelegt	2,8	Lind	Wahn	Wahner Straßenbahn
ohne	30.8.1965	7.4.1967	stillgelegt	7,2	Spich	Wahn	KSZ
251t	1.7.1951	22.5.1955	stillgelegt	4,6	Siegburg	Niederpleis	Rhein-Sieg-Eisenbahn (RSE), 785 mm
251t	1.7.1951	1.10.1962	stillgelegt	16,2	Niederpleis	Oberpleis	RSE, 785 mm
251t	1.7.1951	1.2.1956	stillgelegt	4,7	Oberpleis	Nonnenberg	RSE, 785 mm
251t	1.7.1951	23.6.1951	stillgelegt	4,8	Nonneberg	Rostingen	RSE, 785 mm
253	21.8.1951	eingestellt	stillgelegt	14,5	Hennef	Beuel	RSE, 1000 mm
253b	30.9.1956	eingestellt	stillgelegt	24,0	Hennef	Asbach	RSE, 1000 mm
251z	1.1.1952	1957	stillgelegt	39,8	St. Goars-hausen	Katzen-elnbogen	Nassauische Kleinbahn (NKB), 1000 mm
251z	1953	1957	stillgelegt	23,7	Katzen elnbogen	Hohlenfels	NKB, 1000 mm
251z	1953	1.6.1962	stillgelegt	4,1	Hohlenfels	Zollhaus	NKB, 1000 mm
ohne	1929	1955	1955	3,6	Nastätten	Miehlen	NKB, 1000 mm
ohne	1929	eingestellt	1932	24,5	Miehlen	Silberhütte	NKB, 1000 mm
ohne	1929	31.8.1977	30.9.1977	5,0	Silberhütte	Braubach	NKB, 1000 mm und 750 mm
ohne	1.3.1917	1920	stillgelegt	3,2	Braubach	Oberlahnstein	NKB, 1000 mm
ohne	eingestellt	eingestellt	1945	3,8	Ockenheim	Gau-Alges-heim Abzweig Wasserwerk	Einstellung wegen zerstörter Brücke
ohne	eingestellt	eingestellt	1945	5,4	Rüdesheim Abzweig Floß	Ockenheim Bahnhof	Einstellung wegen zerstörter Brücke
ohne	eingestellt	eingestellt	1945	2,9	Geis-Abzweig Kellergrube	Abzweig Sarmsheim	Einstellung wegen zerstörter Brücke
263e	1.9.1961	1.9.1961	stillgelegt	23,8	Bullay Süd	Traben-Trar-bach Ost	Moselbahn (MB)
263e	31.12.1962	31.12.1962	stillgelegt	38,7	Traben-Trar-bach Ost	Niederemmel-Piesport	MB
263e	22.5.1966	22.5.1966	stillgelegt	4,2	Niederemmel-Piesport	Neumagen-Drohn	MB
263e	1.2.1968	1.2.1968	stillgelegt	35,5	Neumagen-Drohn	Trier Nord	MB
265b	1.11.1959	20.11.1960	stillgelegt	2,9	Nunkirchen	Büschfeld	Merzig-Büschfelder Eisenbahn
271f	30.7.1966	30.7.1966	stillgelegt	13,0	Neunkirchen-Dechen	Heinitz	
ohne	31.7.1936	31.7.1936	1.8.1936	8,9	Bad Kreuznach	Wallhausen	Kreuznacher Kleinbahn (KrKB), 750 mm
ohne	31.7.1936	31.7.1936	1.8.1936	18,5	Bad Kreuznach	Winterburg	KrKB, 750 mm

271c	21.5.1955	21.5.1955	31.5.1969	10,8	Freisen	Schwarzerden	
271c	31.5.1964	31.5.1964	2.1.1974	10,4	Schwarzerden	Kusel	
267	3.10.1959	30.4.1968	stillgelegt	13,8	Nonnweiler	Wadern	
ohne	eingestellt	eingestellt	1959	0,4	Mariahütte	Otzenhausen	Umgehungsstrecke Nonnweiler
244e	1.8.1935	1.8.1935	stillgelegt	3,8	Alsenz	Obermoschel	
272f	23.5.1954	28.1.1969	stillgelegt	4,1	Lampertsmühle-Otterbach	Otterberg	
273e	31.3.1953	eingestellt	stillgelegt	5,9	Sprendlingen (Rheinhessen)	Wöllstein	Süddeutsche Eisenbahn-Gesellschaft (SEG), war zuletzt Bahnhofsgleis
273e	31.3.1953	14.5.1973	stillgelegt	8,3	Wöllstein	Fürfeld	SEG
241c	15.5.1939	eingestellt	15.5.1939	12,6	Frankenthal	Großkarlbach	1000 mm
274b	7.10.1951	eingestellt	28.5.1960	10,3	Nierstein	Undenheim-Königheim	
662	29.9.1974	1.4.1976	stillgelegt	3,2	Dittelsheim-Heßloch	Monzernheim	
274d	31.3.1953	31.12.1958	stillgelegt	6,1	Osthofen	Westhofen	SEG
274g	27.9.1969	eingestellt	27.9.1969	6,2	Neuleiningen-Kleinkarlbach	Altleiningen	
274f	26.5.1968	29.5.1988	31.12.1976	2,0	Offstein	Heppenheim	war zuletzt Bahnhofsgleis
274f	29.9.1968	30.5.1976	stillgelegt	7,6	Heppenheim	Worms-Renolit (Zollhaus)	
274d	27.5.1961	eingestellt	stillgelegt	11,3	Worms	Gundheim	
279b	eingestellt	eingestellt	9.10.1933	11,0	Ludwigshafen	Frankenthal	1000 mm
279b	12.6.1933	12.6.1933	12.6.1933	7,0	Ludwigshafen	Mundenheim	1000 mm
279b	2.10.1955	eingestellt	stillgelegt	18,8	Mundenheim	Meckenheim	1000 mm
282a	2.6.1956	eingestellt	stillgelegt	29,1	Speyer Lokalbahn	Neustadt Lokalbahnhof	1000 mm
279c	29.5.1960	1.1.1976	stillgelegt	1,8	Lambrecht	Frankeneck	ist heute Museumsbahn
279c	29.5.1960	30.6.1976	stillgelegt	11,1	Frankeneck	Elmstein	ist heute Museumsbahn
280d	24.9.1967	eingestellt	22.5.1971	7,5	Zweibrücken-Ixheim	Hornbach	
280d	1.6.1957	eingestellt	23.9.1967	9,5	Rohrbach-Steinweiler	Klingenmünster	
300b	25.9.1966	25.9.1966	stillgelegt	5,7	Mannheim-Rheinau	Ketsch	
300a	31.1.1967	31.1.1967	31.1.1967	9,4	Heidelberg	Schwetzingen	

300a	1945	1954	stillgelegt	11,9	Schwetzingen	Lußhof (– Speyer)	
300a	eingestellt	eingestellt	1945	4,5	Lußhof	Speyer	feste Brücke seit 1938
301k	31.12.1956	15.9.1958	stillgelegt	6,0	Bühl	Oberbühlertal	DEBG (später SWEG)
301a	1945	eingestellt	1969	1,8	Wintersdorf	Rheinbrücke (Roeschwoog Frankreich)	
301b	15.4.1970	eingestellt	stillgelegt	19,6	Rastatt MEG	Söllingen	Mittelbadische Eisenbahnen AG (MEG), 1000 mm
301b	22.11.1959	31.12.1980	stillgelegt	5,8	Schwarzach	Scherzheim	MEG, 1000 mm
301b	29.9.1970	eingestellt	stillgelegt	7,0	Scherzheim	Freistett	MEG, 1000 mm
301b	25.9.1966	eingestellt	stillgelegt	17,0	Freistett	Kehl	MEG, 1000 mm
301k	15.3.1959	eingestellt	15.3.1959	14,3	Kehl	Altenheim	MEG, 1000 mm
301k	1.6.1957	eingestellt	1.6.1957	5,5	Offenburg	Schutterwald	MEG, 1000 mm
301k	28.5.1961	eingestellt	stillgelegt	4,1	Schutterwald	Müllen	MEG, 1000 mm
301k	11.7.1961	eingestellt	stillgelegt	1,7	Müllen	Altenheim	MEG, 1000 mm
301k	1.10.1959	eingestellt	1.10.1959	17,5	Altenheim	Lahr MEG	MEG, 1000 mm
301k	31.3.1952	eingestellt	31.3.1952	3,0	Lahr MEG	Lahr Schlüssel	MEG, 1000 mm
301k	2.5.1950	eingestellt	stillgelegt	6,3	Lahr Schlüssel	Seelbach	MEG, 1000 mm
301m	22.5.1954	31.8.1966	stillgelegt	2,7	Orschweier	Ettenheim	Lokalbahn Rhein-Ettenheimmünster (RhE)/SWEG
301m	22.5.1954	18.8.1957	stillgelegt	5,0	Ettenheim	Ettenheim-münster	RhE, bis 1926 1000 mm
704	31.1.1975	31.5.1975	stillgelegt	3,7	Wiesloch Stadt	Dielheim	SWEG
320a	28.2.1967	eingestellt	1970	6,8	Dielheim	Schatthausen	SWEG
301a/b	1.10.1922	1.10.1922	1.10.1922	4,1	Schatthausen	Meckesheim	SWEG
707	31.1.1975	eingestellt	stillgelegt	3,5	Odenheim Ost	Tiefenbach	SWEG
320d	1.10.1960	13.10.1960	13.10.1960	6,9	Tiefenbach	Hilsbach	SWEG
319d	14.11.1964	eingestellt	stillgelegt	12,7	Busenbach	Ittersbach	Albtalbahn, 1000 mm, 1975 reaktiviert, 1435 mm
319e	3.8.1968	eingestellt	3.8.1968	19,4	Pforzheim	Ittersbach	Kleinbahn Pforzheim-Ittersbach, 1000 mm
714	25.9.1977	25.9.1977	stillgelegt	4,3	Baden Oos	Baden-Baden	
301s	27.9.1969	1973	stillgelegt	4,1	Grunern	Sulzburg	SWEG

304f	26.9.1971	30.5.1976	stillgelegt	3,2	Weizen	Lausheim-Blumegg	heute Museumsbahn
304e	22.5.1955	31.12.1963	stillgelegt	22,4	Lausheim-Blumegg	Zollhaus-Blumberg	heute Museumsbahn
307c	3.10.1953	eingestellt	stillgelegt	5,4	Marbach	Bad Dürrheim	
303h	21.5.1955	eingestellt	stillgelegt	7,6	Müllheim	Badenweiler	Müllheim-Badenweiler Eisenbahn, 1000 mm, hatte kaum Gv
303c	1.8.1966	eingestellt	1976	19,8	Kappel-Gutachbrücke	Bonndorf	
729	27.10.1973	31.10.1973	stillgelegt	27,0	Bräunlingen	Furtwangen	SWEG
304d	23.5.1971	eingestellt	31.7.1971	9,2	Schopfheim	Wehr	
304e	21.11.1966	21.11.1966	stillgelegt	5,2	Singen	Beuren-Büßlingen	
305c	3.10.1953	eingestellt	22.5.1971	5,2	Salem	Frickingen	
304m	31.10.1950	eingestellt	stillgelegt	2,5	Unteruhldingen	Oberuhl-dingen	
304b	25.9.1966	eingestellt	stillgelegt	18,8	Zell	Todtnau	Nebenbahn Zell-Todtnau (MEG), 1000 mm
305a	1.6.1969	1.6.1969	1.6.1969	9,4	Krauchenwies	Sigmaringen	
327d	3.10.1954	1.7.1959	stillgelegt	3,0	Schönaicher First	Schönaich	
308c	25.9.1966	25.9.1966	stillgelegt	17,7	Spaichingen	Reichenbach	
327d	27.6.1955	1.10.1956	stillgelegt	16,6	Stuttgart-Vaihingen	Waldenbuch	
327m	1.8.1955	eingestellt	stillgelegt	10,6	Leinfelden	Neuhausen (Filder)	Stuttgarter Straßenbahn
308d	26.9.1971	25.9.1971	stillgelegt	14,0	Rottweil-Altstadt	Schömberg	
306c	31.5.1964		stillgelegt	3,2	Biberach	Warthausen	750 mm, hatte nie Gv
306n	2.10.1954	eingestellt	stillgelegt	10,6	Friederichs-hafen	Oberteuringen	bis 1943 Teuringer Talbahn
306d	31.5.1964	31.5.1969	stillgelegt	9,5	Schussenried	Buchau	750 mm, später teilweise Gv reaktiviert, auf 1435 mm umgespurt
306d	2.10.1960	2.10.1960	stillgelegt	19,3	Buchau	Riedlingen	750 mm
306g	31.12.1961	31.12.1961	stillgelegt	6,6	Ravensburg	Baienfurt	bis 1938 Lokalbahn AG (LAG)
758	1.12.1972	1.12.1972	stillgelegt	55,5	Aalen	Dillingen	Württembergische Nebenbahn (WNB), 1000 mm, heute teilweise Museumsbahn
307f	28.7.1969	eingestellt	27.7.1969	4,3	Honau	Kleinengs-tingen	Zahnradbahn
325g	25.9.1966	25.9.1966	1.1.1969	4,1	Herrenberg	Gültstein	1998 Pv reaktiviert

323e	15.1.1958	15.1.1958	stillgelegt	6,3	Beihingen	Bietigheim	
302c	30.9.1962	27.5.1967	stillgelegt	15,1	Nagold	Altensteig	
323d	14.11.1966	30.5.1976	stillgelegt	5,3	Heilbronn-Sontheim	Talheim	750 mm/dreischienig
323d	14.11.1966	eingestellt	31.12.1968	22,7	Talheim	Steinheim	750 mm
323d	14.11.1966	eingestellt	stillgelegt	0,8	Anschlussstelle EVS	Marbach	750 mm/dreischienig, als Bahnhofsgleis heute noch vorhanden
322a	11.5.1964	eingestellt	stillgelegt	20,2	Leonbronn	Lauffen	Ende der Strecke als 750 mm-Bahn
420c	28.11.1966	eingestellt	31.5.1970	22,7	Bechhofen	Leutershausen-Wiedersbach	
411m	3.3.1959	3.3.1959	stillgelegt	8,7	Gundelfingen	Sontheim	
324c	25.5.1968	eingestellt	31.12.1968	6,3	Tauberbischofsheim	Königheim	
324f	30.9.1972	30.5.1976	30.5.1976	4,4	Unterböbingen	Heubach	
416e	26.5.1968	31.12.1978	stillgelegt	7,7	Obernburg-Elsenfeld	Eschau-Mönchberg	
416e	26.5.1968	26.5.1968	stillgelegt	9,1	Eschau-Mönchberg	Heimbuchenthal	
803	30.5.1976	26.5.1979	stillgelegt	10,0	Lengfurt-Trennfeld	Wertheim	
416	22.5.1966	eingestellt	stillgelegt	5,0	Mellrichstadt	Mühlfeld (– Meiningen)	wieder in Betrieb seit 1991
418e	4.10.1959	eingestellt	31.3.1960	17,0	Rannungen (Rottershausen)	Stadtlauringen	
842	3.6.1973	3.6.1973	stillgelegt	10,3	Drossenfeld	Bayreuth Altstadt	
823	30.5.1976	30.5.1976	30.5.1976	15,9	Ebermannstadt	Behringersmühle	ist heute Museumsbahn
414g	27.6.1960	1968	1970	8,4	Gasseldorf	Heiligenstadt	
414d	16.2.1963	31.12.1963	stillgelegt	12,3	Erlangen	Neunkirchen am Brand	
414d	1.5.1961	19.6.1961	31.12.1963	6,7	Neunkirchen am Brand	Eschenau	
190k	30.8.1949	eingestellt	30.6.1976	10,5	Coburg	Tiefenlauter	
190k	30.8.1949	eingestellt	30.8.1949	4,9	Tiefenlauter	Görsdorf (Grenze)	
419c	6.7.1945	6.7.1945	stillgelegt	6,0	Fürth am Berg (Grenze)	Neustadt Süd (Grenze)	
419m	26.9.1971	eingestellt	1973	10,2	Münchberg	Zell	2 km sind als Bahnhofsgleis heute noch vorhanden
836	30.5.1976	30.5.1976	30.5.1976	4,9	Schauenstein	Selbitz	

841	29.9.1974	eingestellt	1975	27,4	Bayreuth Altstadt	Hollfeld	
421d	1.7.1962	30.5.1976	stillgelegt	6,1	Grafenwöhr	Eschenbach	
421d	1.7.1962	31.5.1969	stillgelegt	9,4	Eschenbach	Kirchenthum-bach	
425d	31.5.1959	eingestellt	28.5.1972	6,2	Floß	Flossenbürg	
426b	1.7.1962	eingestellt	31.3.1972	25,9	Amberg Drahthammer	Lauterhofen	
423d	13.12.1969	eingestellt	13.12.1969	17,7	Neunburg vorm Wald	Rötz	
417d	22.5.1955	1.2.1960	stillgelegt	5,3	Feucht	Wendelstein	
426b	17.6.1933	eingestellt	17.6.1933	1,3	Regensburg-Stadtamhof	Reinhausen	bis 1938 LAG, 1000 mm
424f	31.5.1959	14.11.1960	stillgelegt	2,1	Reinhausen	Regensburg Kalkwerke	bis 1938 LAG, 1000 mm
424f	2.10.1960	31.12.1968	stillgelegt	20,0	Regensburg-Kalkwerke	Wörth	bis 1938 LAG, 1000 mm
417g	1.8.1966	28.5.1967	28.5.1967	13,0	Beilngries	Dietfurt	
417f	18.7.1960	31.12.1977	stillgelegt	9,6	Greißelbach	Freystadt	
417m	26.5.1963	31.12.1975	stillgelegt	16,8	Jandelsbrunn	Haidmühle	
417n	28.2.1965	28.2.1965	1.8.1973	15,2	Obernzell	Wegscheid	war Zahnradbahn
411m	28.5.1972	28.5.1972	stillgelegt	21,8	Thalmässing	Greding	
422e	26.9.1971	eingestellt	stillgelegt	14,3	Großhabers-dorf	Unterbibert-Rügland	
320q	31.12.1968	eingestellt	31.12.1968	8,3	Deggingen	Wiesensteig	
416c	2.10.1960	eingestellt	stillgelegt	5,5	Dettelbach Bf	Dettelbach Stadt	
424b	29.9.1969	eingestellt	31.12.1970	17,7	Au	Unterzolling	
415b	25.9.1971	25.9.1971	stillgelegt	22,0	Gebsattel	Dombühl	
413e	28.5.1972	30.9.1973	stillgelegt	10,4	Altmannstein	Riedenburg	
413g	29.5.1960	3.6.1973	stillgelegt	24,3	Eichstätt Stadt	Kipfenberg	bis 5.12.1932 1000 mm
413c	2.10.1955	eingestellt	1.10.1970	5,8	Kipfenberg	Kinding	bis 5.12.1932 1000 mm
413c	2.10.1955	2.10.1955	stillgelegt	11,1	Kinding	Beilngries	bis 5.12.1932 1000 mm
427q	29.9.1969	29.9.1969	stillgelegt	18,4	Frontenhausen-Marklkofen	Pilsting	

426b	1.7.1962	eingestellt	23.5.1971	14,6	Aufhausen	Kröhsdorf	
427b	29.9.1968	eingestellt	31.12.1972	11,5	Isen	Haag	
427f	1.10.1960	eingestellt	1.1.1970	6,3	Rotthalmünster	Kößlarn	
427e	1.6.1969	eingestellt	1.6.1969	19,5	Tutting	Simbach (Inn)	
ohne	31.3.1930	31.3.1930	stillgelegt	4,9	Altötting	Neuötting	1000 mm
428d	27.9.1970	27.9.1970	stillgelegt	8,7	Rohrdorf	Frasdorf	
428c	31.5.1970	eingestellt	22.5.1971	10,6	Grafing	Glonn	
428n	1.4.1966	eingestellt	31.3.1971	4,3	Berchtesgaden	Königsee	
958	30.9.1973	30.9.1973	stillgelegt	12,1	Bad Aibling	Feilnbach	bis 1938 LAG
429g	28.5.1972	28.5.1972	stillgelegt	10,7	Wolfratshausen	Beuerberg	Isartalbahn, bis 1938 LAG
429g	31.5.1959	31.5.1959	stillgelegt	13,6	Beuerberg	Bichel	Isartalbahn, bis 1938 LAG
966	1.10.1972	1.9.1977	1.9.1977	7,3	Kaufbeuren	Linden	
966	1.10.1972	31.12.1972	stillgelegt	20,1	Linden	Altenstadt	
406f	25.9.1966	25.9.1966	30.5.1976	3,5	Lindenberg	Scheidegg	
406c	26.5.1963	28.2.1971	stillgelegt	22,3	Marktoberdorf	Lechbruck	
306f	1.6.1969	30.5.1976	stillgelegt	5,2	Leutkirch	Urlau	Bahnhofsgleis bis etwa 1995
306f	1.6.1969	30.5.1976	30.5.1976	9,7	Urlau	Isny	
405d	28.5.1972	28.5.1972	stillgelegt	16,9	Memmingen	Legau	
405d	29.5.1960	24.9.1966	stillgelegt	6,9	Pfaffenhausen	Kirchheim	
172	23.5.1982	1.2.1965	stillgelegt	8,3	Wriezen	Neurüdnitz	
107b	30.4.1965	31.3.1966	stillgelegt	2,5	Altlandsberg Umspannwerk	Altlandsberg	Altlandsberger Kleinbahn, 1949 an DR
107c	18.6.1962	1967	stillgelegt	8,6	Strausberg	Herzfelde	Kleinbahn Strausberg-Herzfelde, 1949 an DR
109c	29.9.1966	29.9.1966	stillgelegt	17,3	Herrnhof (Thö-ringswerder)	Groß Neuen-dorf	Oderbruchbahn (ObB), 1949 an DR
109c	29.9.1966	31.12.1971	31.12.1971	10,2	Groß Neuen-dorf	Wollup (Voß-berg)	ObB, 1949 an DR
109c	29.9.1966	29.9.1966	stillgelegt	21,0	Wollup	Dolgelin	ObB, 1949 an DR
177	29.9.1968	eingestellt	18.12.1968	16,9	Fürstenwalde	Arensdorf	ObB, 1949 an DR
177	31.10.1969	eingestellt	31.10.1969	18,9	Arensdorf	Seelow Stadt	ObB, 1949 an DR

108b	30.5.1965	eingestellt	29.9.1968	3,7	Hasenfelde	Heinersdorf	ObB, 1949 an DR
108b	30.5.1965	eingestellt	30.5.1965	7,3	Heinersdorf	Müncheberg Stadt	ObB, 1949 an DR
128b	1.2.1965	eingestellt	31.12.1971	4,2	Müncheberg Stadt	Müncheberg	Müncheberger Kleinbahn, 1949 an DR
192	31.5.1969	eingestellt	31.5.1969	6,7	Velten	Eden (Oranienburg)	
ohne	eingestellt	eingestellt	1.10.1974	0,2	Waldbahn	Bad Muskau	
ohne	eingestellt	eingestellt	29.3.1978	6,0	Bad Muskau	Mühlrose Tongrube	
162p	eingestellt	eingestellt	1947	15,9	(Finsterwalde –) Crinitz	Luckau	
214	22.5.1971	2.5.1971	22.5.1971	10,5	Mockrehna	Gneisenaustadt Schildau	Kleinbahn Schildau-Mokrehna, 1949 an DR
177m	30.9.1962	eingestellt	stillgelegt	7,6	Ruhland	Lauchhammer Ost	Ist heute noch Braunkohlenbahn
177k	30.9.1962	30.9.1962	30.9.1962	5,2	Lauchhammer Ost	Kostebrau	Beseitigt durch Tagebau
223	31.12.1969	26.5.1968	stillgelegt	31,3	Cottbus	Straupitz	Spreewaldbahn (Spr), 1949 an DR, 1000 mm
224	31.12.1969	eingestellt	stillgelegt	13,8	Straupitz	Goyatz (Spreewald)	Spr, 1949 an DR, 1000 mm
177a	18.5.1952	28.9.1958	stillgelegt	5,5	Jamlitz (Lieberose)	Lieberose Stadt	Spr, 1949 an DR, 1000 mm
162b	18.10.1964	eingestellt	stillgelegt	13,4	Lieberose Stadt	Byhlen	Spr, 1949 an DR, 1000 mm
162b	23.9.1967	31.12.1967	stillgelegt	20,4	Straupitz	Lübben	Spr, 1949 an DR, 1000 mm
177u	28.5.1960	eingestellt	stillgelegt	19,6	Hoyerswerda	Welzow	
107h	25.5.1963	1.2.1965	1.8.1965	20,9	Dahme	Werbig	Jüterbog-Luckenwalder Kreiskleinbahnen (JLKB), 1949 an DR, 750 mm
107h	25.5.1963	31.12.1963	1.8.1965	17,1	Werbig	Jüterbog	JKLB, 1949 an DR, 750 mm
107h	25.5.1963	1.2.1965	1.8.1965	12,3	Hohenseefeld	Petkus	JKLB, 1949 an DR, 750 mm
107h	25.5.1963	31.12.1963	1.8.1965	42,9	Petkus	Luckenwalde	JKLB, 1949 an DR, 750 mm
242	1.10.1972	eingestellt	1.10.1972	15,3	Königshain-Hochstein	Weißenberg	Görlitzer Kreisbahn, 1949 an DR
243	28.5.1972	28.5.1972	stillgelegt	22,3	Löbau – Weißenberg	Baruth	
160c	26.5.1968	30.6.1973	stillgelegt	8,5	Hoyerswerda	Wittichenau	Ersatz durch NBS von Knappenrode
160c	26.5.1968	26.5.1968	stillgelegt	10,4	Wittichenau	Königswartha	Ersatz durch NBS von Knappenrode
159d	1968	31.1.1976	stillgelegt	4,4	Rauschwitz (Kindisch)	Burkau	

159d	1968	eingestellt	5.2.1968	8,0	Burkau	Bischofswerda	
161b	17.9.1945	17.9.1945	17.9.1945	12,0	Taubenheim	Dürrhenners-dorf	750 mm
308	28.5.1972	eingestellt	3.12.1973	4,0	Nossen	Siebenlehn	750 mm
308	28.5.1972	eingestellt	31.3.1973	2,3	Siebenlehn	Obergruna-Bieberstein	750 mm
308	28.5.1972	eingestellt	28.5.1972	21,6	Obergruna-Bieberstein	Wilsdruff	750 mm
313	24.8.1970	19.4.1976	stillgelegt	5,2	Pirna-Rottwern-dorf	Langenhen-nersdorf	Pv offiziell am 30.9.1973 eingestellt
313	24.8.1970	31.3.1976	stillgelegt	5,9	Langenhen-nersdorf	Gottleuba	
165b	1957	März 1963	März 1963	5,1	Pirna-Zehista	Lohmgrund	Pv wurde nach Einstellung 1945 reaktiviert
165g	eingestellt	eingestellt	1945	1,0	Sebnitz	Nieder Einsiedel (Dolni Poustev-na CSD)	
165f	27.5.1951	27.5.1951	27.5.1951	12,1	Goßdorf-Kohlmühle	Hohnstein	750 mm
164g	14.12.1964	28.8.1967	28.8.1967	1,8	Kemlitz	Kroptewitz	750 mm
164f	28.8.1967	30.6.1968	stillgelegt	9,6	Neichen	Mutzschen	750 mm
164f	28.8.1967	31.12.1969	stillgelegt	3,0	Mutzschen	Wermsdorf	750 mm
325	29.6.1968	eingestellt	1.1.1970	11,3	Wermsdorf	Nebitschen	750 mm, ab Glossen Wiederaufbau als Museumsbahn im Jahr 2006
164p	14.12.1964	1.7.1968	stillgelegt	17,3	Mügeln	Tronitz	750 mm
164p	14.12.1964	1.1.1968	stillgelegt	0,0	Tronitz	Döbeln-Gärtitz	750 mm
164p	14.12.1964	1.10.1961	stillgelegt	1,4	Döbeln-Gärtitz	Döbeln	750 mm
323	1968	eingestellt	31.5.1969	18,7	Döbeln-Gärtitz	Kleinmockritz	750 mm
323	1968	eingestellt	4.1.1970	0,0	Kleinmockritz	Mertitz Gabel-stelle	750 mm
322	30.9.1972	30.9.1972	28.10.1972	12,7	Lommatzsch	Löthain	750 mm
322	21.5.1966	1.8.1966	1.8.1966	3,0	Löthain	Garsebach (Meißen Trie-bischtal)	750 mm
164m	21.5.1966	eingestellt	24.4.1967	6,4	Garsebach (Meißen Trie-bischtal)	Ullendorf-Röhrsdorf	750 mm
164m	21.5.1966	eingestellt	30.6.1969	7,0	Ullendorf-Röhrsdorf	Wilsdruff	750 mm
308	1.2.1972	eingestellt	1.2.1972	10,9	Freital Pot-schappel	Wilsdruff	750 mm

324	1968	eingestellt	31.1.1972	11,3	Oschatz	Strehla	750 mm, Ersatz durch strategische Normalspurbahn
170e	13.4.1951	13.4.1951	stillgelegt	10,6	Kändler	Wüstenbrand	
159g	9.11.1957	19.8.1967	1972	2,6	Dresden-Gittersee	Kleinnaundorf	
159g	19.4.1951	19.4.1951	19.4.1951	4,9	Kleinnaundorf	Possendorf	
145d	eingestellt	eingestellt	15.5.1939	13,9	Mosel	Ortmannsdorf	750 mm
412	27.5.1972	eingestellt	27.5.1972	18,4	Oberdittmannsdorf	Klingenberg-Colmnitz	750 mm
411	27.5.1972	eingestellt	27.5.1972	19,7	Klingenberg-Colmnitz	Frauenstein	750 mm
415	7.2.1972	eingestellt	7.2.1972	6,0	Holzhau	Hermsdorf-Rehefeld	
169f	11.5.1945	11.5.1945	11.5.1945	2,4	Hermsdorf-Rehefeld	Grenze (– Moldau)	
169k	17.7.1966	17.7.1966	17.7.1966	15,5	Mulda	Sayda	750 mm
416	2.12.1973	eingestellt	2.12.1973	11,7	Brand-Erbisdorf	Großhartmannsdorf	
170n	10.10.1966	eingestellt	17.3.1967	16,6	Stollberg	Zwönitz	
170n	eingestellt	eingestellt	20.8.1947	18,2	Zwönitz	Elterlein	
170n	21.11.1965	24.9.1966	24.4.1967	8,0	Elterlein	Scheibenberg	
452	25.9.1971	eingestellt	25.9.1971	9,4	Günstädtel	Oberrittersgrün	750 mm
Güterstrecke		eingestellt	16.6.1971	4,3	Thermalbad Wiesenbad	Geyersdorf-Mildenau	
169p	15.8.1967	eingestellt	18.8.1967	13,5	Schönfeld-Wiesa	Thum	
441	29.9.1974	eingestellt	1.1.1976	12,6	Thum	Meinersdorf	
421	27.5.1972	27.5.1972	stillgelegt	16,0	Thum	Wilischthal Papierfabrik	
169b	21.5.1966	eingestellt	27.9.1969	8,2	Olbernhau-Abzweig Neuschönberg	Deutschneudorf	
169d	6.11.1967	eingestellt	stillgelegt	9,8	Hetzdorf	Eppendorf	750 mm
169d	eingestellt	eingestellt	1.8.1951	3,8	Eppendorf	Großwaltersdorf	750 mm
440	28.9.1975	eingestellt	5.10.1975	7,0	(Aue –) Wolfsgrün	Schönheide Ost	
442	28.9.1975	4.10.1975	5.10.1975	3,2	Eibenstock unterer Bahnhof	Eibenstock oberer Bahnhof	

168g	30.1.1966	eingestellt	1.1.1975	2,7	Reichenbach oberer Bahnhof	Reichenbach Ost	
168g	30.1.1966	eingestellt	30.12.1973	2,7	Reichenbach Ost	Reichenbach unterer Bahnhof	
168g	30.1.1966	31.3.1967	stillgelegt	6,7	Reichenbach unterer Bahnhof	Göltzschtalbrücke	
168g	30.1.1966	eingestellt	24.4.1967	3,7	Göltzschtalbrücke	Mühlwand	
168g	30.1.1966	30.1.1966	stillgelegt	5,0	Mühlwand	Wolfspfütz	
443	28.5.1971	eingestellt	27.1.1974	3,4	Wolfspfütz	Lengenfeld	war bis 1992 Bahnhofsgleis
446	1.1.1972	eingestellt	1.1.1972	2,9	(Adorf –) Siebenbrunn	Erlbach	
171b	7.4.1952	12.6.1952	stillgelegt	3,0	Schlema oberer Bahnhof	Schneeberg	
451	3.6.1973	30.9.1972	2.6.1973	6,5	Wilkau-Haßlau	Kirchberg	750 mm
451	28.5.1967	15.7.1967	31.5.1970	3,6	Kirchberg	Saupersdorf	750 mm, Einstellung wegen Brückenschäden
451	31.5.1970	eingestellt	31.5.1970	11,4	Saupersdorf	Rothenkirchen	750 mm
451	28.9.1975	28.9.1975	1.2.1976	2,0	Rothenkirchen	Stützengrün	750 mm
451	28.9.1975	1.12.1975	1.1.1979	5,3	Stützengrün	Schönheide Mitte	750 mm, Wiederaufbau als Museumsbahn
451	28.9.1975	30.4.1977	stillgelegt	5,5	Schönheide Mitte	Schönheide Süd (= Wilzschhaus)	750 mm
171h	22.5.1966	15.7.1967	10.11.1967	7,3	Schönheide Süd	Carlsfeld	750 mm
171p	4.4.1964	9.4.1963	4.4.1964	4,1	Klingenthal	Sachsenberg-Georgenthal	elektrischer Betrieb, 1000 mm
168f	17.11.1957	14.9.1962	1.1.1963	8,0	Reichenbach unterer Bahnhof	Oberheinsdorf	1000 mm
172d	1951	1951	1951	13,2	Oelsnitz	Lottengrün	
471	26.9.1970	26.9.1970	stillgelegt	7,6	Plauen-Chrieschwitz	Großfriesen	
471	26.9.1970	eingestellt	22.5.1971	5,1	Großfriesen	Lottengrün	
471	1973	2.6.1973	1973	12,0	Lottengrün	Falkenstein	
422e	5.4.1945	5.4.1945	stillgelegt	10,0	(Hranice [CSD]) Roßbach	Adorf	bis 1951 Abbau der Strecke
ohne	1.9.1939	1968	stillgelegt	2,7	Gräfenwarth	Bleilochtalsperre	es gab nur Sommer-Pv

164b	24.9.1967	eingestellt	1.1.1970	3,7	Golzern	Grimma unterer Bahnhof	
170g	30.9.1947	30.9.1947	1.10.1947	25,1	Neukirchen-Wyhra	Großbothen	
176b	28.5.1967	eingestellt	stillgelegt	7,7	Frohburg	Kohren-Sahlis	
511	28.9.1975	28.9.1975	stillgelegt	7,1	Meuselwitz	Lucka	
180b	28.5.1967	eingestellt	28.5.1967	14,1	Delitzsch unterer Bahnhof	Glesien	Delitzscher Kleinbahn (DK), 1949 an DR
521	31.5.1970	eingestellt	31.5.1970	12,8	Glesien	Rackwitz	DK, 1949 an DR
522	26.9.1970	27.5.1972	stillgelegt	6,9	Rackwitz	Krostitz	DK, 1949 an DR
522	26.9.1970	30.6.1973	15.3.1974	3,5	Krostitz	Krensitz	DK, 1949 an DR
187g	1966	eingestellt	31.12.1967	11,8	Osterfeld	Molau	
187g	eingestellt	eingestellt	1945	8,1	Molau	Camburg	
551	3.5.1969	1966	31.12.1969	31,2	Gera-Pforten	Wuitz-Mumsdorf	Gera-Meuselwitz-Wuitzer Eisenbahn, 1949 an DR, 1000 mm
172d	1966	eingestellt	stillgelegt	9,7	(Kayna –) Kostitz	Meuselwitz	
187d	1966	eingestellt	23.11.1969	21,7	Eisenberg	Porstendorf	
188d	1.8.1966	eingestellt	1.7.1974	4,4	Köditzberg	Königsee	
ohne	15.6.1967	eingestellt	stillgelegt	2,7	Kaulsdorf	Hohenwarte	Pv wurde erst seit 1962 zur Talsperre angeboten
160w	3.6.1945	3.6.1945	3.6.1945	1,1	Blankenstein	Lichtenberg (Genze)	
414z	1945	12.7.1951	1.3.1971	7,6	Ludwigstadt	Lehesten (DDR)	
190m	26.5.1968	31.12.1971	stillgelegt	6,2	Sonneberg-Ost	Neuhaus-Schirschnitz	
190m	3.7.1945	3.7.1945	25.2.1953	2,6	Neuhaus-Schirschnitz	Burggrub (Grenze)	
419b	1945	30.9.1951	stillgelegt	4,3	Neustadt	Sonneberg	wieder in Betrieb seit 1991
190g	24.9.1967	eingestellt	1.4.1973	17,8	Eisfeld	Schönbrunn	Schmalspurbahn Eisfeld-Schönbrunn, 1949 an DR, 1000 mm
190k	8.4.1945	8.4.1945	1.11.1945	6,4	Görsdorf (Grenze)	Eisfeld	gesperrt wegen Sprengungen 1945
ohne	14.5.1946	14.5.1946	14.5.1946	29,3	Hildburghausen	Lindenau-Friedrichshall	Hildburghausen-Heldburger Eisenbahn, 1949 an DR, 1000 mm
185g	eingestellt	eingestellt	2.11.1947	19,3	Lossa	Kölleda	
188g	21.5.1966	23.9.1967	stillgelegt	6,2	Bad Berka	Blankenhain	Weimar-Berka-Blankenhainer Eisenbahn, 1949 an DR

185h	3.10.1953	13.9.1958	18.10.1965	14,4	Weimar	Buchenwald	teils dreischienig, ehemalige KZ-Bahn, Weimar-Rastenberger Eisenbahn (WRE), 1949 an DR
ohne	9.4.1946	9.4.1946	9.4.1946	30,8	Weimar	Großrudestedt	Weima-Rastenberger Eisenbahn (WRE), 1000 mm
ohne	17.6.1923	eingestellt	17.6.1923	16,8	Buttelstedt	Rastenberg	WRE, 1000 mm
ohne	eingestellt	eingestellt	1910	2,0	Mannstedt	Buttstädt	WRE, 1000 mm
192b	1.5.1945	1.5.1945	August 1947	8,9	Friedrichroda	Georgenthal	
189b	26.5.1963	21.7.1967	stillgelegt	2,6	Arnstadt Ost	Ichterhausen Haltepunkt	SEG, 1949 an DR
189b	17.5.1953	17.5.1953	17.5.1953	0,8	Ichterhausen Haltepunkt	Ichtershausen Bahnhof	SEG, 1949 an DR
189e	13.2.1965	1965	stillgelegt	4,6	Rennsteig	Frauenwald	nach Schneeverwehungen stillgelegt, Kleinbahn Rennsteig-Frauenwald, 1949 an DR
190b	30.9.1966	Januar 1969	stillgelegt	9,0	Wernshausen	Trusetal (Herges-Vogtei)	Trusetalbahn, 1949 an DR, 750 mm
192c	24.9.1967	1967	stillgelegt	7,3	Wutha	Rula	Ruhlaer Eisenbahn, 1949 an DR
627	28.9.1968	6.1.1970	stillgelegt	10,7	Rentwertshausen	Römhild	
416	13.7.1945	13.7.1945	1946	6,1	Rentwertshausen	Mühlfeld (Grenze)	wieder in Betrieb seit 1991
631	6.7.1970	eingestellt	19.1.1973	8,4	Immelborn	Steinbach	
192d	28.9.1963	eingestellt	1.8.1978	24,0	(Eisenach –) Hörschel (Grenze)	Gerstungen (Grenze)	wieder in Betrieb seit 1991
192d	29.9.1962	eingestellt	1.9.1969	15,3	Wartha	Mihla	
186h	2.5.1949	eingestellt	stillgelegt	10,6	Mihla	Falken	
192m	30.5.1952	29.9.1962	29.9.1962	3,2	Philippsthal	Vacha (Grenze)	
190s	1945	3.7.1952	stillgelegt	5,7	Vacha – Philippstal Süd	Unterbreizbach (Grenze)	
190r	1.9.1952	1.9.1952	stillgelegt	22,9	Unterbreizbach	Motzlar	
190r	August 1945	August 1945	stillgelegt	4,0	Motzlar	Günthers (Grenze)	
190s	April 1945	April 1945	stillgelegt	4,9	Wenigentaft-Mansbach	Treischfeld (Grenze)	
190w	1.9.1952	1.9.1952	1.9.1952	10,3	Wenigentaft-Mansbach	Oechsen	Wenigentaft-Oechsener Eisenbahn, 1949 an DR
643	26.5.1968	eingestellt	26.5.1968	17,9	Ebeleben	Greußen	Greußen-Ebeleben-Keulaer Eisenbahn (GEK), 1949 an DR
643	1.6.1969	eingestellt	1.3.1970	6,6	Menteroda	Keula	GEK, 1949 an DR

648	29.9.1968	1.9.1969	stillgelegt	9,1	Mühlhausen	Langula	
648	29.9.1968	29.9.1968	stillgelegt	15,3	Langula	Wendehausen	
186g	26.3.1952	1960	stillgelegt	1,9	Wendehausen	Normannstein	
186g	26.3.1952	eingestellt	26.3.1952	5,5	Normannstein	Treffurt (Grenze)	
198n	April 1945	April 1945	April 1945	2,4	Heldra	Treffurt (Grenze)	
186h	16.9.1947	16.9.1947	16.9.1947	17,2	Bufleben	Großen-behringen	teilweiser Wiederaufabau nach 1954
647	31.12.1969	eingestellt	31.12.1969	15,0	Bad Langen-salza	Kirchheiligen	Langensalzaer Eisenbahn (LE), 1949 an DR
186m	24.9.1967	eingestellt	24.9.1967	12,5	Kirchheiligen	Haussömmern	LE, 1949 an DR
185k	28.8.1967	28.8.1967	stillgelegt	10,0	Erfurt-Binders-leben	Nottleben	Kleinbahn Erfurt-Nottleben, 1949 an DR
201d	1.9.1947	1.9.1947	stillgelegt	24,1	Heiligenstadt Ost	Großtöpfer	
201d	eingestellt	eingestellt	2.4.1945	5,4	Großtöpfer	Schwebda (Grenze)	
185c	eingestellt	5.6.1966	stillgelegt	28,7	Berga-Kelbra	Artern	Kyffhäuser Kleinbahn, 1949 an DR
664	27.5.1972	eingestellt	27.5.1972	12,9	Zwinge (Bahn-hof auf Grenze)	Bischofferode	
201g	3.4.1945	3.4.1945	stillgelegt	6,6	Geismar	Schwebda (Grenze)	
186k	eingestellt	eingestellt	1.11.1947	9,1	Silberhausen	Hüpstedt	Obereichsfelder Kleinbahn
180f	25.5.1968	eingestellt	27.9.1970	15,8	Heiligenthal	Schochwitz	Halle-Hettstedter Eisenbahn, 1949 an DR
201d	15.5.1931	eingestellt	stillgelegt	10,2	Bad Lauchstädt	Halle-Schlettau	
202	1945	1945	stillgelegt	3,5	Eichenberg	Arenshausen (Grenze)	Strecke wurde 1992 reaktiviert
201f	1945	1945	stillgelegt	4,9	Duderstadt	Teistungen (Grenze)	
200	April 1945	in Betrieb	stillgelegt	4,5	Walkenried	Ellrich (Grenze)	Pv wurde 1989 reaktiviert
200g	7.4.1945	7.4.1945	7.4.1945	7,3	Zorge	Ellrich (Grenze)	Kleinbahn Ellrich-Zorge, Restbetrieb
204h	1.7.1945	1.7.1945	1.7.1945	1,2	Eckertal	Stapelburg (Grenze)	
204h	30.10.1961	12.3.1995	3.4.1995	4,0	Stapelburg	Ilsenburg	Strecke wurde am 18.11.1989 reaktiviert, erneute Einstellung des Pv am 12.3.1995, Ersatz durch NBS Ilsenburg – Vienenburg 1996
206	April 1945	April 1945	April 1945	10,5	Vienenburg	Wasserleben (Grenze)	

206d	April 1946	April 1946	April 1946	10,2	Jerxheim	Gunsleben (Grenze)	
676	30.5.1970	eingestellt	20.11.1971	2,1	Veltheim	Hessen	Kleinbahn Heudeber-Mattierzoll (HM), 1949 an DR
204k	3.7.1945	3.7.1945	3.7.1945	3,9	Hessen	Mattierzoll Süd (Grenze)	HM
206d	April 1946	April 1946	April 1946	5,0	Jerxheim	Dedeleben (Grenze)	
204c	20.11.1961	8.12.1969	stillgelegt	1,7	Hoppenstedt	Bühne-Rimbeck	Osterwieck-Wasserlebener Eisenbahn (OWE), 1949 an DR
204c	eingestellt	eingestellt	1.7.1945	4,5	Bühne-Rimbeck	Hornburg (Grenze)	OWE
204b	26.5.1963	eingestellt	1.1.1974	8,2	Gottgau	Gerlebogk	Nauendorf-Gerlebocker Eisenbahn, 1949 an DR
156g	6.10.1941	1948	1948	7,1	Biendorf	Gerlebogk	eröffnet am 23.12.1846 als Bahnhofsgleis, ab 1857 öffentliche Eisenbahn
207m	24.9.1967	25.9.1971	stillgelegt	4,3	Genthin	Brettin	Kleinbahn Genthin (KG), 1949 an DR, Umwandlung in Anschlussgleis
207m	24.9.1967	eingestellt	23.9.1967	16,4	Brettin	Milow	KG, 1949 an DR
207p	25.9.1965	25.9.1965	25.9.1965	37,1	Burg	Ziesar West	Kleinbahn des Kreises Jerichow I (KJI), 1949 an DR, 750 mm
207g	1930	1947	stillgelegt	1,8	Ziesar West	Ziesar Ost	KJI, 750 mm
207u	25.9.1965	25.9.1965	25.9.1965	6,1	Magdeburgerforth	Altengrabow	KJI, 1949 an DR, 750 mm
207r	30.6.1965	30.6.1965	30.6.1965	26,4	Burg	Lübars	KJI, 1949 an DR, 750 mm
207s	2.5.1960	1.1.1961	1.1.1961	20,5	Loburg	Gommern	KJI, 1949 an DR, 750 mm
207t	30.9.1962	1.9.1967	30.6.1970	4,6	Marienborn	Beendorf	Kleinbahn Marienborn-Beendorf, 1949 an DR
205m	31.10.1963	31.10.1963	stillgelegt	12,8	Aschersleben	Hakelforst	Aschersleben-Schneidlingen-Nienhagener Kleinbahn (ASN), 1949 an DR
205k	28.11.1965	eingestellt	28.11.1965	11,4	Gröningen	Hakeborn	ASN, 1949 an DR
205e	5.2.1967	eingestellt	28.5.1967	15,3	Egeln Nord	Förderstedt	
713	21.12.1969	eingestellt	21.12.1969	21,9	Oschersleben	Hötensleben	Oschersleben-Schöninger Eisenbahn (OSE), 1949 an DR
205p	1945	eingestellt	1945	4,4	Hötensleben	Schöningen Süd (Grenze)	OSE
206a	1945	eingestellt	1945	5,5	Offleben	Völpke (Grenze)	
176m	12.4.1945	12.4.1945	August 1958	4,6	Brunnenbachsmühle (Grenze)	Sorge (– Tanne)	Südharz Eisenbahn, 1949 an DR, 1000 mm
205c	1.11.1968	1.11.1968	1.11.1968	7,1	Königshütte	Tanne	Halberstadt-Blankenburger Eisenbahn (HBE), 1949 an DR

205c	16.9.1964	16.9.1964	16.9.1964	4,5	Elbingerode-Wechsel	Drei Annen Hohne Ost	HBE, 1949 an DR
718a	15.11.1968	eingestellt	15.11.1968	5,5	Langenstein	Derenburg	HBE, 1949 an DR
719	1.1.1969	eingestellt	30.12.1973	11,7	Thale Bodetal	Quedlinburg	HBE, 1949 an DR
207d	1945	16.6.1952	stillgelegt	19,6	Oebisfelde	Döhren (Grenze)	nach 1945 nur Lz-Fahten
209k	30.9.1961	eingestellt	stillgelegt	4,1	Döhren	Weferlingen	
207d	1945	eingestellt	1.9.1970	3,2	Weferlingen (Grenze)	Grasleben	offizielle Einstellung mit Stilllegung, 1995 wurde Gv reaktiviert
207a	Sommer 1945	eingestellt	1.9.1970	1,0	Oebisfelde (Grenze)	Velpke	offizielle Einstellung mit Stilllegung
211g	1945	eingestellt	1945	7,9	Rühen	Oebisfelde Nord (Grenze)	Kleinbahn Wittingen-Oebisfelde, ab 1944 OHE
743	31.5.1970	eingestellt	31.7.1970	3,0	Dönstedt	Bebertal	Kleinbahn Gardelegen-Neuhaldensleben-Weferlingen (GNW), 1949 an DR
751	30.9.1971	eingestellt	30.9.1972	17,7	Stendal	Arneburg	Stendaler Kleinbahn (StK), 1949 an DR
754	27.5.1979	eingestellt	stillgelegt	32,0	Stendal	Klein Rossau	StK, 1949 an DR
754	28.5.1978	1.4.1979	stillgelegt	17,3	Klein Rossau	Arendsee	StK, 1949 an DR
755	31.5.1969	30.6.1976	stillgelegt	24,6	Osterburg	Kleinau West	Kleinbahn Osterburg-Deutsch Pretzier (ODP), 1949 an DR
755	29.9.1968	eingestellt	29.9.1968	14,4	Kleinau West	Pretzier (Salzwedel)	ODP, 1949 an DR
771	25.9.1974	eingestellt	25.9.1974	19,6	Goldbeck	Werben	Kleinbahn Goldbeck-Werben (Elbe), 1949 an DR
209d	1945	eingestellt	22.5.1971	6,7	Lübbow	Salzwedel (Grenze)	buchmäßige Einstellung mit Stilllegung, tatsächlich bereits 1945
209	1945	eingestellt	1945	2,0	Nienbergen	Bergen (Grenze)	
209	7.10.1951	eingestellt	7.10.1951	12,9	Bergen	Salzwedel	
210n	20.6.1926	20.6.1926	20.6.1926	13,5	Salzwedel	Büssen	Salzwedeler Kleinbahn (SKB), 1000 mm
210n	20.6.1926	20.6.1926	20.6.1926	5,5	Büssen	Winterfeld	SKB, 1000 mm
765	30.9.1973	29.9.1973	29.9.1973	17,2	Beetzendorf	Diesdorf	SKB, 1949 an DR
210h	1945	eingestellt	1945	11,6	Wittingen	Diesdorf	Altmärkische Kleinbahn (AKB)
210g	eingestellt	31.5.1970	stillgelegt	10,6	Rohrberg	Jübar	AKB, 1949 an DR
210g	1.10.1961	13.12.1968	stillgelegt	3,4	Jübar	Hanum	AKB, 1949 an DR
210g	17.5.1943	eingestellt	1945	2,1	Hanum	Zasenbeck (Grenze)	AKB, 1949 an DR

762	31.7.1970	eingestellt	31.7.1970	21,3	Kalbe	Klötze	AKB, 1949 an DR
208a	1951	1951	stillgelegt	25,1	Haldensleben	Letzlingen	GNW, 1949 an DR
208b	24.12.1967	eingestellt	24.12.1967	17,4	(Kalbe –) Wernstedt	Gardelegen	AKB, 1949 an DR
210d	1.6.1966	1.6.1964	1.6.1966	11,0	Wolmirstedt	Colbitz	Kleinbahn Wolmirstedt-Colbitz, 1949 an DR
110h	26.7.1948	26.7.1948	26.7.1948	23,3	Mallиß	Lübtheen	
109h	2.11.1947	2.11.1947	2.11.1947	38,1	Wittenberge	Dömitz	
209d	20.4.1945	20.4.1945	stillgelegt	10,9	Dömitz	Dannenberg	Einstellung wegen gesprengter Brücke
114c	Herbst 1945	1945	31.8.1971	4,3	Klein Zecher	Zarrentin	
776	29.9.1968	31.12.1972	stillgelegt	10,6	Brahlsdorf	Neuhaus(Elbe)	Kleinbahn Neuhaus (Elbe) – Brahlstorf, 1949 an DR
118a	6.10.1951	6.10.1951	6.10.1951	8,4	Schönberg	Dassow	
118a	eingestellt	eingestellt	August 1946	5,0	Dassow	Pötenitz	
208n	21.5.1966	eingestellt	stillgelegt	7,2	Nauen	Röthehof (Neugarten)	Osthavelländische Eisenbahn (OHE), 1949 an DR
208k	25.9.1966	eingestellt	27.9.1969	26,4	Röthehof	Brandenburg-Krakauer Tor	Westhavelländische Kreisbahnen (WHK), 1949 an DR
208k	25.9.1966	eingestellt	27.9.1969	19,2	Roskow	Brandenburg-Altstadt	WHK, 1949 an DR
107w	24.1.1961	1.4.1961	1.4.1961	25,9	Nauen	Kriele	Kleinbahn Rathenow-Senzke-Nauen, 1949 an DR, 750 mm
207g	25.9.1966	9.10.1967	9.10.1967	11,4	Groß Kreutz	Lehnin	Lehniner Kleinbahn, 1949 an DR
705	23.5.1971	eingestellt	23.5.1971	16,2	Ziesar	Groß Wuster-witz	KG, 1949 an DR, Gv wurde teilweise reaktiviert
207n	3.10.1951	3.10.1951	3.10.1951	5,0	Rogäsen	Karow	KG, 1949 an DR
208n	8.12.1963	eingestellt	31.10.1964	25,7	Nauen (OHK)	Velten	OHE, 1949 an DR
107h	20.9.1953	20.9.1953	20.9.1953	9,2	Bötzow	Berlin-Span-dau (Bürgeab-lage)	OHE, 1949 an DR
801	20.5.1970	eingestellt	20.5.1970	3,3	Fehrbellin	Dammkrug	Ruppiner Eisenbahn (RE), 1949 an DR
801	20.5.1970	29.9.1973	stillgelegt	11,0	Dammkrug	Neuruppin Paulinenauer Bahnhof	RE, 1949 an DR
119e	28.5.1967	eingestellt	31.5.1970	27,3	Wittstock	Meyenburg	RE, 1949 an DR
110c	1.8.1947	1.8.1947	1.8.1947	9,2	Glöwen	Havelberg	Westprignitzer Kreiskleinbahnen (WPK), 1949 an DR
804	5.4.1971	29.9.1971	29.9.1971	9,2	Glöwen	Havelberg	DR ab 1948, 750 mm

814	1.6.1969	eingestellt	1.6.1969	18,7	Pritzwalk	Lindenberg	Ostprignitzer Kreiskleinbahnen (OPK), 1949 an DR, 750mm
120e	31.12.1967	eingestellt	31.12.1967	16,6	Lindenberg	Glöwen	WPK, 1949 an DR, 750 mm
816	1.6.1969	eingestellt	1.6.1969	47,3	Kyritz	Perleberg	OPK/WPK, 1949 an DR, 750 mm
815	31.5.1969	eingestellt	31.5.1969	12,2	(Kyritz –) Rehfeld	Breddin	OKP, 1949 an DR, 750 mm
811	28.9.1975	eingestellt	28.9.1975	6,8	Margaretental	Berge	WPK, 1949 an DR
811	28.9.1975	eingestellt	28.9.1975	21,8	Berge	Perleberg	WPK, 1949 an DR
812	26.5.1968	eingestellt	11.11.1975	14,5	Berge	Putlitz	WPK, 1949 an DR
120g	eingestellt	eingestellt	17.8.1947	19,4	Parchim	Suckow	
125p	13.12.1958	13.12.1958	13.12.1958	6,6	Jarmen Nord	Plötz	Demminer Kleinbahn Ost (DKBO), 1949 an DR, 750 mm
125p	eingestellt	eingestellt	30.11.1958	5,8	Plötz	Schmarsow	DKBO, 1949 an DR, 750 mm
125j	eingestellt	eingestellt	27.9.1969	19,5	Wegezin-Dennin	Jarmen Nord	Mecklenburg-Pommersche Schmalspurbahn (MPSB), 1945 weitgehende Demontage der gesamten MPSB-Strecken, 1949 Rest an DR, 600 mm
121t	7.8.1945	7.8.1945	7.8.1945	50,5	Greifswald	Tribsees Ost	Greifswald-Grimmener Eisenbahn
121g	eingestellt	eingestellt	1945	13,0	Rheinsberg	Zechlin Flecken	RE
915	1.6.1969	1.6.1969	stillgelegt	1,9	Wolfsruh	Groß Woltersdorf	Kleinbahn Gransee-Neuglobsow (KGN), 1949 an DR
121d	1945	eingestellt	1945	9,0	Groß Woltersdorf	Neuglobsow	KGN
121d	eingestellt	eingestellt	1945	10,5	Schulzendorf	Lindow	KGN
121f	7.6.1947	7.6.1947	7.6.1947	43,2	Thurow (Mecklenburg)	Strasburg	bis 1941 Mecklenburgische Friedrich-Wilhelm-Eisenbahn
929	31.5.1969	27.9.1969	stillgelegt	20,5	Wegezin-Dennin	Anklam	MPSB, 1949 an DR, 600mm, s. oben *125j*
125p	29.5.1965	eingestellt	1.6.1966	13,0	Friedland	Uhlenhorst	MPSB, 1949 an DR, 600mm, s. oben *125j*
125p	29.5.1965	eingestellt	30.11.1960	14,1	Uhlenhorst	Ferdinandshof	MPSB, 1949 an DR, 600mm, s. oben *125j*
122e	1945	1945	1945	37,7	Ducherow	Swinemünde	eingestellt wegen zerstörter Hubbrücke
109e	25.9.1966	22.5.1966	1.3.1967	10,2	Bad Freienwalde	Hohenwutzen (Zehden, Polen)	Kleinbahn Freienwalde-Zehden, 1949 an DR
924	3.7.1972	eingestellt	3.7.1972	15,0	Prenzlau	Klockow	Prenzlauer Kreiskleinbahnen (PK), 1949 an DR
125h	27.5.1961	28.9.1963	1.10.1963	3,9	Klockow	Neuenfeld	Kleinbahn Klockow-Pasewalk (KKP), 1949 an DR, 750 mm

125h	27.5.1961	28.9.1963	1.10.1963	11,1	Neuenfeld	Pasewalk Ost	KKP, 1949 an DR, 750 mm
125h	eingestellt	eingestellt	6.2.1961	7,0	Klockow	Schönfeld	KKP, 1949 an DR, 750 mm
925a	26.5.1979	eingestellt	26.5.1979	15,1	Schönermark	Gramzow	Kleinbahn Schönermark-Damme, 1949 an DR
926	30.9.1978	eingestellt	30.9.1978	15,8	(Prenzlau –) Dedelow	Fürstenwerder	PK, 1949 an DR
122a	30.9.1962	1.1.1965	stillgelegt	7,7	Wolgast Hafen	Kröslin	Kleinbahn Greifswald-Wolgast, 1949 an DR, vierschienig
108e	eingestellt	eingestellt	1946	10,8	Bresewitz	Prerow	
123e	11.5.1965	31.5.1969	stillgelegt	14,5	Ribnitz-Dam-garten Nord	Hermannshof	Franzburger Kreisbahn (FKB), 1949 an DR, 1000 mm
954	4.1.1971	4.1.1971	stillgelegt	14,3	Hermannshof	Barth	FKB, 1949 an DR, 1000 mm
954	1.12.1968	eingestellt	1.12.1968	27,2	Barth	Stralsund-Stadtwald	FKB, 1949 an DR, 1000 mm
121s	eingestellt	eingestellt	16.6.1961	2,0	Stralsund-Stadtwald	Stralsund Ost	FKB, 1949 an DR, 1000 mm
954	1.12.1968	eingestellt	1.12.1968	9,4	(Stralsund –) Altenpleen	Klausdorf	FKB, 1949 an DR, 1000 mm
953	1.10.1968	1975	22.5.1977	9,1	Neu Seehagen	Franzburg	Franzburger Südbahn, 1949 an DR
121p	1.5.1945	1.5.1945	7.8.1945	33,1	Stralsund	Siemersdorf (Signalstation Abzweig Tribsees)	Stralsund-Tribseeser Eisenbahn
123f	12.9.1967	eingestellt	3.12.1967	35,3	Putbus	Altefähr	Rügensche Kleinbahn (RüKB), 1949 an DR, 750 mm
957	26.9.1971	eingestellt	26.9.1971	18,5	Bergen Ost	Trent	RüKB, 1949 an DR, 750 mm
957	19.1.1970	eingestellt	19.1.1970	4,2	Trent	Wittower Fähre	RüKB, 1949 an DR, 750 mm
957	10.9.1968	eingestellt	10.9.1968	14,5	Fährhof	Altenkirchen	RüKB, 1949 an DR, 750 mm

Abkürzungsverzeichnis

Abkürzung	Bedeutung
Anst.	Anschlussstelle
AVG	Albtal-Verkehrsgesellschaft mbH
BGW	Bahngesellschaft Waldhof AG
BLE	Butzbach-Licher Eisenbahn AG
BRD	Bundesrepublik Deutschland
CSD	Československé státni dráhy (Tschechoslowakische Staastbahn)
DB	bis Ende 1993 Deutsche Bundesbahn
DB AG	ab 1994 Deutsche Bahn AG
DB Cargo	Deutsche Bahn Cargo AG
DB Netz	Deutsche Bahn Netz AG
DDR	Deutsche Demokratische Republik
DEBG	Deutsche Eisenbahn Betriebs Gesellschaft
DR	Deutsche Reichsbahn (der DDR und bis Ende 1993)
EBM	Eisenbahn-Verkehrs-Gesellschaft im Bergisch-Märkischen Raum mbH
EBOE	Elmshorn-Barmstedt-Oldesloer Eisenbahn AG
EVB	Elbe-Weser Verkehrsbetriebe GmbH
EVS	EUREGIO Verkehrsschienennetz GmbH
FZ	Zubringerfahrten des Einzelwagenverkehrs im Nahbereich
FZT	Zubringerfahrten im Nahbereich mit besonderer Qualität
GmP	Güterzug mit Personenbeförderung
Gv	Güterverkehr
HEG	Bad Hersfelder Eisenbahngesellschaft mbH
HK	Hohenlimburger Kleinbahn
KN	Kleinbahn Kassel-Naumburg
Lü	Zug mit Lademaßüberschreitung
MEM	Museumseisenbahn Minden e.V.
MKB	Mindener Kreisbahn GmbH
MORA C	Marktorientiertes Angebot Cargo
NBS	Neubaustrecke
OHE	Osthannoversche Eisenbahngesellschaft mbH
P	in den Tabellen: Privatbahn wurde 1949 in der DDR verstaatlicht und in die DR eingegliedert
PmG	Personenzug mit Güterbeförderung
Pv	Personenverkehr
RAG	Regentalbahn AG, später RBG
RLG	Ruhr-Lippe Verkehrsgesellschaft
SEG	Süddeutsche Eisenbahn-Gesellschaft
SNCB	Belgische Staatsbahn (auch NMBS)
SWEG	Südwestdeutsche Eisenbahn AG/Verkehrs AG

Üg	Übergabezug
V	Verbrennungslokomotive (Diesellokomotive)
VT	Verbrennungstriebwagen (Dieseltriebwagen)
VEV	Vorwohle Emmerthaler Verkehrsbetriebe GmbH
VEW	Vereinigte Elekrizitätswerke AG
VKSF	Verkehrsbetriebe Kreis Schleswig-Flensburg GmbH
WEG	Württembergische Eisenbahn Gesellschaft mbH
WLE	Westfälische Landeseisenbahn GmbH

Literaturverzeichnis

Bahn-Report (Zeitschrift), verschiedene Ausgaben

Siegfried Bufe: Nebenbahnen zwischen Arber und Hallertau, Egglham 1999

Drehscheibe (Zeitschrift), verschiedene Ausgaben

Eisenbahnatlas Deutschland, Aachen 2007

Eisenbahn-Direktionskarten zwischen 1916 und 1989 (teilweise Nachdrucke)

Eisenbahn-Kurier (Zeitschrift), verschiedene Ausgaben

Eisenbahn-Magazin (Zeitschrift), verschiedene Ausgaben

Eisenbahn-Verkehrskarte der DDR, Berlin 1967

Handbuch der deutschen Eisenbahnstrecken Berlin 1935, Nachdruck Mainz 1985

Gerald Hoch/Andreas Kufahl: Nebenbahnen in der Oberpfalz, Neustadt 2000

Kursbücher der DB und Kursbücher der DR (gefunden im Kursbucharchiv Siede)

Lok-Magazin (Zeitschrift), verschiedene Ausgaben

Arthur von Mayer: Geschichte und Geographie deutscher Eisenbahnen, Berlin 1891, Nachdruck Moers 1984

Hans Werner Rogl: Abseits der großen Strecken, Düsseldorf 1983

Bernd Schmitt/Gerald Hoch: Nebenbahnen in Oberfranken, Coburg 1999

Lothar Schultz: Eisenbahn in Mecklenburg, Berlin 1986

Streckenübersichtskarten (Gesamtnetz) DB 1981/1985 und DR 1987/1991

RUND UM DIE SCHIENE

Claus-Jürgen Jacobson, **Faszination Güterzug**
Beeindruckende Bilder von Güterzügen auf außergewöhnlichen Strecken, durch unendliche Ebenen und höchste Berge, über die sich die Schienengiganten quälen.
160 Seiten, 143 Bilder, davon 131 in Farbe **Bestell-Nr. 71320 € 29,90**

Urs Kramer/Matthias Brodkorb, **Abschied von der Schiene**
Während sich die bisherigen Titel dieser Reihe auf das Thema Personenverkehr beschränkten, beschäftigt sich dieser Band mit dem Abschied vom Güterverkehr.
192 Seiten, 214 Farbbilder, 12 Karten **Bestell-Nr. 71333 € 29,90**

Wolfgang Fiegenbaum/Wolfgang Klee, **Abschied von der Schiene**
Der Rückzug der Bahn hält in Deutschland seit dem Jahr 2000 trotz Bahnreform unvermindert an. Die Autoren zeigen Zusammenhänge auf und geben einen Überblick.
160 Seiten, 203 Farbbilder **Bestell-Nr. 71295 € 29,90**

IHR VERLAG FÜR EISENBAHN-BÜCHER

Postfach 10 37 43 · 70032 Stuttgart
Telefon (07 11) 2108065 · Fax (07 11) 2108070
www.paul-pietsch-verlage.de

Stand August 2008 –
Änderungen in Preis und Lieferfähigkeit vorbehalten